［改訂版］

現代経営管理要論

佐久間信夫・浦野恭平 ［編著］

創 成 社

はしがき

　本書は経営学要論シリーズの１つであり，2009年に出版された『現代経営管理要論』の改訂版である。本書の目的は企業をはじめとする組織の管理運営について学ぼうとする読者に対して，その基礎理論を提供することにある。想定される読者として，まず，大学の経営学部や商学部，経済学部の専門基礎科目として，あるいはその他の学部で教養科目として経営管理論を学ぶ学生があげられる。また，既に実社会に出て働いている社会人で，自らが働いている企業や組織について理解し，その中で働いてきた自らの経験を体系的に整理したいと考えている層にも本書を手に取って頂ければ幸いである。

　現代社会は組織社会といわれる。社会に生きる人々の生活が企業やその他の組織に大きく依存しており，それらから多様な影響を受けている。例えば，私たちの消費生活は企業が生み出す製品やサービスによって成り立っている。また，国や地方自治体の行政サービスを受けることで市民としての生活が守られ，大学などの学校や病院が提供する教育や医療をつうじて私たちの知識が育まれ健康が保たれている。近年ではNPOやNGOも社会を支える組織として重要な役割を果たすようになってきている。そして，現代社会ではほとんどの人々が企業をはじめとした組織において働くことで，社会生活を送っている。ちなみに，編者の１人が勤務する大学では約９割の卒業生が民間企業に就職し，残りの１割ほどが公務員や教員として社会に出ていく。

　このように現代社会は組織社会であり，企業やその他組織の存在なくして社会は機能することができず，人々は社会参画することもできない。そして，そのあり様によって社会やわれわれの生活は良くも悪くも大きく影響を受ける。かかる意味で，企業や組織を維持・存続させるために必要な知識やスキルを身につけることが求められるのであり，実践的な知として経営管理論を体系的に学ぶことは重要な意味を持つ。また，企業や多くの組織のあり様がわれわれの

社会生活に影響を及ぼすのであれば，企業や組織，そこにおける管理とは何なのか，その本質を理解して正しい知識をもって組織社会で生活していく必要がある。経営管理論は現代社会に生きるすべての者にとって必要不可欠な重要な知識であるともいえる。

　以上のような社会的要請に応えるべく執筆されたのが，本書『[改訂版] 現代経営管理要論』である。本書は全6部計16章で構成されており，各章はそのテーマを専門とする研究者が執筆している。以下，全体の構成と内容について簡単に紹介する。

　冒頭の第1部「企業と経営・管理」は第1章「今日の企業制度」，第2章「経営者の役割」，第3章「管理者の役割」からなり，現代企業の特性，そこでの経営者・管理者の役割についての考察が提示されている。そして，第2部「経営管理論の史的展開」では，第4章「テイラーの科学的管理法」，第5章「ファヨールの管理過程論」，第6章「人間関係論」が取り上げられ，20世紀初頭の経営学誕生からそれに続く時代の管理についての古典的な知見が紹介されている。

　第3部「経営管理の人間的展開」では，第7章「モチベーション理論」，第8章「リーダーシップ理論」によって，企業や組織で働く人々がなぜ仕事に対して動機づけられるのか，また，経営者や管理者がどのように人々を導くのかといった視点からの議論が展開されている。そして，第4部「経営管理の組織的展開」では，第9章「バーナードの組織論」，第10章「サイモン組織論」において，近代組織論の祖といわれるバーナードとノーベル経済学賞受賞のサイモンが取り上げられ，組織と管理，組織における意思決定の理論が紹介されている。第5部「経営管理の組織」では，第11章「経営組織の基本的形態」，第12章「経営組織の発展的形態」の各章で，組織形態に関する基本的な考え方と，事業部制組織などの具体的な組織形態が紹介され，それぞれの形態の特徴が示されている。

　そして，第6部「経営管理の新しい展開」では，第13章「コア・コンピタンス経営」，第14章「ミンツバーグの戦略論」，第15章「リソース・ベースト・ビュー論の発展」，第16章「知識創造経営論」といった，経営管理のト

ピックスの中でも比較的新しい，経営戦略論に関わる理論の紹介やその発展について取り上げられている。なお，ミンツバーグの戦略論とリソース・ベースト・ビューは，今回の改訂において新たに加えられた内容である。

　以上，本書の構成と各章の位置づけ，そして内容について示した。授業などでは第1章から順序だてて読み進めていくことが想定されるが，上記を参考にして読者個々の関心に沿って，興味のある箇所から読んで頂くことも可能である。

　現在，企業や組織をとりまく状況は大きく変化しており，その中で新しい管理のあり方が問われるようになっている。情報化，とりわけ AI（人工知能）の普及によるイノベーションの進展は，組織やそこでの管理のあり方にも大きな変化をもたらそうとしている。また，グローバル化の進展によって異なる文化的背景をもつ人々が共に働くことが当たり前のことになっている。こうした変化の時代であるからこそ，経営管理についての基本的な知識を身につけ，自ら考える力を育むことが問われている。本書がその一助になれば幸いである。

　最後に今回，改訂版として本書出版の機会を与えてくださった創成社代表取締役塚田尚寛様，そして，編集にあたって御尽力いただいた同社西田徹様にこの場を借りて感謝の意を表したい。

2022年3月

編著者
佐久間信夫
浦野　恭平

目　次

第4部　経営管理の組織的展開

第9章　バーナードの組織論 ——————————— 139

第10章　サイモン組織論 ——————————— 157

第5部　経営管理の組織

第11章　経営組織の基本的形態 ——————————— 179

第12章　経営組織の発展的形態 ——————————— 202

第6部　経営管理の新しい展開

第13章　コア・コンピタンス経営 ————————————— 219

第14章　ミンツバーグの戦略論 ————————————— 237

第15章　リソース・ベースト・ビュー論の発展 ————— 258

第16章　知識創造経営論 ————————————————— 276

第1部

企業と経営・管理

第1章

今日の企業制度

第1節　企業の形態とその発展の原理

　企業は，広義には継続的に経済活動を行う組織体と定義することができる。企業の形態には法律形態と経済形態とがある。法律形態は民法や会社法に規定されている形態で，大きく個人企業，組合企業，会社企業に分けることができる。組合企業には民法上の組合と匿名組合があり，会社企業には合名会社，合資会社，有限会社（日本では2005年の会社法で廃止された），株式会社，合同会社，相互会社などがある。

　これに対して企業の経済形態は出資者の構成や出資と経営のあり方などから類型化されたものである。企業の経済形態は出資者が民間の私人であるかあるいは国や地方公共団体であるかによって，大きく私企業，公企業，公私合同企業の3つに分けることができる。私企業は営利を目的として民間の出資によって設立された企業である。私企業は出資者が単独かあるいは複数かによって，単独企業と集団企業とに分けることができる。単独企業は個人企業とも呼ばれている。

　集団企業はさらに出資者が少数か多数かによって少数集団企業と多数集団企業とに分けることができる。少数集団企業は少数の出資者が全員経営を担当する第1種少数集団企業と，出資者が経営を担当する出資者と経営を担当しない出資者から構成される第2種少数集団企業とに分けることができる。第1種少数集団企業は人的集団企業，第2種少数集団企業は混合的集団企業とも呼ばれている。

　多数集団企業は，経営活動から利潤を獲得することを目的として設立される，営利的多数集団企業と，経営活動から生まれた成果を自ら利用することを目的として設立される非営利的（第2種）多数集団企業に分類することができる。これらの経済形態はそれぞれ法律形態と対応している（図表1－1）。

図表1－1　企業形態

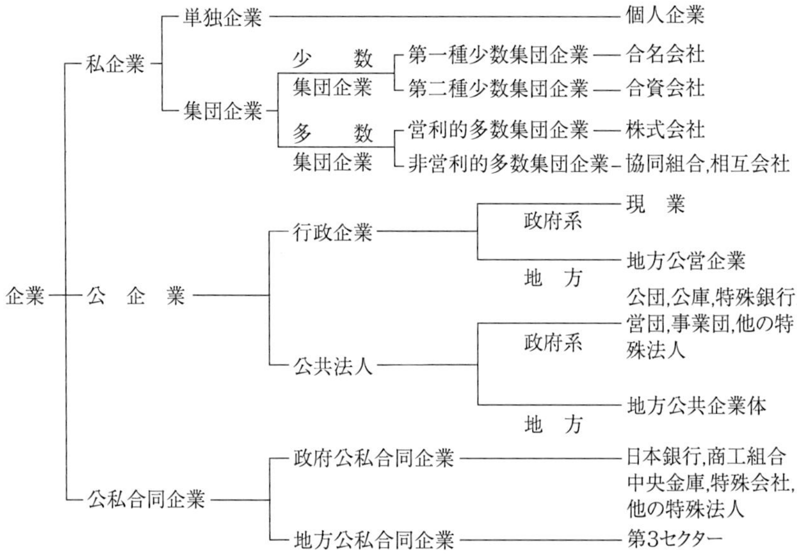

```
                    ┌─ 単独企業 ──────────────────── 個人企業
           ┌─ 私企業 ┤         ┌ 少　　数 ┌ 第一種少数集団企業 ── 合名会社
           │        │         │ 集団企業 └ 第二種少数集団企業 ── 合資会社
           │        └─ 集団企業┤
           │                  │ 多　　数 ┌ 営利的多数集団企業 ── 株式会社
           │                  └ 集団企業 └ 非営利的多数集団企業 ─ 協同組合,相互会社
           │
           │                  ┌ 行政企業 ┬─ 政府系 ─── 現　業
           │                  │          │
企業 ──────┤                  │          └─ 地　方 ─── 地方公営企業
           ├─ 公 企 業 ───────┤
           │                  │                         公団,公庫,特殊銀行,
           │                  │          ┌─ 政府系 ─── 営団,事業団,他の特
           │                  └ 公共法人 ┤              殊法人
           │                             │
           │                             └─ 地　方 ─── 地方公共企業体
           │
           │                  ┌ 政府公私合同企業 ──── 日本銀行,商工組合
           └─ 公私合同企業 ───┤                        中央金庫,特殊会社,
                              │                        他の特殊法人
                              └ 地方公私合同企業 ──── 第3セクター
```

出所：鈴木（2001），3ページを一部修正。

　公企業は公益性の高い事業領域や営利活動になじまない事業領域において，国や地方公共団体が自ら企業活動を営むものである。公企業には国や地方公共団体の行政組織そのものが事業活動を行う行政企業と国や地方公共団体が100％出資して法人を設立し事業を営む公共法人とがある。行政企業や公共法人においては，経営の裁量の幅を拡大することや競争の促進および効率性の追求という観点から，近年独立行政法人への転換や民営化が進められている。

　公私合同企業には政府と民間が共同出資する政府公私合同企業と，地方自治

体と民間が共同出資する地方公私合同企業とがあり，後者は一般に第3セクターと呼ばれている。公共性の高い事業領域に利潤追求を目的とする私企業が参入した場合，公共性が損なわれる恐れがあることから，従来このような事業領域は公企業が担ってきた。しかし，その一方で，公企業の経営は極めて非効率であるため，公私の共同出資によって公共性と効率性を同時に実現するために設立されたものが第3セクターである。しかし，現実には，多くの第3セクターが地方自治体への財務的依存体質を脱却することができず，巨額の赤字をかかえ倒産や解散が相次ぐ事態となっている。とくにリゾート開発や地域開発を目的とした会社，鉄道会社などで経営危機が深刻化しており，第3セクターの半数は経営不振に陥っている。

　企業は常により大きな資本を集め，大規模化することを要求されている。それは規模を拡大すればするほど，規模の経済（economy of scale）を追求することができるため，単位製品当たりの生産コストを低下させることができるからである。企業は常に激しい競争にさらされているため，生産コストを引き下げる努力を怠れば，競争に敗れ市場から淘汰されてしまう。

　より多くの資本を集めるためには出資者の数を増加させればよいが，多くの出資者が経営に参加することは統一的な支配の維持（＝意思の統一）を難しくする。より大きな資本を集めること，および統一的な支配を維持することという2つのお互いに矛盾する要求を企業は同時に満たしていくことを要求される。企業形態はこの相矛盾する2つの要求を同時に満たす装置として展開されてきた（植竹，1984，61ページ）。

　中世のイタリアの商業都市で初めて形成されたソキエタス（societas）は複数の個人が出資する，今日の合名会社形態に相当するものである。この企業形態は出資者すべてが無限責任を負い，企業経営に参加する形態であるが，この企業形態のままでは出資者数をあまり拡大することができない。出資者全員が経営に参加する形のままで出資者が増加した場合には，企業の統一的な支配の維持ができなくなるのである。ソキエタスという資本集中の枠組みがネックとなって一定限度以上の資本集中は不可能となる。

　そこで，企業の統一的支配を維持しながらより一層の資本集中を可能にする

コンメンダ (commenda) という企業形態が創出されることになった。コンメンダは無限責任出資者のほかに，経営に参加しない有限責任出資者を有する企業形態であり，無限責任出資者による支配という形を維持したまま，支配に参加しない有限責任出資者の出資分だけ資本を拡大することができる。コンメンダは今日の合資会社に相当する企業形態であるが，この形態も一定の資本集中の拡大を達成した後，その資本集中の枠組みそのものがネックとなって，それ以上の資本集中が不可能となる。

このように２つの相矛盾する要求を満たしつつ企業形態は展開してきたのであるが，最高度の資本集中形態として創出されたのが株式会社である。株式会社は全出資者を有限責任とし，資本を小額の株式に分割したため，資本集中の可能性を飛躍的に高めることができるようになった。株式会社においては無限責任出資者がいなくなったため，会社の第三者に対する責任，とりわけ債権者に対する責任を誰が引き受けるのかということが問題になる。株式会社では，株主総会，取締役会などの機関を設置し，これらの機関が第三者に対する責任を引き受けることによってこの問題を解消した。また，株式会社は会社の規模が大きくなるため，合名会社や合資会社と比べて会社そのものの信用が増大すると考えられている。株式会社では支配の統一は株主総会を通して実現される。すなわち，原則として１株につき１票の議決権が与えられ，多数決によって企業の意思が決定される。

第２節　日本における企業の諸形態

１．個人企業

個人企業は出資者が１人の企業であり，個人の財産を資本として用い，出資者が自ら経営を担当する企業である。出資者が１人であるので出資規模には初めから限界がある。企業の経営は出資者自らが担当するため，経営能力にも限界がある。金融機関などからの借り入れは，出資者の個人的信用をもとに行われる。つまり，企業が返済不能に陥った場合には，出資者が責任をもって返済するということを前提に融資が行われるため，融資額はそれほど大きいものに

はなり得ない。企業が債務不履行になった場合，出資者が個人の財産を提供して債務を返済する義務をもつことを無限責任というが，出資者は無限責任を負う。個人企業においては，出資者の個人的財産と企業の資本との区別が明確でないことが多い。

2．合名会社

　個人企業よりも多くの資本を集めるためには，出資者を複数化することが必要である。出資者の集団は一般に「会社」と定義される。

　合名会社は，2人以上の出資者（法律上，社員と呼ばれる）が出資することによって設立される。会社の負債に対しては，社員全員が連帯して無限責任を負い，社員全員が会社の経営を担当する義務と権利をもつ。

　出資者が複数になると支配の統一を維持することが問題になるが，合名会社では出資者全員の話し合いによって支配の統一が図られる。社員の出資持分を第3者に譲渡する場合には，他の社員全員の承諾を必要とする。会社の経営や負債に対して全社員が連帯して責任をもつことから，社員同士の人間的信頼関係が重視され，社員は血縁関係にある人や極めて親しい人で構成されるのが普通である。合名会社はこのような性格から「人的会社」と呼ばれる。出資者は信頼関係にある人だけに限られるので，出資者の数が多くなることはない。日本には2019年現在，274万4,000の会社があるが合名会社の数は約3,342社（0.1%）とわずかである（国税庁長官官房企画課，2021，168ページ，以下の会社の数のデータもこれによっている）。

3．合資会社

　合資会社は，経営に参加しない出資者という新しい種類の出資者を作り出すことによって，出資者数を拡大しつつ支配の統一の維持も同時に図ろうとする企業形態である。合資会社は会社の支配権をもつ（経営を担当する）無限責任社員と会社の支配権をもたない（経営を担当しない）有限責任社員の2種類の出資者から構成される企業形態である。

　無限責任社員は経営を担当する義務と責任をもち，会社を代表する。これに

対して有限責任社員は経営を担当したり，会社を代表する権限をもたない。有限責任社員は経営を監視する権限だけをもつ。無限責任社員がその持分を譲渡する場合には他の無限責任社員全員の承諾を必要とする。合資会社も個人的信頼関係に基礎をおいていることから人的会社である。

　合資会社は出資金を返還する制度をもたないため，有限責任出資者といえども，出資者が資金を回収しようとするならば，新たな出資者を自ら探さなければならない。しかし，これは極めて困難である。したがって合資会社の出資者数・出資規模にも限界がある。2019 年現在の合資会社の数は 13,537 社 (0.5%) である。

4．株式会社

　株式会社は資本金のすべてを均一で小額の単位に分割したものであることを意味する株式を発行する。株式には所有権だけでなく，会社に対する均一な支配権も付与されており，より多くの株式を所有するものがより多くの支配権を持つことになる。資本金を均一で小額の単位に分割した株式の発行はそれだけで出資者数の増加の可能性を高めるが，株式会社においては全出資者の有限責任性を実現したため，出資者数は飛躍的に増大（＝出資の分散）することになった。出資者の増加は支配の統一の困難をもたらすが，株式会社は多数決原理の導入によってこれを解決する。株式は資本金の均一な単位であると同時に支配権の均一な単位であるため，株式会社の支配の統一は，株主総会においての多数決によって実現される。

　これに対して経営は取締役によって担当される。取締役は必ずしも出資者すなわち株主である必要はない。株式会社においては，合名会社，合資会社と異なり，経営の担当者が出資者である必要がないため，経営の専門的知識や能力をもつものを広く探し，取締役として任命することができる。出資者が分散し，支配的な大株主がいなくなった大規模な株式会社では，大株主ではない経営者が経営を担当するのが一般となっている。

　政府は中小企業の設立を容易にする目的で 2002 年に「中小企業挑戦支援法」を制定し，1 円でも株式会社が設立できるようになった。「中小企業挑戦支援

図表1－2　会社の種類別特色

			株式会社		合同会社	合資会社	合名会社
			公　開	非公開			
出資者	名　称		○株主	○株主	○社員	○社員	○社員
	責　任		○出資の義務にとどまり会社の債権者に対しては責任を負わない	○出資の義務にとどまり会社の債権者に対しては責任を負わない	○出資額を限度として責任を負う	○無限責任社員－会社の債権者に直接無限の責任を負う○有限責任社員－出資額を限度として直接責任を負う	○会社の債権者に直接無限の責任を負う
	員　数		○1名以上	○1名以上	○1名以上	○無限責任社員と有限責任社員各1名以上	○1名以上
	譲渡制限		○原則譲渡自由	○譲渡につき会社の承認が必要	○他の社員全員の承諾が必要	○無限責任社員－他の社員全員の承諾が必要○有限責任社員－無限責任社員全員の承諾が必要	○他の社員全員の承諾が必要
運営	意思決定	最高	株主総会	株主総会	総社員の同意	総社員の同意	総社員の同意
		重要な業務	取締役会	取締役	総社員の過半数（ただし業務執行社員を定めたときはその者の過半数）	無限責任社員の過半数（ただし業務執行社員を定めたときはその者の過半数）	総社員の過半数（ただし業務執行社員を定めたときはその者の過半数）
		業務執行	代表取締役[1]	取締役（取締役会設置は任意）			
	取締役数		○取締役－3名以上○代表取締役[1]－1名以上	○取締役－1または2名以上（代表取締役設置は任務）	機関は不要（組合的規律）		
	任　期		○2年以内[2]	○10年以内			
	監査役		○1名以上[3]	○任意			

＊1　委員会設置会社では代表執行役。
＊2　委員会設置会社では任期1年。
＊3　委員会設置会社にはなし，代わりに監査委員会がある。

出所：岸田（2006），50ページ。

法」は 2008 年までの時限立法であったが，2006 年に施行された会社法におい
ては，最低資本金制度が撤廃され，1 円での株式会社の設立が恒常化されるこ
とになった。日本における株式会社の数は 254 万 5,000 社（2019 年現在）で全体
の 92.8％を占める。

5．有限会社の廃止

　有限会社は中小規模の企業のために設けられた企業形態である。有限会社に
おいてはすべての社員が有限責任社員であり，有限会社は株式会社の利便性を
中小規模の会社にも取り入れようとする目的で設けられた。わが国における有
限会社の数は 2005 年現在 188 万社（60％）で株式会社の数を上回っていたが，
2006 年施行の会社法では，有限会社は完全に廃止され，株式会社に一本化さ
れることになった。そのため株式会社の数は 3 倍近くに増加した。

　有限会社が廃止されたのは，これまでも中小企業が信用力をつけるために株
式会社の形態をとることが多く，実態においては有限会社と株式会社の区別が
ほとんどなかったためである。中小の株式会社にはこれまでの有限会社と同様
の簡素な会社機関を設置するだけで株式会社の設立を認めることになった。従
来の有限会社は原則として会社法上の株式会社として存続することになった
が，従来通り有限会社の商号を用いることもできる。この会社は，株式会社で
あるにもかかわらず，有限会社の名称がついているため，特例有限会社とも呼
ばれる。

6．相互会社

　相互会社は保険事業を営む企業にだけ認められた会社形態であり，日本の大
手生命保険会社はほとんど相互会社形態によって設立されてきた。相互会社
は，保険加入者が保険料として拠出した資金をためておき，万が一事故にあっ
た加入者にはこの資金から補償を行うという，いわゆる相互扶助の目的で設立
される。

　相互会社では保険加入者が社員（出資者）となる。相互会社は保険業法に
よって認められた会社形態であり，相互会社の機関も保険業法に規定されてい

る。相互会社の最高議決機関は社員総会であるが，大規模な保険会社では保険加入者（＝社員）が数百万人にものぼるため，社員総会にかわって，社員の代表者によって構成される社員総代会を設置することが，保険業法によって認められている。

　現実には日本の相互会社はすべて社員総代会を設置している。社員総代は会社に都合のいい人物を会社が選ぶことが多いため，経営者に対する監視機能が働いていないという批判がなされている。相互会社の取締役と監査役は社員総代会において選出される。保険会社には株式会社形態も認められているため，損害保険会社や中堅の生命保険会社は株式会社形態をとる会社がほとんどである。ほかの保険会社やほかの金融機関との合併・再編を行う際には株式会社形態の方が便利であること，株式会社形態の方が経営監視が容易であることなどの理由により，近年大手生命保険会社の中にも相互会社から株式会社に転換する会社が出てきた。

　2007年現在，相互会社形態をとる会社は大手を中心に6社のみ（生命保険協会に加盟する会社は41社）であったが，そのうち第一生命保険相互会社が2010年に株式会社に転換し，株式を上場することになった。これまでに大同生命，太陽生命，三井生命などが相互会社から株式会社への転換を実施しているが，近年発覚した巨額の保険金不払い事件は，保険会社の経営に対する監視の強化を促すきっかけになった。

7.　合同会社（LLC：Limited Liability Company）

　2006年の会社法で新たに導入された合同会社（LLC）は，資金のほかに特許やアイディアなどの知的財産を提供することが認められ，事業のルールや利益分配のルールを出資者間で決めることができる。資本よりもむしろ知的財産が企業の競争力を決定するようになった昨今の経営環境に適した会社形態ということができる。出資者はすべて有限責任であり，株主総会や取締役会などといった会社機関を設置する必要はない。LLCはアメリカのワイオミング州で初めて導入（1977年）され，現在アメリカに約80万社存在する。

　会社形態ではないが有限責任事業組合（LLP：Limited Liability Partnership）の

制度も 2005 年に経済産業省によって創設された。LLP は株式会社の長所と民法上の任意組合の長所を取り入れた制度であり，出資者はすべて有限責任であり，法人税を納める必要はなく，利益配分等のルールは出資者どうしで決めることができる。出資額が少なくとも知的財産の提供や事業への貢献度が高ければ利益配分や権限などを大きくすることができる。

　日本では 2006 年 5 月に会社法が施行された後，わずか 3 カ月で 1,000 社を越す合同会社が設立された。株主総会や役員会を開催する必要もないので，大会社にも合同会社を活用する例が見られる。大会社が共同出資で研究開発を目的とする合同会社を設立する例もあるが，株主の要求に縛られず，自由に研究活動を進めることができる利点などが注目されている。

　2019 年時点での合同会社の数は 112,976 社で全会社数の 4.1 % を占めるまでに増加している（国税庁，2021，168 ページ）。

第 3 節　株式会社の発展と経営機能の分化

　現代の大規模企業はほとんどが株式会社形態をとっている。株式会社は規模の拡大と共に所有と支配および経営機能の関係を大きく変化させた。ここで株式会社の発展にともなうこれらの諸関係の変化についてみていくことにしよう。

　株式会社は資本金を均一で小額の単位に分割した証券である株式を発行する。小額であることと，有限責任であること，そして，株式市場で簡単に出資金を回収することができることなどの理由により，株式会社の資本規模は飛躍的に拡大した。株式会社の株式は次第に多数の小額な出資者によって所有されるようになり，また出資者の地域的分散も進んでいった。株主数の増加および株主の地域的分散は株式の分散と呼ばれる。

　現在でも大規模でない株式会社のほとんどは個人または同族などによって所有される企業であるが，これらの株式会社が大規模化するに従い，増資，相続などの要因によって，これらの個人や同族の持株比率は低下するのが普通である。

　企業規模がさらに拡大し，同時に株式の分散もいっそう進んだ大規模企業に
おいては，企業経営は極めて複雑になり，経営者は科学的，専門的な知識と能
力を必要とするようになる。専門的な知識や能力をもった人物は，専門的教育
を受け，大きな企業組織の中の現実の企業活動の中で業績をあげることによっ
て企業組織を昇進してきた人々の中に容易に見つけ出すことができる。大株主
あるいはその親族がこうした専門的な知識・能力をもっていたとしても，それ
は単なる偶然にすぎないであろうが，知識や能力をもつが故に企業組織を昇進
してきた人物は必然的にこの知識・能力をもっているということができる。し
たがって大規模な企業であればあるほど，経営について専門的な知識や能力を
もついわゆる専門経営者が大株主に代って経営を担当する傾向が強くなる。こ
れが所有と経営の分離ないし資本と経営の分離であり，それは所有者（大株主）
と経営者の人格的分離を意味する。ここにいう専門経営者は（資本ないし株式
を）所有しない経営者のことであり，被傭経営者，俸給経営者とも呼ばれる。
経営者は大株主に雇用され，給料をもらっているのであり（被傭経営者，俸給経
営者)，経営者が大株主の意に沿わない行動をとれば大株主はこの経営者を解
雇し別の専門経営者を雇用することになる。したがって，この場合，支配者は
大株主である。つまり，所有と経営は分離していても所有と支配は結合した状
況にあるのである。支配は一般に「経営者を任免する力」あるいは「企業の広
範な意思決定を行う力」と定義される。

　発行済株式の50％以上を所有するような個人や同族であれば完全にその企
業を支配することができる。しかし，極めて大規模な企業においては，その
50％以上の株式を所有するためには莫大な資本を必要とするため，このような
ケースは現実には稀にしか存在しない。株式の分散が極度に進んだ大規模な株
式会社においては，まとまった株式をもつ大株主は50％未満の株式所有で
あったとしても会社の支配が可能である。このような大規模会社においては，
株式が広範に分散し，他に大株主が存在しない場合には5％以上の株式所有に
よって企業の支配が可能であると考えられている。

　株式の分散がさらに進み5％以上を所有する大株主が存在しないような企業
では，これまでのような株主による支配は成立しなくなる。このようにすべて

の株式が広範に分散した場合には，専門経営者が企業を支配する。専門経営者は株主総会に際して株主からの委任状を収集するための機構を掌握しており，また取締役会の決定を掌握しているため企業の支配が可能となる。大規模な株式会社においては，株主数は膨大な数にのぼるため，株主総会に実際に出席する株主の比率は極めて低い。そこで企業は株主総会の定足数を満たすために委任状を収集することになるのであるが，経営者は企業の費用と人手を使って委任状を収集し，それを経営者自らの提案に賛成する形で行使しうる立場にある。そこで経営者は自ら株式を所有することなく，事実上，過半数の議決権を握り，株主総会の決定権を掌握することになる。また，経営者に対する任命権をもち，経営者の経営活動を監視する立場にある取締役会も，取締役が株主総会において選出されることが法律で定められているため，事実上経営者によって選任される取締役で占められることになる。取締役会が経営者を選任するという法律上の規定とは逆に，経営者が取締役を選任することになるため，結局，経営者は経営者によって選任されることになる。経営者が経営者を選任する権限と，企業の広範な意思決定を行う権限を掌握するこのような状況は経営者支配と呼ばれている。

　経営者支配は株式が広範に分散し，支配力を行使するような大株主が存在しない大規模な企業にのみ成立しうる。株式が分散することだけでただちに経営者支配が成立するというような主張もあるが，株式の分散という量的変化が支配形態の転換という質的変化にそのまま結びつくわけではない。大株主による支配力はその持株比率が減少することにともない徐々に稀薄になっていくが，それにともなって，経営者は株主総会や取締役会などの機関を介して支配力をもつようになるのである。支配が所有者（株主）の手から離れ，経営者に移行した状況は一般に所有と支配の分離と呼ばれている。

　所有と経営および所有と支配の分離はこのように株式の分散度合いに応じて3段階で進展していくと考えることができる（村田，1972，4〜5ページ）。まず大半の株式を所有する大株主が経営者として経営機能を担当している第1段階では，大株主である経営者（所有経営者と呼ばれる）においては所有と経営は結合した状態であり，資本家による直接管理が行われている。所有と経営の人格

的分離がおこった第2段階では，所有者はなお支配を行っており，支配者である所有者は専門経営者を通して企業を管理している。これは資本家による間接的管理ともいわれる。株式が最高度に分散した第3段階では企業機関を掌握することによって経営者が自らの任免権をもつ経営者支配が成立する。資本家は直接的にも間接的にも企業の管理にかかわらない。

第4節　現代企業のコーポレート・ガバナンス

　資本主義国の法律においては，企業は株主のものであり，企業は株主の利益のために経営されなければならないと定められている。それにもかかわらず，先進資本主義国のほとんどの大企業では経営者支配が成立しており，株主の利益が軽視されている。経営者支配型企業では，経営者が経営者層の人事権を握り，経営者自身に対する巨額の報酬の決定権を握ることになる。配当を低く抑え，株価を下げるような，株主に不利益をもたらす政策を経営者が実施しても株主はそれを阻止するような手段を見出せないような状況が続くことになる。

　資本主義経済体制の下では，経営者は企業の所有者である株主に雇われた存在であり，経営者が株主の意に沿わない行動をとるならば，株主は総会や取締役会を通して経営者を解任することができる仕組みが設けられていたはずであった。しかし，経営者支配型企業では，本来経営者に対して支配力を行使し，経営者の行動を監視するために設置された株主総会や取締役会などの会社機関が，むしろ逆に経営者の権力強化のために経営者によって利用されるようになってしまっているのが実状である。また経営者支配型企業においては，経営者を監視するために設けられている会社機関が形骸化していることが多いため，経営者自身が粉飾決算やインサイダー取引などの法令違反にかかわっていた場合，それを初期の段階で発見し是正させることがきわめて困難である。それは大きな企業不祥事を発生させる要因ともなっている。

　今日，世界各国で企業統治（corporate governance）をめぐる議論が活発になっているが，企業統治活動は，まず第1段階として，このように「企業が経営者のために経営される」実態を，本来法律が想定していた「企業が株主のために

経営される」ように改善しようとする活動である。こうした企業統治改善への取り組みは，法律と実態の乖離を重要問題と認識したアメリカの法律家たちによって1970年代からはじめられた。

　アメリカでは1970年代にペンセントラル鉄道の倒産（1970年）やロッキード・エアクラフト社の経営危機（1971年），ウォーターゲート事件（1973年）などの企業不祥事が相次いで発生した。巨大企業の経営危機や不祥事は，その企業を取りまく多くのステークホルダー（利害関係者）に甚大な影響を与えることになる。たとえばペンセントラル鉄道の倒産は年間9,000万人に及ぶ鉄道利用者，9万5,000人の従業員，沿線の地域社会，同社に融資している金融機関，取引企業などに対して大きな打撃を与えることになった。倒産後に明らかになったのは，ペンセントラルの財務状況の悪化や経営陣の違法行為を取締役会が見落していたことである。つまり，取締役会が経営者に対する監視機能を果たしてこなかったために，企業が倒産し，多くのステークホルダーが損失を被ったのである。

　企業不祥事の多発は多くのステークホルダーの犠牲をともなうことから企業経営の監視に対する社会の関心は高まり，経営者に対する監視の強化，そのための法律や制度の整備の社会的要求が高まることになった。すなわち企業統治の改善に対する社会からの要求が高まると同時に，「企業が株主のために経営される」だけでよいのかということも問われることになった。消費者や従業員，地域社会などのステークホルダーの企業に対するさまざまな要求も強くなり，しだいに「企業はステークホルダーのために経営されなければならない」という考えが浸透するようになった。すなわち，企業統治活動は第2段階として，「企業が（株主を含む）ステークホルダーのために経営される」ように改善しようとする活動である。第2段階の企業統治活動は「企業の社会的責任」(Corporate Social Responsibility; CSR) を重視する活動である。企業が株主の利益のために経営されるべきであるか，あるいは多くのステークホルダーの利益のために経営されるべきであるのかということについては，企業理論の観点からは異なった見解が存在するものの，CSRの考え方はほとんどの大企業経営者によって受け入れられ，すでに高度に実践されている。多くの企業がその実践

状況を社会的責任報告書としてまとめ，公表している。

【参考文献】

植竹晃久『企業形態論』中央経済社，1984 年。

岸田雅雄『ゼミナール会社法入門』日本経済新聞社，2006 年。

国税庁長官官房企画課『令和元年度分会社標本調査』，2021年。

佐久間信夫・出見世信之編『現代経営と企業理論』学文社，2021 年。

鈴木岩行「企業の諸形態」佐久間信夫・出見世信之編著『現代経営と企業理論』学文社，
　　2001 年。

村田　稔『経営者支配論』東洋経済新報社，1972 年。

渡邊　顯・辺見紀男『会社機関の要点』商事法務，2005年。

第2章
経営者の役割

　経営者の役割については，ミンツバーグ（Mintzberg, H.）（1973）の「経営者の10の役割」『マネジャーの仕事』やドラッカー（Drucker, P. F.）（1966）の『経営者の条件』など諸説あり，古典理論におけるテイラー（Taylor, F. W.）（1903, 1911）の『工場管理法』，『科学的管理法の原理』やファヨール（Fayol, J. H.）（1917）の『産業ならびに一般の管理』にまで遡ることができる[1]。

　本章では，第1節で，バーリ＝ミーンズ（Berle, A. A., Jr. and Means, G. C.）（1932），三戸ほか（1956, 1973），ラーナー（Lerner, R. J.）（1970），バーナム（Burnham, J.）（1941）による所有と経営の分離について解説する。つぎに，第2節で，テイラー（1903, 1911），ファヨール（1917）から現代までにおける職能の階層的垂直的分化と過程的水平的分化について解説する。また，第3節で，経営理論の発展過程と人間仮説について解説したうえで，バーナード（Barnard, C. I.）（1938）革命以降の近代理論を基に，人間像も勤労意欲も異なる近代理論における経営者の役割について解説する。そして，第4節で，近年の経営戦略に関連して，現代における経営者の役割について解説する。なお，テイラーやファヨール，バーナードやサイモン（Simon, H. A.）（1957）の学説の詳細については，第2部以降の章で取り上げられるため，ここでは，歴史的，制度的な側面に焦点を当てて解説する[2]。

第1節　資本主義の誕生と所有と経営の分離

　世界規模に発展した七年戦争（1756-1763年）終結後，圧倒的な優位性を獲得

した英国では，初期の産業革命が引き起こされることとなった。こうしたなか，1776年，英国では，スミス（Smith, A.）が経済学を体系化し，資本主義経済が形成され確立していくこととなった。また，産業革命が欧米諸国へと波及していくにつれて，企業規模も拡大していくこととなった。企業規模の拡大は，量的な変化と質的な変化をもたらす。

1．バーリ＝ミーンズ（1932）による「経営者支配論」－所有と経営の分離－

　まず，企業規模が拡大するにつれて，いくら裕福な創業者一族でも調達できないほどの巨額で長期的な資金が必要となる。こうした量的な変化への対応として，巨額の資金を少額かつ譲渡可能な株式に分割すること（証券化）によって，国内外の株主から，巨額の資金を調達できるようになった。

　一方，企業規模の拡大に伴う株式の分散は，株主数の増加と株主1人当たり持株比率の低下をもたらし，大株主の消滅へと向かうこととなる。こうした持株比率の低下は，株主の支配力の低下をもたらす一方，経営を専門に行う経営者の支配力を徐々に高めることとなった。バーリ＝ミーンズ（1932）は，こうした過程を「経営者支配論」として，所有と経営の分離を位置づけ，1929年の米国企業200社を対象に，株式の支配形態の分析として調査することとなった。株式の支配形態の推移については，三戸等（1956, 1973），ラーナー（1970）によって，1936年，1956年，1963年，1966年の調査として継承されることとなった。

2．バーナム（1941）による「経営者革命論」－所有と支配の分離－

　つぎに，企業規模が拡大するにつれて，いくら有能な創業者一族でも対応できないほどの複雑で高度な経営能力が必要となる。こうした質的な変化への対応として，経営を専門に行う専門経営者が創業者一族に代わって経営を行うことによって，複雑で高度な経営能力に対応できるようになった。

　一方，企業規模の拡大に伴う経営の複雑化は，経営者の支配力の強化をもたらすこととなる。こうした経営の複雑化は，株主の支配力の低下をもたらす一方，経営者の支配力を徐々に高めることとなった。バーナム（1941）は，こう

図表２－１　日米非金融資産額最大 200 社の支配形態の推移（カッコ内の数値は原典の数値）

	バーリ＝ ミーンズ		三戸・正木・ 晴山		三戸・正木・ 晴山		ラーナー		三戸・正木・ 晴山	
	1929 年（米国）		1936 年（日本）		1956 年（日本）		1963 年（米国）		1966 年（日本）	
	会社数	割合 （％）	会社数	割合 （％）	会社数	割合 （％）	会社数	割合 （％）	会社数	割合 （％）
私的（完全） 所有支配	12	6	12	6	0	0	0	0	0	0
多数持株（過半 数所有）支配	10	5	13	6.5	4	2	5 (6)	2.5 (3)	4	2
少数持株（少 数所有）支配	46.5	23	93	46.5	64	32	18	9	76	38
法律的手段 （法的）支配	41	21	0	0	0	0	8 (9)	4 (4.5)	0	0
経営者支配	88.5	44	82	41	132	66	169 (167)	84.5 (83.5)	120	60
清算中 （管財人管理）	2	1	0	0	0	0	0	0	0	0
合計	200	100	200	100	200	100	200	100	200	100

出所：権（1991），28 ～ 29 ページ。
　　　井原（2008），53 ～ 56 ページ。
　　　Berle and Means（1932）（森訳（2014），99，102 ページ）
　　　三戸ほか（1956, 1973），35 ページ。
　　　Lerner（1970），p.12.

図表２－２　バーリ＝ミーンズ（1932）による「経営者支配論」－所有と経営の分離－

企業規模の拡大	株式の分散→株主数の増加→持株比率の低下→大株主の消滅→ 所有と経営の分離
量的な変化への対応	巨額で長期的な資金→株式分割（証券化）

出所：井原（2008）を基に筆者作成。
　　　井原（2008），56 ～ 57 ページ。

した過程を「経営者革命論」として，所有と経営の分離を位置づけ，所有，支配，経営の状況を4つの集団に分類した。

第1の形態は，生産の実際技術過程に責任をもつ「経営者」，第2の形態は，会社の財政状況（財務状態）を担当する「管理者」，第3の形態は，不特定多数の会社と多くの市場操作との財政面に関心をもつ持株会社や銀行などの「金融資本家」，第4の形態は，法律上の所有者で会社に対して最も消極的で配当を受け取る程度の「株主」である[3]。

資本主義の発展，企業規模の拡大によって，複雑で高度な経営能力が必要となるにしたがって，「株主」や「金融資本家」とは異なって（「管理者」さえとも異なって），資本主義の所有権と経済関係との維持に依拠しない（必ずしも会社の所有者ではない）「経営者」の役割が重要となってくる（経営者の支配の比重が多くなる）。すなわち，所有と経営の分離は，所有と支配の分離へと転じ，支配から分離された所有は無意味な擬制（きわめて低位のもの）となってしまうのである[4]。

3. 日本における所有と経営の分離

日本においては，第二次世界大戦後の財閥解体によって，経営者が公職追放（三井，岩崎《三菱》，住友，安田を中心とした財閥経営者が産業界から追放）され，大量の株式が市場に放出されたため，1950年頃までは，個人株主比率が70%程度あった。

一方，当時の日本においては，株式市場が未発達のため，企業は，銀行を中心とした金融機関からの借入に頼らざるを得ず，やがては，金融機関からの出資（金融機関による株式所有）比率も増加（機関化）するようになった。こうした

図表2-3　バーナム（1941）による「経営者革命論」－所有と支配の分離－

企業規模の拡大	経営の複雑化→専門能力の必要性→経営者の支配力の強化→所有と支配の分離
質的な変化への対応	複雑で高度な経営能力→専門経営者

出所：井原（2008）を基に筆者作成。
　　　井原（2008），56～57ページ。

なか，旧財閥は，グループとして復活を遂げ，グループ間で株式を持ち合うようになった。そのため，日本における個人・その他の所有者別持株比率（単元数ベース）については，1940年代後半までは70％程度あり，1949年度は69.1％となっている。その後，1950年代には60％，1960年代には50％，1970年代には40％を割り込み，1980年代以降は20％台を推移しており，2018年度は21.7％となっている。また，所有者別株式数を市場価格で換算した個人・その他の主要投資部門別株式保有比率（市場価格ベース）については，2013年度には20％を割り込み，その後は16％〜18％台を推移しており，2020年度は16.8％となっている。

図表２－４　主要投資部門別株式保有比率の推移（縦軸は％，横軸は年度）

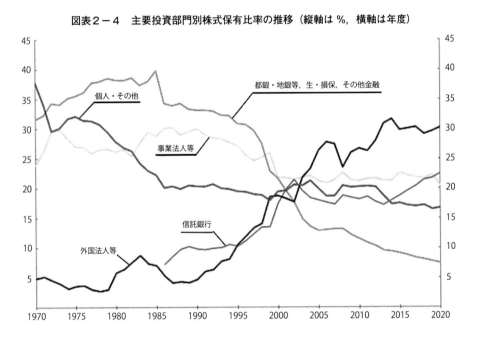

出所：「2020年度株式分布状況調査の調査結果について〈要約版〉」，2021年7月7日，
　　　JPX日本取引所グループ，5ページ（https://www.jpx.co.jp/markets/statistics-
　　　equities/examination/01.html）。

第 2 節　職能の垂直的分化と水平的分化

　職能とは，権（1991）によると，なすべき仕事であり，松本（2015）によると，組織の目的を達成するために必要となる役割や機能であり，役割や機能を果たすために必要なものは，特定の知識やスキルである[5]。

1．テイラーによる職能の階層的垂直的分化

　テイラー（1911）の科学的管理法は，単純な生産量や作業量ではなく，割り当てられた課業の達成度によって，高い賃金が支払われる「課業管理」や機能式（職能別）職長制度によって，組織を改編する「組織改革」（計画機能と執行機能の分離）が代表的であるが，以下では，テイラーの「組織改革」と職能の階層的垂直的分化について解説する。

　テイラー（1903）は，1 人の職長に仕事の責任を負わせる軍隊式職長制度ではなく，8 人の職長に仕事を専門分化（役割分担）する職能別職長制度によって，職長の重荷（負担）を軽減させることとなった。すなわち，計画室を代表する機能的職長（計画機能）として，順序・手順係，指図カード（指図票）係，時間・原価係，工場訓練係を配置し，計画を実行に移す機能的職長（執行機能）として，準備係，速度係，検査係，修繕係を配置した[6]。また，テイラー（1911）は，管理者（マネジャー）と工具（働き手）との間で，仕事と責任の役割分担が必要だと指摘している。すなわち，計画を立案する事務労働（計画職能）と機械を操作する現場労働（執行職能）とを同時に行うことは不可能であり，計画立案と実作業とでは，適正人材が異なるためである[7]。

　このように，テイラー（1903, 1911）の職能別職長制度によって，「（経営職能と）管理職能と執行職能」が分化され，購買，製造，販売といった一連の企業活動を備えた職能別組織の原点として，職能の階層的垂直的分化が展開される一方，管理と現場（資本家と労働者）を明確に分離することによって，労使間の対立（階級闘争）を激化させる一因ともなった。

図表2−5　テイラーの「組織改革」と組織形態

テイラー（1903, 1911）の職能別職長制→職能別組織の起源
工場長→監督主任→計画機能（順序・手順係，指図票係，時間・原価係，工場訓練係の職長） 　　　　　　　　　執行機能（準備係，速度係，検査係，修繕係の職長）→作業員
職能別組織→購買・製造・販売・人事・総務・経理・財務などの職能別に分類した組織
例） 社長→（人事本部）→生産本部→（洗濯機製造部・冷蔵庫製造部） 　　　　　　　　　販売本部→（洗濯機販売部・冷蔵庫販売部）
チャンドラー（Chandler, A. D., Jr.）（1962）の事業部制組織→現在の事業部制組織の起源
事業部制組織→各職能部門を事業部にまとめ，複数事業部と独立に本社機構のある組織
例） 社長→（人事本部）→洗濯機事業部→（事業部人事）→（洗濯機製造部・洗濯機販売部） 　　　　　　　　　冷蔵庫事業部→（事業部人事）→（冷蔵庫製造部・冷蔵庫販売部）
カンパニー制→事業部制組織が独立性を高め，事業部に仮想的会社組織を設置した組織
マトリックス組織→職能別組織と事業部制組織など複数の軸が重なりあう組織

出所：井原（2008）を基に筆者作成。
　　　井原（2008）によると，科学的管理法には，①課業管理，②作業研究，③指図票制
　　　度，④賃金制度の改革，⑤組織の改革がある。
　　　井原（2008），82 ～ 87，207 ページ。
　　　チャンドラー（1962）は，製品の多様化や地理的な拡大に対応するために，デュポン，
　　　ゼネラル・モーターズ，ニュージャージー・スタンダード，シアーズといった当時の
　　　業界のリーディング企業が，1920 年代に，1つの事業部に，購買，製造，販売といっ
　　　た各職能を備えた事業部制組織へと移行した過程を実証分析によって明らかにした。
　　　Chandler（1962）（有賀訳（2004），52 ～ 63 ページ）

2．ファヨールによる職能の過程的水平的分化

　ファヨール（1917）の経営管理は，業務活動と管理活動からなる6つの職能
（企業活動），企業活動が十分に機能するための 14 の管理原則，管理原則が効率
的に実行されるための管理的活動の5機能，後継者に継承された管理過程論が
代表的であるが，以下では，ファヨールの管理学説（管理職能論）と職能の過程
的水平的分化について解説する。

　ファヨール（1917）は，職能（企業活動）を6つに分類し，業務活動として，
①技術的活動，②商業的活動，③財務的活動，④保全的活動，⑤会計的活動を

挙げ，管理活動として，⑥管理的活動を挙げた。

　①技術的活動（生産・製造・加工）については，現在の生産・製造部門，②商業的活動（購買・販売・交換）については，現在の購買・販売部門，③財務的活動（資金調達・運用）については，現在の経理部門，④保全的活動（財産保護・従業員保護）については，現在の総務・人事部門，⑤会計的活動（財産目録・貸借対照表・原価計算・統計等）については，現在の経理部門に相当する。

　⑥管理的活動（予測・計画化，組織化，命令・指揮，調整，統制・統合）については，現在の全般的経営部門，すなわち，意思決定担当の経営機能と業務執行担当の管理機能に相当する。

　ファヨール（1917）は，業務活動への傾注をあらため，管理活動の重要性を説くこととなったのである（管理の一般理論の確立）。

　このように，ファヨール（1917）の管理学説（管理職能論）によって，「業務活動と管理活動」が分化され，購買，製造，販売といった一連の企業活動を備えた職能別組織の原点として，職能の過程的水平的分化が展開される一方，管理的活動については，後継者の1人であるシューハート（Shewhart, W. A.）（1939）の影響を受けたデミング（Deming, W. E.）（1950, 1952）のデミングサイクルを経て，水野（1952, 1954, 1984）によって，継続的管理改善手法としてのPDCAサイクルが提唱されることとなった[8]。

3．現代における職能分化

　管理職能と執行職能の分化に始まる階層的垂直的職能分化について，現代では，管理職能がトップ・マネジメント（最高経営層）とミドル・マネジメント（中間管理層）とロワー・マネジメント（現場監督層）といった3つの階層に分化されることとなる。トップ・マネジメントの役割については，経営戦略の策定，戦略実行における執行管理，ステークホルダー（利害関係者）との良好な関係の維持継続などが挙げられる。ミドル・マネジメントの役割については，トップ・マネジメントの経営方針に基づいた各事業部門の計画立案，計画実行における指揮管理が挙げられる。そして，ロワー・マネジメントの役割については，ミドル・マネジメントの指示に基づいた現場作業の指揮監督が挙げられる。

　業務活動と管理活動の分化に始まる過程的水平的職能分化について，現代における経営職能は，購買部，製造部，販売部といった現地スタッフによる過程的職能分化に加えて，企業規模が拡大するにつれて，ヒト（人的資源），モノ（物的資源），カネ（財務資源），チエ（情報資源）から構成される経営資源に対応した人事部，資材部，経理部，情報部といった専門スタッフによる生産要素的職能分化，管理活動，企画立案，全社的な戦略立案への支援に対応した管理部，企画調査部，戦略部といった管理スタッフによる部面的職能分化の3つの側面に分化されることとなる[9]。

第3節　経営理論の発展過程とバーナードによる経営者の役割

　経営理論の発展過程については，時代区分だけではなく，合理的人間仮説や非合理的・限定合理的人間仮説，勤労意欲・生産性の経済的動機や社会的動機，組織内部の資源管理や組織外部の環境適応に対応して，古典理論，新古典理論および近代理論に分類できる。

1．経営理論の発展過程と人間仮説－「バーナード革命」と「近代理論」－

　古典理論については，テイラー（1911）の科学的管理法やファヨール（1917）の管理過程論に代表され，人間像としては，孤立的，打算的で，合理的な状況のなかで，最善の意思決定を行うことができるといった経済人仮説，勤労意欲や生産性としては，賃金や休憩時間といった経済的動機に基づく物理的な作業条件によって影響を受けるという点が特徴的である。

　一方，古典理論は，組織内部の資源管理に限定された狭い経営管理にとどまっている（内部志向的）。

　新古典理論については，メイヨー（Mayo, G. E.）（1880-1949）等の人間関係論，マズロー（Maslow, A. H.）（1954），アージリス（Argyris, C.）（1957），マグレガー（McGregor, D.）（1960），リッカート（Likert, R.）（1961），ハーズバーグ（Herzberg, F.）（1966）等の行動科学に代表され，人間像としては，感情的，情緒的で，非合理的な状況のなかで，社会的欲求を充足しようとする社会人仮説，心理的，

内的動機によるモティベーションに基づいて，自律的に自己実現しようとする自己実現仮説，勤労意欲や生産性としては，集団への帰属，同僚とのコミュニケーションや上司との信頼関係といった社会的動機に基づくモラール（士気）によって影響を受けるという点が特徴的である。

　一方，新古典理論も，組織内部の資源管理に限定された狭い経営管理にとどまっている（内部志向的）。また，経営理論の人間像は，古典理論から新古典理論へと発展するにつれて，経済人仮説から社会人仮説，自己実現人仮説へと進化を遂げることとなったが，いずれにしても，組織内部の資源管理に限定された狭い経営管理にとどまっていた。

　こうしたなか，バーナード（1938）は，『経営者の役割』を著すこととなり，組織は，古典理論や新古典理論が想定するようなオーガニゼーション（organization）としての寄せ集めではなく，システム（system）としての体系であると考え，そのためには，「共通の目的」，「情報伝達」（コミュニケーション），「貢献意欲」（士気）の 3 要素が組織成立の必要十分条件であると説いた。

　ここで，「共通の目的」は，経営戦略であり，バーナード（1938）によって，初めて戦略が経営に結び付けられることとなった。バーナード（1938）によると，経営者の役割は，従業員全員が参加できる「共通の目的」を提示し，実現達成に向けた戦略を立案し，「情報伝達」を密にとり，「貢献意欲」を高めていくことである。

　このように，バーナード（1938）は，組織を閉鎖体系ではなく，開放体系ととらえ，組織内部の資源管理だけでなく，組織外部の環境適応も重視（内部管理と外部環境の均衡）することとなった（バーナード革命）。

　近代理論については，バーナード（1938）の組織論やサイモン（1957）の意思決定論に代表され，人間像としては，限定された合理性のなかで，社会的かつ自律的に意思決定を行おうとする全人仮説，限定された情報や環境のなかで，主観的合理性をもって，可能な限り合理的な意思決定を行おうとする管理人仮説，組織を閉鎖体系ではなく，開放体系と捉えた点が特徴的かつ画期的である[10]。

　このように，近代理論は，古典理論や新古典理論が想定する組織内部の資源

管理にとどまることなく，外部環境にも目を向けることによって，条件適応理論や経営戦略論にも影響を与えることとなった（内部・外部志向的）。

　以下では，バーナード (1938) 革命以降の近代理論を基に，人間像も勤労意欲も異なる近代理論における経営者の役割について解説する。

2. バーナードによる経営者の役割－「協働体系」と「組織成立のための3要素」－

　バーナード (1938) によると，経営者の役割は，組織を機能する状態に維持することであり，協働の成否を左右する要因はリーダーシップであり，リーダーシップにとって重要な要因は「道徳的創造性」である。また，組織の存続（協働体系の維持）は，リーダーシップの質とその基礎にある「道徳性の高さ」に依存している [11]。

　ここでの組織とは，「公式組織」のことであり，意識的かつ計画的で，目的をもつような人々相互間の協働であり，2人以上の人々の意識的に調整された活動や諸力の体系である。宮田 (2001) によると，「公式組織」の具体例としては，国家，企業，軍隊，学校，教会，家庭がある [12]。

　バーナード (1938) によると，こうした「公式組織」に対応して，地域社会や国家を含めた「非公式組織」が必ず存在し，「公式組織」と「非公式組織」は共存することになる。「非公式組織」とは，個人的な接触や相互作用の総合や人々の集団の連結を意味し，決まった構造や下部単位をもたない不明確な集団である [13]。また，宮田 (2001) によると，「非公式組織」とは，人間の本質的欲求である社会的結合に基づいた慣習，しきたり，風俗，制度，社会的規範であり，「非公式組織」の具体例としては，大きな国民社会（民族），地方社会（村落）があり，こうした社会的結合がなければ，人間性が失われることになる。すなわち，「公式組織」と「非公式組織」は，相互補完的な関係にあり，全体社会は「公式組織」によって構造化され，「公式組織」は「非公式組織」によって活気づけられ，条件づけられることになる [14]。

　バーナード (1938) は，組織を「協働体系」(cooperative system) と定義づけており，井原 (2008) によると，組織を「オーガニゼーション」(organization) ではなく，「システム」(system) と捉えたことは画期的である [15]。バーナード

(1938) によると,「協働体系」とは, 少なくとも 1 つの明確な目的のために 2
人以上の人々が協働することによって, 特殊な体系的関係となる物的, 生物
的, 個人的, 社会的構成要素の複合体であり,「協働体系」の具体例としては,
教会, 政党, 友愛団体, 政府, 軍隊, 企業, 学校, 家庭がある。

　組織成立のための 3 要素は, 組織の存在理由としての①「共通の目的」,「共
通の目的」を実現達成するために組織に貢献しようとする②「貢献意欲」,「貢
献意欲」を引き出すための③「情報伝達」であり, バーナード (1938) による
と, ③「情報伝達」を密にとり, ②「貢献意欲」を高めて, ①「共通の目的」
を実現達成していくという順になる (16)。

　先述の通り, ①「共通の目的」は, 経営戦略のことであり, バーナード
(1938) は, 組織内部の資源管理だけでなく, 組織外部の環境適応も重視し, 戦
略の概念を初めて経営に結び付けることとなった。すなわち, バーナード
(1938) は,「システム」としての組織成立のために,「共通の目的」としての経
営戦略を実現達成することが経営者の役割だと指摘したのである。その後,
チャンドラー (1962) は, 戦略の概念をドメイン (事業領域・事業分野・機能) 別
に初めて定式化 (全社戦略・事業《競争》戦略・機能別戦略) し,「戦略に従って組
織が変化する」という命題を提示した。また, アンゾフ (Ansoff, H. I.) (1965)
は, 戦略の概念を全社戦略のモデルとして初めて体系化 (フレームワーク化) し,
チャンドラーとは逆に,「組織に従って戦略が変化する」という命題を提示し
た (17)。

　つぎに, ②「貢献意欲」を引き出す方法については, 報酬や昇進などの「客
観的誘因」を提供する「誘因の方法」と心的状態や動機などの「主観的態度」
を改変させる「説得の方法」の 2 種類があり (「誘因の二側面」), バーナード
(1938) は,「誘因」の「客観的側面」と「主観的側面」を区別するだけでなく,
「戦略的要因」としての「誘因」の分配が, 個人の主観的な貢献価値である
「貢献結果」と組織の客観的な目標達成度である「有効性」(effectiveness) に見
合ったものでなければならないと指摘している (18)。

　そして, ③「情報伝達」については, (命令伝達は, 被支配者に受容されて初めて
権威が確定する)「権限受容説」, (命令伝達は, 理解しやすく, 組織の目標と矛盾せず,

個人の利害と両立し，心身ともに受け入れやすいときに初めて権威あるものとして受容される）「権威受容の条件」，（命令を無関心に問題なく受け入れる受令者グループの）「無関心圏」との関連で，権威の判断が受令者側にあることが強調されている[19]。

3．組織の存続—「有効性」と「能率」，「リーダーシップ」と「道徳性」—

つぎに，組織は，「ゴーイング・コンサーン」（継続企業体）として，世代を超えて存続していかなければならない。

バーナード（1938）によると，組織の存続には，「有効性」または「能率」（efficiency）のいずれかが必要となり，組織の寿命が長くなればなるほど，一層重要となる。

ここで，組織にとっての「有効性」とは，「協働体系」が掲げる目的の達成度であり，組織にとっての「能率」とは，組織が個人に提供する物質的，非物質的「誘因」と個人が組織に提供する「貢献」とのバランス（協働体系の均衡）を維持できるほどの「誘因」を提供する組織の能力である。すなわち，「有効性」とは，協働行為の客観的な目標（結果）の達成度であり，「能率」とは，個人の主観的な動機（過程）の満足であり，組織に対する個人の「貢献」を引き出すための「誘因」を組織が個人に提供できるかどうかが重要となる[20]。また，個人にとっての「有効性」とは，ある特定の望ましい（客観的な）目的が達成された場合の行為であり，個人にとっての「能率」とは，求めない（不満足な）結果が些細な場合の行為である。「有効的」な行為でも，求めない結果が望ましい目的の達成よりも大きく，不満足な場合，その行為は，「有効的」ではあるが，「非能率的」である。また，求めない結果が些細な場合，その行為は「能率的」である。さらに，求めない結果は些細であるが，求める結果が達成されない場合，その行為は「能率的」ではあるが，「有効的」ではない[21]。

バーナード（1938）によると，組織の生命力は，「協働体系」に諸力を貢献しようとする個人の「意欲」にかかっており，この「意欲」には，目的を遂行できるという「信念」が必要となる。目的が達成されないと予想されれば，「信念」は消失する。そのため，「有効性」がなくなれば，「貢献意欲」は消失する。「意欲」の継続性は，目的を遂行する過程において，貢献者が得る満足に

依存する。犠牲より満足が小さくなければ,「意欲」は消滅し,「非能率的」な組織の状態となる。犠牲より満足が大きくなれば,「意欲」は持続し,「能率的」な組織の状態となる[22]。

　バーナード (1938) にとって,組織の存続には,組織にとっての「有効性」と「能率」だけでなく,個人にとっての「有効性」と「能率」も必要となるのである。上述の通り,バーナード (1938) にとって,組織の存続には,リーダーシップの質とその基礎にある「道徳性の高さ」が要求される。また,バーナード (1938) にとって,リーダーシップには 2 つの側面がある。1 つは,体力,技能,技術,知覚,知識,記憶,想像力における個人的優越性であり,「リーダーシップの客観的技術的な側面」である。2 つは,決断力,不屈の精神,耐久力,勇気における個人的優越性であり,「リーダーシップの主観的管理責任的な側面」である (「責任」に含まれるリーダーシップの側面)。バーナード (1938) は,後者の「リーダーシップの管理責任」にかかわる「道徳的側面」(「道徳性の高さ」) こそが,リーダーシップの質 (良否) を形成するものであり,組織の存続を可能ならしめるものだと指摘している[23]。

　一方,「管理責任にかかわる道徳性」が低ければ,リーダーシップ,そして,組織の存続も危ぶまれることとなる。すなわち,「高度な管理責任」を果たすためには,「複雑で高度な道徳性」が必要となり,それに対応した「高度な能力」も必要とされるのである[24]。

　バーナード (1938) にとって,経営者の役割は,「公式組織」における協調を実現維持 (組織を機能する状態に維持) するための統制,管理,監督,経営である。

　これに対して,ティース (Teece, D. J.) (2008, 2009, 2016) は,ボウモル (Baumol, W. J.) (1968) を引用して,経済理論のなかに,リーダーシップを発揮し,イノベーションを引き起こし,企業家精神を構成する経営者の役割を取り入れるべきであると指摘する一方,バーナード (1938) を引用して,経営者の役割は,「公式組織」における協調を実現維持するための統制,管理,監督,経営だけではないと指摘している[25]。

第4節　現代における経営者の役割

　バーナード革命以降，環境の変化や企業規模の拡大によって，計画的な管理の限界が出てきた。すなわち，企業は，競争優位を獲得維持するために，事業領域（ドメイン）を設定して，長期的な目標・方向性（ビジョン）を提示することによって，外部環境の変化に適応していく必要性が出てきたからである[26]。

1．管理から戦略へ

　チャンドラー（1962）によると，経営者は，2種類の経営管理を取り扱う必要があり，1つは日常業務の職能（短期的な職能）としての管理であり，2つは長期的な職能としての戦略である。また，山口（2009）によると，短期的な利益獲得については経営政策，長期的な視野については経営戦略に分類され，経営者の最も重要な職能は，経営理念に基づいた経営政策（management policy）であり，経営計画（business planning）策定の前提となる。

　一方，1960年代以降，経営政策は，多角化・グローバル化といった企業外部の環境の変化に対応するため，短期的な利益の獲得を目指した管理（administration）ではなく，長期的な市場占有率の獲得を目指した戦略（strategy）として，経営者の重要な職能となった。チャンドラー（1962）によると，経営者の役割は，業務の調整と評価のほかに，事業成長のプランニングと実行，経営資源の配分（戦略）があり，戦略とは，長期の基本目標を定めたうえで，その目標を実現するために行動を起こしたり，経営資源を配分したりすることである。すなわち，将来の需要見通しに合わせて，資源配分を計画することである。その際，戦略が組織に影響を及ぼす一方，事業部制という組織形態も戦略に影響を及ぼすことになる[27]。

2．現代における経営者の役割

　現代における企業は，「ゴーイング・コンサーン」として，世代を超えて存続していかなければならない。そのため，経営者には，組織内部の管理や経営戦

略の立案だけでなく，「協働体系の維持」，すなわち，利害関係者との良好な関
係を維持することによって，組織を存続させていくことも，重要な役割として
必要とされている。そのための手段として，企業の社会的責任（CSR Corporate
Social Responsibility）を果たすことが必要であり，バーナード（1938）によると，そ
のための基盤としての「道徳性」（倫理）が必要とされるのである[28]。

　一方，企業が社会的責任を果たすためには，利害関係者に利益を還元するこ
とが必要である。そのための手段として，企業は，社会的な価値を創造するだ
けでなく，経済的な価値も創造（CSV Creating Shared Value）する必要がある（企
業の社会的責任＋利益の追求）[29]。

　名和（2017）によると，社会的価値と経済的価値のバランスが重要であり，
エコカーの例を挙げると，ハイブリッド車であれば，ガソリンを使用する内燃
機関（エンジン）だけでなく，電気を使用する電動機（モーター）も使用するた
め，環境に優しい（社会的価値の創造を実現する）だけでなく，燃費も良くなる
（経済的価値の創造も実現する）[30]。

　ティース（2016）は，経営者と企業家の定義について，ボウモル（1968）を引
用して，経営者に対する企業家としての役割（entrepreneurial role）およびリー
ダーとしての役割（leadership role）を強調している[31]。

　企業家の役割・概念については，諸説あり，カンティヨン（Cantillon, R.）
（1925）にまで遡ることができるが，シュムペーター（Schumpeter, J. A.）（1912）
によると，企業家とは，イノベーションを展開することによって，新産業を創
出する者であり，組織に属さず発明を行う発明家とは異なる。また，シュム
ペーター（1912）によると，企業家とは，新結合の遂行を自らの機能とし，そ
の遂行にあたって能動的要素となるような経済主体のことであり，貨幣や生産
手段の所有者としての資本家（唯一のリスク負担者）とも，企業家と資本家の間
に立つ銀行家とも，利潤を獲得しないワルラス（Walras, M. E. L.）（1874-1877）の
経営管理者とも，日常業務を管理し事業を経営する業主（経営管理者）とも，生
産者と消費者の間を仲介するマーシャル（Marshall, A.）（1923）の中間商人とも，
日常的事務管理を行うマーシャル（1890, 1891, 1910）の代表的企業，平均的企業
とも，事業を興す起業家とも異なる。

　福澤（2013）によると，環境の変化に応じて，既存の戦略・組織能力の活用と新規の戦略・組織能力の探索との選択または両方によって，両者のプロセスを組織内で機能させていく能力が，経営者の役割であり，ティース（2012）によると，ゼロ利潤の回避を持続させるためには，企業家精神を備えた経営者による優れた戦略策定が必要となる[32]。

　リーダーシップの役割・概念についても，諸説あり，古代ギリシャ時代のリーダーシップ特性論にまで遡ることができ，バーナード（1938）によると，組織の存続を可能ならしめるようなリーダーシップであるが，近年（1980年代以降）の変革的リーダーシップ理論においては，企業に変革をもたらすようなリーダーシップが注目されている。たとえば，コッター（Kotter, J. P.）（1988, 1995）は，企業が変革を達成するためには，リーダーの掲げる「ビジョン」が重要だと指摘しており，変革のプロセスには，①「緊急課題であるという認識の徹底」，②「強力な推進チームの結成」，③「ビジョンの策定」，④「ビジョンの伝達」，⑤「社員のビジョン実現へのサポート」，⑥「短期的成果を上げるための計画策定・実行」，⑦「改善成果の定着とさらなる変革の実現」，⑧「新しいアプローチを根づかせる」といった企業変革の8段階を提示しており，時間を要するがいずれも省略してはならないと指摘している。また，リチャーズ（Richards, C.）（2004）は，環境の変化の激しい状況では，不確実性が低く定型的な業務・タスク型の命令を下すような部下を管理するマネジャーではなく，不確実性が高く非定型的な業務・ミッション型の命令を下すような部下を主導する変革的リーダーが重要だと指摘している。リチャーズ（2004）は，トヨタのチーフエンジニアの事例を挙げ，そのためには，権限より尊敬（リスペクト）によって人を動かす仕組みが重要だと指摘している[33]。

　このように，環境の変化の激しい現代において，経営者の役割は，組織内部の管理や経営戦略の立案にとどまらず，「高い道徳性」（倫理）に基づいた社会的責任を果たすことによって，利害関係者との良好な関係を維持し，組織を存続させる「経営者としての側面」，リーダーシップを発揮し，イノベーションを引き起こすことによって，新産業を創出し，競争優位を獲得維持する「企業家としての側面」，部下を主導することによって，企業を変革させる「リー

ダーシップとしての側面」など，多岐にわたっている。

【注】

（ 1 ）Mintzberg, H.（1973），*The Nature of Managerial Work*, Harper Collins Publishers, Inc.（奥村哲史・須貝　栄訳『マネジャーの仕事』白桃書房，1993 年）.

Drucker, P. F.（1966），*The Effective Executive*, Harper Collins Publishers, Inc.（上田惇生訳『経営者の条件』ダイヤモンド社，2006 年）.

Taylor, F. W.（1903），*Shop Management*.（上野陽一訳『工場管理法』『科学的管理法』所収，産業能率大学出版部，1969 年）.

Taylor, F. W.（1911a），*Principles of Scientific Management*.（上野陽一訳『科学的管理法の原理』『科学的管理法』所収，産業能率大学出版部，1969 年）.

Taylor, F. W.（1911b），*Principles of Scientific Management*.（有賀裕子訳『科学的管理法』ダイヤモンド社，2009 年）.

Fayol, J. H.（1917），*Administration Industrielle et Generale*, Edition presentee par P. Morin, Dunod, Paris.（山本安次郎訳『産業ならびに一般の管理』ダイヤモンド社，1985 年）.

経営理論は，大きく分類すると，経営管理論，経営組織論，経営戦略論といった柱から構成されるが，井原（2008）によると，経営管理論および経営組織論については，テイラーやファヨールの古典理論，メイヨー（1880-1949），フォレット（Follett, M. P.）（1868-1933），マズロー（1954），アージリス（1957），マグレガー（1960），リッカート（1961）およびハーズバーグ（1966）をはじめとした新古典理論，バーナード（1938），サイモン（1957）以降の近代理論に分類される。

井原久光（2008）『テキスト経営学 第 3 版』ミネルヴァ書房，154，172 ページ。

三谷宏治（2013）『経営戦略全史』ディスカヴァー・トゥエンティワン，68 ページ。

（ 2 ）Berle, A. A., Jr. and Means, G. C.（1932），*The Modern Corporation and Private Property*, Routledge.（森　杲訳『現代株式会社と私有財産』北海道大学出版会，2014 年）.

三戸　公ほか（1956, 1973）『大企業における所有と支配』未来社。

Lerner, R. J.（1970），*Management Control and the Large Corporation*, Dunellen.

Burnham, J.（1941），*The Managerial Revolution: What is Happening in the World*, John Day Company, Inc.（長崎惣之助訳『経営者革命』東洋経済新報社）.

Barnard, C. I.（1938），*The Functions of the Executive*, Harvard University Press.（山本安次郎・田杉　競・飯野春樹訳『新訳・経営者の役割』ダイヤモンド社，1968 年）.

Simon, H. A.（1957），*Administrative Behavior : A Study of Decision-Making Processes in Administrative Organization, 2ⁿᵈ ed.*, Macmillan.（松田武彦・高柳　暁・二村敏子訳『経営行動』ダイヤモンド社，1965 年）.

（３）Burnham, J.（1941），*op. cit*, pp.102-109（96-118）.

（４）Burnham, J.（1941），*Ibid*, pp.109-117（96-118）.

（５）権　泰吉（1991），「経営の職能構造と人間関係―経営組織論ノート（2）―」『経営論集』明治大学，38 巻 1 号，21 ページ。

松本芳男（2018）「第 3 部 経営組織」『経営学検定試験公式テキスト 経営学の基本』中央経済社，152 ページ。

（６）Taylor, F. W.（1903），*op. cit*, 1969, pp.112-121.

（７）Taylor, F. W.（1911a），*op. cit*, pp.236-237.

Taylor, F. W.（1911b），*op. cit*, pp.45-46.

（８）Fayol, J. H.（1917），*op. cit*, pp.17-22.

大西淳也・福元　渉（2016）「PDCA についての論点の整理」『PRI Discussion Paper Series（No.16A-09）』財務省財務総合政策研究所総務研究部，4 〜 7（1 〜 33）ページ。

（９）松本芳男・佐久間信夫（2018）「第 1 部 企業システム」『経営学検定試験公式テキスト 経営学の基本』中央経済社，6 〜 9 ページ。

井原久光（2008）『前掲書』，199 〜 200 ページ。

権　泰吉（1991）「前掲論文」。

山口厚江（2009）「第 2 章 経営者の役割」佐久間信夫・犬塚正智編著（2009）『現代経営管理要論』創成社，18（18 〜 31）ページ。

米倉（2004）によると，米国における事業部制組織においては，部長，課長クラスではなく，副社長，執行役員クラスの事業部長がミドル・マネジメントとされている。すなわち，ミドル・マネジメントは，現業の短期的な戦略の立案および配分された資源の業績に対する数字上の責任を負う一方，トップ・マネジメントは，全社的な経営戦略の立案，現業部門への資源配分の決定および配分された資源の業績に対する最終的な責任を負うことになる。

米倉誠一郎（2004）「解説－ 20 世紀経営史の金字塔」有賀裕子訳『組織は戦略に従う』ダイヤモンド社，2004 年，v ページ。

（10）Barnard, C. I.（1938），*op. cit*, 85-95, 211-217 ページ。意思決定とは，目標達成のための手段を考察・分析し，手段の 1 つを選択・決定すること，すなわち，1 つの代替案を選択することである。

Simon, H. A.（1957），*op. cit*.

（11）松本芳男（2018）『前掲書』，146 ページ。

（12）宮田矢八郎（2001）『経営学 100 年の思想』ダイヤモンド社，57 ページ。

　　松本芳男（2018）『前掲書』，144 ページ。

　　Barnard, C. I.（1938），*op. cit*, pp.5, 76.

（13）Barnard, C. I.（1938），*Ibid*, pp.120-121.

（14）宮田矢八郎（2001）『前掲書』，58 〜 59 ページ。

　　Barnard, C. I.（1938），*op. cit*, p.126.

（15）井原久光（2008）『前掲書』，155 ページ。

（16）Barnard, C. I.（1938），*op. cit*, pp.67-68, 85.

（17）三谷宏冶（2013）『前掲書』，68 ページ。

　　Chandler, A. D., Jr.（1962），*Strategy and Structure : Chapters in the History of the American Industrial Enterprise*, Cambridge University Press.（有賀裕子訳『組織は戦略に従う』ダイヤモンド社，2004 年，xvi 〜 xvii，12，17 ページ）。

　　Ansoff, H. I.（1965），*Corporate Strategy*, Penguin Books Ltd, 1988.

　　Ansoff, H. I.（1979），*Strategic Management Classic Edition*, Palgrave Macmillan, First Edition.（中村元一監訳『戦略経営論』中央経済社，2007 年，305 ページ）。

（18）Barnard, C. I.（1938），*op. cit*, p.145, 147-148, 166（146-167）。

（19）Barnard, C. I.（1938），*Ibid*, pp.170-171, 173, 177（168-192）。

（20）Barnard, C. I.（1938），*Ibid*, pp.57-61, 85-86, 97.

　　松本芳男（2018）『前掲書』，144 〜 145 ページ。

　　井原久光（2008）『前掲書』，187 ページ。

（21）Barnard, C. I.（1938），*op. cit*, pp.20-21.

（22）Barnard, C. I.（1938），*Ibid*, pp.85-86.

（23）バーナード（1938）は，「有効性」と「能率」について，「個人」や「組織」だけでなく，「協働行為」や「管理職能」（全体としての組織過程）の側面からも考察している。

　　Barnard, C. I.（1938），*Ibid*, p.20, 57, 58, 85, 95-99, 245-268, 271-272.

　　松本芳男（2018）『前掲書』，146 ページ。

（24）Barnard, C. I.（1938），*op. cit*, p.295（294-297）。

（25）Teece, D. J.（2008, 2009），*Dynamic Capabilities & Strategic Management : Organizing for Innovation and Growth*, Oxford University Press.（谷口和弘・蜂巣　旭・川西章弘・Chen, S. S. 訳『ダイナミック・ケイパビリティ戦略—イノベーションを創発し，成長を加速させる力—』ダイヤモンド社，2013 年，5，14 〜 15，48 〜 49，67 〜 70 ページ）。

　　Baumol, W. J.（1968），"Entrpreneurship in Economic Theory," *American Economic Review*, pp.64-67（pp.64-71.）。

Teece, D. J. (2016), "Dynamic Capabilities and Entrepreneurial Management in Large Organizations : Toward a Theory of the (Entrepreneurial) Firm," *European Economic Review,* Vol. 86, July 2016, p.207, 211. (pp.202-216).

Barnard, C. I. (1938), *op. cit,* pp.5-6.

(26) 井原久光 (2008)『前掲書』, 127, 158 ～ 159, 188 ～ 190 ～ 226 ページ。

(27) 井原久光 (2008)『同書』, 226 ～ 227 ページ。

山口厚江 (2009)『前掲書』, 21 (18 ～ 31) ページ。

Chandler, A. D., Jr. (1962), *op. cit,* pp.xvi-xvii, 12, 17, 483.

(28) バーナード (1932) によると, 「公式組織」の協働が成功することは異例であり, 多くの協働は計画の途中で失敗したり, 初期の段階で消滅したり, 短命であったりする。

Barnard, C. I. (1938), *op. cit,* p.6.

山口厚江 (2009)『前掲書』, 28 ～ 29 (18 ～ 31) ページ。

(29) Porter, M. E and Kramer, M. R. (2006), "Strategy and Society : The Link Between Competitive Advantage and Corporate Social Responsibility," *Harvard Business Review,* December 2006. (編集部訳「競争優位の CSR 戦略」『DIAMOND ハーバード・ビジネス・レビュー 2008 年 1 月号』ダイヤモンド社, 2008 年, 47 ～ 52 (36 ～ 52) ページ).

Porter, M. E and Kramer, M. R. (2011), "Creating Shared Value," *Harvard Business Review,* January-February 2011. (編集部訳「共通価値の戦略」『DIAMOND ハーバード・ビジネス・レビュー 2011 年 6 月号』ダイヤモンド社, 2011 年, 8 ～ 31 ページ).

大量生産, 販売促進による製品中心のマーケティング, 差別化, 高品質による顧客中心のマーケティングから変遷を辿ってきたコトラー (Kotler, P.) のマーケティング, すなわち, 経済的価値と社会的価値との主導による人間社会中心の「マーケティング3.0」においても, 経済志向だけでなく, 社会志向の重要性が指摘されており, 現在では, デジタル, 自己実現, 顧客中心の「マーケティング4.0」へと変遷を辿っている。

Kotler, P., Kartajaya, H. and Setiawan, I. (2010), *Marketing 3.0 : From Products to Customers to the Human Spirit,* John Wiley & Sons, Inc. (恩藏直人監訳, 藤井清美訳『コトラーのマーケティング3.0—ソーシャル・メディア時代の新法則—』朝日新聞出版, 2010 年).

Kotler, P., Kartajaya, H. and Setiawan, I. (2016), *Marketing 4.0 : Moving from Traditional to Digital,* John Wiley & Sons, Inc. (恩藏直人監訳, 藤井清美訳『コトラーのマーケティング4.0—スマートフォン時代の究極法則—』朝日新聞出版, 2017 年).

(30) 名和高司 (2017)『マンガでわかる！ハーバード式経営戦略』宝島社, 180 ～ 193 ページ。

(31) Teece, D. J. (2016), *op. cit,* p.207, 202-216.

Baumol, W. J.（1968）, *op. cit*, p.64, 65, 67.

（32）Schumpeter, J. A.（1949）, "Economic Theory and Entrepreneurial History," *Essays On Entrepreneurs, Innovations, Business Cycles and the Evolution of Capitalism*, pp.63-84.（清成忠男編訳『企業家とは何か』東洋経済新報社, 112 ページ）.

清成忠男（1998）「編訳者による解説」『J. A. シュンペーター　企業家とは何か』東洋経済新報社, 152, 157, 171 ページ。

Schumpeter, J. A.（1912, 1926）, *Theorie der Wirtschaftlichen Entwicklung*, 2. Aufl., 1926.（塩野谷祐一・中山伊知郎・東畑精一訳（2004）『経済発展の理論（上）』岩波文庫, 197 〜 199, 201, 202, 205, 206, 213 ページ）.

Walras, M. E. L.（1874-1877）, *Éléments d' économie politique pure ou théorie de la richesse sociale*, Paris et Lausanne.（久武雅夫訳『純粋経済学要論―社会的富の理論―』岩波書店, 1983 年, 44 ページ）.

Marshall, A.（1923）, *Industry and Trade Fourth Edition*, Macmillan and Co., Limited, London.（永澤越郎訳『産業と商業第二分冊』岩波ブックセンター信山社, 1985 年, 128 〜 133 ページ）.

Marshall, A.（1890, 1891, 1910）, *Principles of Economics Eighth Edition*, Macmillan and Co., Limited, London.（永沢越郎訳『経済学原理 第 1・第 2 分冊』1985 年, 265 〜 268 ページ）.

ティース（2007）は, ボウモル（2006）を引用して, シュムペーター（1912・1926）による企業家の役割はすべての均衡を破壊することであり, カーズナー（Kirzner, I. M.）（1973）による企業家の役割は均衡に戻すことであると指摘している。

Teece, D. J.（2007）, "Explicating Dynamic Capabilities : The Nature and Microfoundations of（sustainable）Enterprise Performance," *Strategic Management Journal*, Vol. 28, p.1322.（pp.1319-1350）（菊澤研宗・橋本倫明・姜　理恵訳『D. J. ティース ダイナミック・ケイパビリティの企業理論』中央経済社, 2019 年, 62 ページ）.

Kirzner, I. M.（1973）, *Competition and Entrepreneurship*, University of Chicago Press.（田島義博監訳『競争と企業家精神―ベンチャーの経済理論』千倉書房, 1985 年）.

福澤光啓（2013）「ダイナミック・ケイパビリティ」組織学会編『組織論レビューⅡ―外部環境と経営組織―』白桃書房, 2013 年, 77 〜 78（41 〜 84）ページ。

Teece, D. J.（2012）, "Dynamic Capabilities : Routines versus Entrepreneurial Action," *Journal of Management Studies 49-8*, pp.1396-1398（pp.1395-1401）（菊澤研宗・橋本倫明・姜　理恵訳『D. J. ティース ダイナミック・ケイパビリティの企業理論』中央経済社, 2019 年, 115 〜 118 ページ）.

（33）Kotter, J. P.（1988）, *Leadership Factor*, Free Press.

Kotter, J. P.（1995），"Leading Change : Why Transformation Efforts Fall," *Harvard Business Review*, March-April 1995.（岩崎卓也訳「企業変革の落とし穴」『第2版 リーダーシップ論―人と組織を動かす能力―』ダイヤモンド社，78 ～ 79 ページ）.

Richards, C.（2004），*Certain to Win*, The English Agency（Japan）Ltd.（原田　勉訳『OODA LOOP』東洋経済新報社，2019 年，50，345 ～ 346 ページ）.

権限より尊敬（リスペクト）によって人を動かす仕組みについては，監督と選手，選手同士が，互いに敬意を払うラグビーのリスペクトの精神が有名である。近年，全世界で猛威を振るっている新型コロナウイルスによって，教育環境を含めた日常生活が激変するという逆境のなか，「行動制限が厳しいいまこそ」と思い切って入門した格闘技道場（Capoeira Gerais）でも，先生（白波瀬立代表理事）がリーダーシップを発揮し，権限よりリスペクトによって，生徒を平等に指導してくださるおかげで，技術的な階級以外は，厳しい上下関係もなく，筆者も伸び伸びと練習に励んでいる。これも，先生と生徒，生徒同士のリスペクトの精神によるものと考える。

第3章
管理者の役割

第1節　はじめに

　我々の周りには経営や管理，マネジメントといった言葉が氾濫しており，そ
れゆえにこれらの言葉を区別せず用いている者も少なくないであろう。また，
会社，教育機関，政府機関，医療機関，サークルなどあらゆる組織に管理者が
置かれており，ある程度年齢を重ねた者であれば，概ね何らかの管理者に就い
た経験があるであろう。しかしながら，自分本人が他人である医者よりも自分
の体のことを知らないのと同じように，管理者自身も管理者の仕事のことを正
確に理解していない可能性がある。

　本章では，管理の定義，経営者と現場管理者といった管理者間での管理の違
い，管理の目的と方法，管理者の役割など様々な側面から，管理を巡る経営学
の先行研究の成果を検討していく。管理の多面的な検討を通し，管理とは何
か，そして管理者の役割とは何かを明らかにしていく。

第2節　管理の概念

1．経営の構成要素としての管理

　我々の周りには，経営，管理，マネジメントといった言葉が氾濫している。
経営と訳される英語としては，"administration"，"management"，"business"，
"government"⁽¹⁾ などがある。さらに，これらの英語は，論者によっては，
「管理」とも「マネジメント」とも訳される。そして，日本語においても，「経

営と管理は区別があるようでもあり，ないようでもあり，むしろ混用せられる場合が多いようである（山本，1975，296 ページ）。」

　しかしながら，経営学においては経営と管理の区別の重要性が指摘されており，とりわけ日本経営学においては「経営」は「管理」の上位概念として明確に区別され，位置づけられてきた。したがって，「管理」の要素は全て「経営」に包摂されるが，「経営」の要素には「管理」に包摂されないものがある。

　たとえば，経営管理論の父と呼ばれるファヨール（H. Fayol）も，管理を，経営を構成する 6 つの活動あるいは職能の要素の 1 つとして捉えており，経営を管理の上位概念として捉えていた。ファヨールは，管理を，「予測し，組織し，命令し，調整し，統制すること（ファヨール，1972，21 ページ）」と捉えていた。そして，彼は，経営を，「企業が自由に処分するすべての資産から可能な最大の利益を引出すように努めながら，企業をその目的へと導くことである（ファヨール，1972，22 ページ）」としていた。たとえば，企業が持続的成長を図っていく上では，資金調達（財務活動），工場や従業員の保護（保全活動），生産（技術活動），販売（商業活動），簿記（会計活動）といった管理（活動）以外の活動も必要である [2]。

2．マネジメントの構成要素としての管理

　経営や管理といった言葉は，株主総会，取締役会，経営者，中間管理者，現場監督など，組織のあらゆる階層の管理（あるいは経営）活動に対しても用いられることが少なくない。しかしながら，経営学においては，組織の階層の違いは管理（あるいは経営）と呼ばれる活動の性質を変化させることから，これらを区別する必要性が認識されてきた。たとえば，現場の管理が「作業の管理」であるのに対して，経営者による中間管理者の管理は「管理の管理」（山本，1975，298 ページ）であり，その性質は異なる。

　このような違いを踏まえ，経営と管理を包括する言葉としてマネジメントを用い，トップ・マネジメントによるマネジメントを「経営」，ミドル・マネジメント以下によるマネジメントを「管理」と呼ぶ場合も少なくない（e.g. 山城，1970; 藤芳，1983）。ただし，マネジメントは，リーダーシップであり，それ故に，

企業を単に所有しているかではなく，企業を実際に導いているかということがマネジメント主体の主な判断基準となる[3]。そのため，「トップ・マネジメントは株主総会を加えないというのが通説である（山城，1975，242ページ）。」マネジメントにおける経営は，「企業者精神による開拓者的な前向きの活動（山城，1975，238ページ）」である。それゆえに，その中心は，最高位の業務執行者であり（山城，1970，88ページ），日本企業におけるトップ・マネジメントは，通常「社長，副社長，専務取締役，常務取締役など（藤芳，1983，137ページ）」を指す[4]。

3．組織階層ごとの管理の違い：全般管理と部門管理

　株主総会，取締役会，経営者といった組織の最高位の階層は，組織全体としての意思決定や命令を下していかなければならない。他方，ミドル・マネジメント以下のマネジメント階層には，組織全体としての意思決定や命令を下す権限がない。このことから，トップ・マネジメント[5]によるマネジメントは全般管理としての性格が強いのに対して，ミドル・マネジメント以下の階層によるマネジメントは部門管理（あるいは現場管理，以下省略）としての性格が強いといわれている。先述したマネジメントの定義に従えば，全般管理はいわば組織全体を導いていくことであるのに対して，部門管理は組織の部分を導いていくことである。

　藤芳は，トップ・マネジメント，ミドル・マネジメント，ロワー・マネジメントの特徴を，管理の内容の違いから，それぞれ以下のように述べている（藤芳，1983，137ページ）。まず，トップ・マネジメントは，経営方針と経営計画の設定，そして経営活動の総合的統括を行う階層である。次に，ミドル・マネジメントは，トップ・マネジメントが設定した経営方針や経営計画に従って，各担当部門における具体的な業務計画の設定とそれを実行に移す指揮を執る階層（部長や課長）である。そして，ロワー・マネジメントは，ミドル・マネジメントの指令に従って，直接現場の作業の指揮と監督にあたる階層（係長，職長）である[6]。

第3節　管理と組織の分化

1．組織の分化

　意思決定や命令に従って実際に行動することは作業とも呼ばれ，経営学では管理とは概念上区別されてきた。個人企業などの場合には，意思決定と作業はそのどちらも同一人物である所有経営者によってなされるのが通常である。しかし，企業規模が拡大するにつれて，管理対象の拡大，管理業務の複雑化，社会的影響力の増大，世間の企業を見る目の厳格化・強化など，経営者が対処すべき問題や課題も組織内外で増大し，複雑化していく。すなわち，経営者1人で企業を経営していくことは困難となっていく。

　組織の規模が拡大するにつれて，経営者の負担を軽減し，経営をより効率的に行うための組織構造が構築されていく。この組織構造の構築は，組織に階層，いわば命令系統の中継点を増やしていく垂直的なものと，組織に専門部署を設けていくという水平的なものと二つの次元がある。すなわち，組織の規模の拡大は，階層・部署の新設により経営課題を組織で分担していくという，組織の分化を通して進められていく。

　垂直的な組織の分化は，職能の垂直的分化と呼ばれる。垂直的分化が進むにつれて，トップ・マネジメント，ミドル・マネジメント，ロワー・マネジメント，作業者といったように命令系統の垂直的な階層が形成されていく（図表3－1）。

　他方，水平的な組織の分化は，職能の水平的分化と呼ばれる（図表3－2）。企業は収益を上げていくために，資材を調達し，製品を製造し，販売するという過程を繰り返す。この過程を組織で分担する，すなわち過程上における，購買部，製造部，営業部といった分化は過程的分化と呼ばれる。そして，人事部，経理部，資材部，研究開発部など，経営に必要な要素であるヒト，モノ，カネ，情報の管理を組織で分担する分化は，要素的分化と呼ばれる。そして，企画部，法務部，戦略室など，トップ・マネジメントの仕事あるいはこれをサポートする仕事を組織で分担する分化は，部面的分化と呼ばれる。

図表 3 − 1 職能の垂直的分化

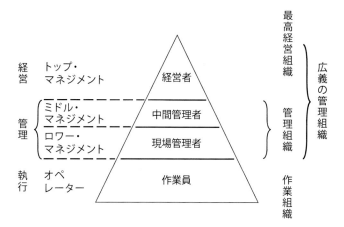

出所：藤芳（1983），136 ページ。

図表 3 − 2 職能の水平的分化

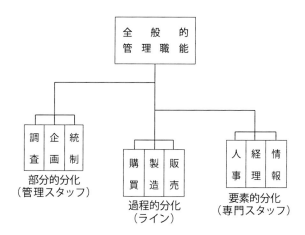

出所：藤芳（1983），136 ページを一部修正。

　また，藤芳（1983）は，これら３つに加えて，単位的分化の概念を挙げる。単位的分化とは，「地域，製品といった事業単位ごとに分割する方法である（藤芳，1983，138ページ）。」地域単位での分化の例としては，北米事業部，欧州事業部など，製品単位での分化の例としては航空事業部，自動車事業部などがある。今日，グローバルに事業を展開するグローバル企業や，１社で複数の事業を手掛ける多角化企業が多く存在する中で，単位的分化は多くの企業で確認できる。

　以上，組織拡大の方法である垂直的分化と水平的分化について説明したが，これらはいずれか一方のみが進むのではなく，同時並行で進むという性質をもつ（藤芳，1983，136ページ）。分業は作業能率を高めるため，役割分担を可能にする組織の大規模化は作業の分業を推し進めることになり，その結果として水平的分化が進むことになる。一方で，図表３－２にあるように水平的分化による新しい部署の設立は，これを統括する部署の存在を必要とするため，垂直的分化が必然的に起こる。

　なお，垂直的分化は，経営者と現場を中継するために階層を増やしていくという視点から進められていくのであり（藤芳，1983，136ページ），この点は重要である。というのは，垂直的分化は，全体最適の視点から，あくまで現場を活かすためのものだからである。経営者本人が本来直接現場を管理するのが望ましいが，それができないため，中間管理者がその任に当たるのである。いわば，中間管理者は経営者の代理人である。もし組織の階層が単なる地位を示すものとして扱われたり，また，中間管理者本人がその地位を利用して現場を混乱させたりすることがあれば，管理の方法としては望ましくない。

　なお，経営学は組織の分化が進んだ大企業を主な研究対象としてきたことから，大学の経営学部においても，組織の分化に沿う形で細分化された科目が設置されているのが通常である。過程的分化の例でみれば生産管理論（製造の管理）やマーケティング（販売の管理），次に要素的分化の例でみれば人的資源管理論（ヒトの管理），財務管理論（カネの管理）などがある。また，部面的分化の例でみれば経営戦略論（戦略の管理），ビジネス・アンド・ロー（法務の管理）などがあり，単位的分化の例でみれば国際経営論（国際事業の管理），サービス経

営論（サービス事業の管理）などがある。

２．マネジメントとしての統合

　経営者あるいは管理者は，組織や諸活動を分割するだけでなく，それらを統合することが求められる。組織としてのまとまりを維持するためである。周知の通り，バーナード（Barnard, C. I., 1938/1968）は，管理の役割を究明するために組織の本質を探究し，共通の目的，すなわち特定の目的が全体として共有されていなければ組織は成立しないと指摘した。また，前節でのマネジメント概念や垂直的分化を巡る議論が示すように，全般管理は部門管理よりも上位に位置する。それゆえに，全体最適は部分最適よりも優先されなければならず，そもそも部門管理は全体最適のための手段に過ぎないのである。

　したがって，管理の階層に関係なく，あらゆる管理者は全体最適のために存在している。組織において，水平的分化と同時並行で垂直的分化が進むのは，組織が，その末端まで組織としてのまとまりを維持し，組織全体として成長・発展するようにこれを導いていくためである。管理者階層間の職務の性質の違いでは，上位ほど全般管理者としての側面が強く，下位ほど部門管理者（あるいは現場管理者，以下省略）としての側面が強いかもしれないが，これはあくまで全体最適のための分業によるものである。

　ただし，部分最適が全体最適の制約を受けるとはいえ，部分最適の実現なくして全体最適を実現できないこともまた事実である。そもそも全般管理者としての性格が強いトップ・マネジメントにおいても，経済，金融，法律，政治などについての見識の他，業界や自社の特性の把握といった専門性を身につけていなければ，組織を存続させていくことはできない。このように，全般管理は部門管理や専門性と結合しているため，山城の言葉を借りれば，「ゼネラルであると同時にスペシャルである（山城，1970，105ページ）。」

　このように，あらゆる管理者は，全般管理者であると同時に部門管理者でもあり，そして管理者であると同時に作業者でもある。そのため，図表３－３のように会社機関の各役割が形式上は明確に区別されていたとしても，現実においては図表３－４のように混合しており，性格の強弱の差が確認できる程度で

48

図表3-3　各会社機関の担当機能

基礎組成 最高人事権	株 主 総 会
決 定 機 能	取 締 役 会
指 令 機 能	最高管理者 社　　　　長
部門執行機能	担 当 重 役 部　　　　長 （部門管理者）

出所：山城（1970），93 ページ。

図表3-4　各会社機関の実際の機能

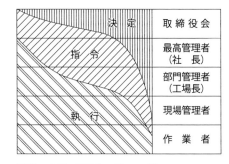

出所：山城（1970），94 ページ。

あるといえよう。

　とりわけ，わが国では，業務執行者による取締役の兼務が目立ち，さらに部門管理者も多く含まれている。また，現場から社内昇進していく慣行もある。そして，「一族郎党」という意味合いが強い先輩・後輩関係，上司と部下間の「甘え」，義理人情を重視する「浪花節」などといった日本独特で伝統的な人間関係の存在もまた（Hampden-Turner & Trompenaars, 1993, pp.159-161; 訳書198 ～ 201ページ），担当機能の区分をあいまいなものとするのに寄与していると思われる。

第4節　管理機能の内容

1．管理の目的

　管理は，組織全体の目的の達成のためになされるものであるが，組織には企業，病院，学校など様々なものがある。藤芳（1976）は，どの組織にも共通してみられる管理目的の具体的なものとして，以下の3つを挙げている（藤芳，1976，4 ～ 13ページ）。

① 仕事の能率

② 人間の満足

③ 場の変態存続

　第1の管理目的は，仕事の能率である。これは，投入する経営資源の量を増やすことなく，「以前よりも達成する仕事量を増大させること（藤芳, 1976, 4ページ）」である。仕事量の増大の例としては，生産現場の生産性を以前より高めること，営業現場の売上高を以前より高めること，事務現場では事務処理量を以前より増やすことなどがある。

　第2の管理目的は，人間の満足である。これは，仕事の存続及び能率の前提条件であるがゆえに，管理者が仕事の能率と同時に対応していかなければならない課題である。すなわち，「仕事の能率をあげるためにも，人間がヤル気を起こしてくれなければならない。仕事の能率を強調しても職場の人間が職場から逃げ出してしまっては仕事にならない（藤芳, 1976, 6ページ）」ということである。

　そして，第3の管理目的は，場の変態存続である。これは，組織を取り巻く環境の変化に組織を適応させ，その存続を図っていくことである。場とは，事業が行われる場，すなわち組織のことを指している。すなわち，事業や製品の転換，業務の新陳代謝などを行うことにより（変態）により，組織（場）の存続を図っていくことである。

　これらの3つの管理目的は，それぞれが組織の存続と発展という組織目的を果たすための必要条件であり1つも欠けてはならないとされる。また，管理における行為は，全てこれら3つの管理目的のために編み出された仕組みや技法を，職場の中で実践していくことであるとされる。そのため，管理目的は，管理行為の行動指針であるともいえる（藤芳, 1976, 13ページ）。

2．管理原則

　管理原則については，本書第5章「ファヨールの管理過程論」において詳しく言及されているため簡単に触れておくにとどめる。ファヨールによれば，管

理原則は，人々から成る社会体の健康と優れた機能を可能にする条件である（ファヨール，1972，41 ページ）。ファヨールが提示した例を挙げれば，命令が 2 人の人間から下されない（命令一元制の原則），仕事は分担する（分業の原則），約束は守る（規律の原則）などがそうである。今日まで様々な管理原則が提示・議論されてきたが，それらの原則の中には相互に矛盾するものもある。たとえば，仕事においては専門性を優先すべきとの原則（専門化の原則）と，そうではなく命令系統（命令一元制の原則）を優先すべきとの原則がある[7]。

　管理原則同士が相互矛盾する場合も含め，管理者は，原則はあくまで原則であり絶対的なものではないということを理解しておく必要がある。ファヨールによれば，管理原則の活用の判断は管理者に委ねられ，それゆえに原則活用の成否も管理者の能力に大きく左右される[8]。ファヨール曰く，管理原則の活用は，「知性と経験・決断力と節度を是非とも必要とする難しい一つの技術である（ファヨール，1972，41 ページ）。」

　ファヨールが灯台の光は港への道を知らない者には役に立たないと例えたように，最高の原則も無能な管理者の下では役に立たないのである（ファヨール，1972，75 〜 76 ページ）。原則とはあくまで目安のようなものであり，絶対的なものではなく，状況に応じて柔軟に活用されるものである。そして，原則は目的ではなくあくまで手段であり，原則の遵守が目的となって，本来の目的が果たせないのであれば本末転倒である。

3．マネジメント・プロセス

　管理がどのような過程を経てなされるのかという点については，（経営）管理過程論の領域において研究が進められてきた。詳しくは第 5 章を参照されたいが，管理過程論はファヨールを創始者とし，その後多くの研究者によって研究され，管理過程の内容についての見解が提示されてきた。管理の過程は，マネジメント・プロセスと一般的に呼ばれる。

　今日，書店でも多くの関連書籍が置かれている PDCA サイクルもマネジメント・プロセスの一種であるが，ここでは PDS サイクルについて先に説明しておきたい。

　PDS サイクルの PDS は，それぞれ Plan（計画），Do（実施），See（評価）の頭文字である（図表 3 - 5）。PDS サイクルは，「まず計画をたて，これに基づいて実施し，その実施の結果を反省し，批判検討してこれを次の計画に生かしていくという一連の活動（山城，1975，253 ページ）」である。この定義に従えば，PDS サイクルは，後の周回になればなるほど，より改善されたものとなっていく。このような，回せば回すほどより改善されたサイクルとなっていくことは，一般的に「スパイラルアップ」と呼ばれる。

　PDS サイクルを理解する上で特に留意しなければならないのは，Do の理解である。これまでの検討から，作業はマネジメントに概念上は含まれないため，Do は作業という意味ではないことが窺える。Do とは，「作業をすること」ではなく，「作業をさせること」であり，具体的には組織化や指揮，動機づけなどのことを指す（e.g., 高橋，2012，23 ページ；藤芳，1983，127 ページ）。山城（1975）に至っては，PDS の D を Organization（組織）の頭文字の O に置き換えており，これを「組織の力を活用して集団の仕事をよりよく実施せしめる（254 ページ）」こととしている[(9)]。

　次に，名称が似ている PDCA サイクルであるが，これはもともと品質管理の管理手法として提唱された概念であり，その後それ以外の領域へと広まっていった（平井ら，2009，56 〜 57 ページ）。今日，PDCA サイクルは，政府による政策の公表資料の他，ISO（International Organization for Standardization：国際標準化機構）の国際規格などにも登場しており（see. 大西・福元，2016），書店にも多くの関連書籍が置かれている。なお，その提唱者の名称から，PDCA サイクルは，「シュワート・サイクル（Shewhart Cycle）」や「デミング・サイクル（Deming Cycle）」とも呼ばれている（平井ら，2009，56 ページ）。

　PDCA サイクルは，Plan（計画），Do（実施），Check（点検・評価），改善（Act あるいは Action）をサイクルの中身とし，PDS サイクルとサイクルの中身が一見すると似ている。さらに，PDS サイクルと同様に，PDCA サイクルもスパイラルアップしていく。

　しかしながら，PDS サイクルと PDCA サイクルには，前者が全般管理を強く意識した管理手法であるのに対して，後者が部門管理（先述した通りあるいは

現場管理）を強く意識した管理手法であるという，大きな違いがある。PDSサイクルを生み出した管理過程論が全般管理者であったファヨールによって創始されたのに対して，大西・福元（2016）がいうようにPDCAサイクルは品質管理という部門管理の領域において生まれたことに起因するのかもしれない（大西・福元，2016，27ページ）。

　実際，平井ら（2009）によれば，PDCAサイクルのPは，元来の戦

図表3－5　PDSサイクル

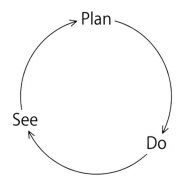

出所：山城（1970），113ページ。

略的なPlanではなく，より現場作業的，ルーチン的である常軌的なPlanであり，組織化の概念が抜け落ちており，マネジメント・プロセス全体におけるサブプロセスとしての意味合いしかないという（平井ら，2009，58～59ページ）。また，PDSサイクルにおけるDが「計画を実施させること」までしか含まないのに対して，PDCAサイクルにおけるDは，作業すなわち「計画を実行すること」まで含む場合が少なくないということである（see. 大西・福元，2016）。

　PDSサイクルにおけるPは，企業全体の戦略的計画や5年以上の長期計画も含むものであり（高橋，2012，24ページ），PDCAサイクルにおけるPとは意味合いが異なっている。しかしながら，PDCAも全社戦略に有益なものでなければならないことに変わりはない。すなわち，「組織の存在目的に基づく基本計画と組織化，そしてそれに基づく目標を，当該構成員が合意する場合のみ，目標管理もPDCAも意味を持つのである（平井ら，2009，58ページ）。」

第5節　管理者の役割

　本節では，ミンツバーグ（H. Mintzberg, 1973/1980）に依拠して，管理者[10]の役割について検討していく。管理者は，「公式組織やその構成単位の一部分を

任されている人（Mintzberg, 1973/1980, p.166, 訳書269ページ）」であり，社長や支店長，職長などが例である（Mintzberg, 1973/1980, p.29, 訳書50ページ）。

　ミンツバーグ（Mintzberg, 1973/1980）は，組織において管理者が置かれるのは，以下の6つの理由によるとする。すなわち，①組織が基本目的（basic purpose, 例，製品の能率的生産）を達成するため，②組織が安定性を維持するため，③組織が環境変化に適応するため，④組織の統制者が最終目的（ends, 例，利潤追求）を達成するため，⑤組織が組織内外への情報媒体を確保するため，⑥組織がその地位（例，社会や市場での地位）を守るためである（Mintzberg, 1973/1980, pp.95-96, 訳書153～155ページ）[11]。

　そして，ミンツバーグは，いわば「組織を預かる者」としての管理者は，10個の役割を統合的に遂行しなければならないとしている[12]。10個の役割は1つのシステムとしてまとめられており（図表3－6），各役割はシステムの一部として機能して初めて意味を成す。すなわち，「統合的に」とは，個々の役割をシステム全体の有効性を確保するために遂行していくということである。また，それゆえに，管理者にはこれら個々の役割の遂行に優れたスペシャリストであると同時に，全体的視野に基づく行動にも優れたゼネラリストでもあることが求められる。

　管理者の10個の役割は，それぞれ，①対人関係を中心とするもの（対人関係の役割），②情報処理を中心とするもの（情報関係の役割），③重要な意思決定にかかわるもの（意思決定の役割）の3つのカテゴリーに分けることができる。図表3－6にあるように，管理者という地位と権限が公式に与えられると，その管理者には対人関係の役割が与えられることになる。すなわち，管理者は，組織の代表としてふるまい（フィギュアヘッド），組織の長として部下を導き（リーダー），外部の人たち[13]とも接触していかなければならない（リエゾン）。

　対人関係の役割を通して，管理者は，「外部情報への独自のアクセス」と「内部情報への網羅的なアクセス」をもつことになり，管理者は組織の情報システムの要として機能するようになる（情報関係の役割）（Mintzberg, 1973/1980, p.66, 訳書110ページ）。すなわち，情報を探索・受信して組織の状況を把握し（モニター），組織内部への情報伝達（周知伝達役）と組織外部への情報発信（スポー

クスマン）を行う役割を担うのである。

そして，管理者という立場および情報システムの要としての機能により，管理者は「組織の重要な（戦略的）意思決定が行われるシステムの中心点（Mintzberg, 1973/1980, p.57, 訳書 94 ページ）」に据えられることになる。すなわち，管理者は，自らの意思で変革（change）を起こし（企業家 [14]），障害発生時にはこれに対処し（障害処理者），経営資源の配分を監督し（資源配分者），交渉の際にはその任につかなければならない（交渉者）。

なお，このような特殊な役割を遂行しなければならない管理者の仕事や仕事ぶりには，以下のような特徴があるという [15]。まず，際限なく絶え間ない対人関係，情報関係，意思決定面での活動を求められる管理者の仕事には終わりがない。自らの誤りや油断が組織の成否に直結するため，空き時間や帰宅後も，仕事が頭から離れること

図表3－6　管理者の役割

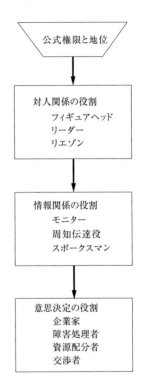

出所：Mintzberg（1973/1980），p.59，訳書 96 ページ。

はない。10 個もの役割を効率的に，さらには全体としてバランスがとれた形で遂行しなければならない管理者の仕事は，多様性がある。質・量ともに仕事が膨大な故に，各活動は短時間であり，途中で盛んに中断される（あるいは中断する）。多忙故に，重要だと思わない仕事や定期的な仕事には真摯さを欠くリスクがある。同様に，管理者は，時間と労力がかかる公式の会議や書面はできるだけ回避し，口頭でのやり取りを好む傾向がある。

第 6 節　おわりに

　本章では，管理とは何かを多面的に検討した。管理とは，山城の表現を借用すれば，組織を導くリーダーシップである。組織を導くべき先は，衰退や破滅ではなく，存続や発展であることから，管理者の役割は，組織をより良い方向へと導いていくことと捉えてよいだろう。管理は支配や監視とは本質的に異なる概念であり，それゆえに管理者は支配者や監視者である前に，まずリーダーでなければならない。リーダーは，組織を代表して組織の外部と係っていく存在でもあり，社会からの信頼も獲得しなければならない。管理者は，計画，命令，統制，監視，説得，賞罰の他，自身の人格や能力，情報，組織の強み，組織の分化，管理原則など，使えるものは何でも使い，できることは何でもして，組織の発展のために，組織内外の人々の助力を得なければならない。

　また，組織が大規模化するにつれて，唯一の管理者が組織全体を管理することはできなくなる。それゆえに，管理は階層ごと（垂直的分化）あるいは職能ごと（水平的分化）に複数の人間によって分担されなければならない。実際，大規模組織では，階層ごとでは経営者，部長，課長など，また，職能ごとでは営業部長や企画部長，監査室長など職能が異なる管理者などが置かれている。これらの管理者は，各自が置かれた個々の状況や課題にも対応しなければならないため，その意味で専門性が求められ，また多様性も存在する。しかし，どの管理者も組織全体を導いていくために置かれているとの本来の役割を忘れることなく，組織全体のためという共通の目的の下に，各自が抱える多様性や専門性を統合していくことが求められる。

【注】

（1）"government" を用いている例としては，ファヨールがいる。本書第 5 章「ファヨールの管理過程論」を参照のこと。なお，高橋（2012）によれば，「management は主に利潤追求を行う組織に，administration は利潤追求を目的としない組織において用いられる傾向にある（39 ページ）」という。

（2）詳しくは，本書第5章「ファヨールの管理過程論」を参照のこと。

（3）山城（1970）は，マネジメントを，集団のリーダーシップ機能という言葉で表現し，また肩書ではなくその機能を重視している（34 〜 39 ページ）。そして，このリーダーシップは，リードする側の問題だけでなく，リードされる側の問題も一体的に捉えることが特徴であるとする（39 ページ）。また，このリーダーシップは，高度な技法を身に着けた専門家でなければ発揮できないとされる。そのため，ただ株式を保有しているだけの無機能資本家は経営者ではない（34 〜 35 ページ）。そして，トップ・マネジメントの中心も社長や副社長などの最高位の業務執行者であり，株主総会を指すことはまれであるとされる（88 ページ）。

（4）マネジメント主体はその機能が重視されるという特徴がある。この意味で，日本においては取締役会に多くの業務執行者が含まれている点，そして部門管理，すなわち経営ではなく管理を兼務する取締役が多いという点にも注意する必要がある。すなわち，組織内での肩書をもって，いわば株主だから，取締役だからマネジメント主体ではないということはできないのである。

（5）先述したように，トップ・マネジメントという用語は，株主総会と取締役会を指す用語としてはあまり用いられない。このことから，以下，本稿でも主に業務執行の最高位層を総称する言葉として用いている。

（6）下線による強調は引用者による。

（7）この点含め，既存の管理原則の相互矛盾点を詳細に検討したのがサイモン（Simon, 1947/1997）である。

（8）本段落の内容は，ファヨール（1972, 41 〜 76 ページ）を参照のこと。

（9）山城は，PDS の S もコントロール（Control）の C に置き換えている。なお，ここでいうコントロールは，統制ではなく，計画と結果の比較・反省，およびその結果を次に生かしていくことという意味で捉えており，「統制」という用語と区別して用いている。（山城，1975，254 〜 255 ページ）

（10）訳書では，「マネジャー」となっているが，本書では全て「管理者」に統一した。

（11）ミンツバーグの引用は，必ずしも訳書に従ったわけではない。

（12）この 10 の役割については，特に注のない限り，以下を参照のこと。（Mintzberg, 1973/1980, pp.96-99, 訳書 155 〜 160 ページ）

（13）ミンツバーグにおいては，組織の内外の境界線は，管理者を基点に考えられている（Mintzberg, 1973/1980, p.55, 訳書 92 ページ）。したがって，職長にとっては，別の職場の職長も外部者となる点に注意されたい。たとえば，組織とは，社長の場合には会社，支店長の場合には支店，職長の場合には職場のことを指すとされる（Mintzberg, 1973/1980, p.29, 訳書 50 ページ）。

(14) ミンツバーグ自身が，企業家を「非常に広い文脈で考えている」(Mintzberg, 1973/1980, p.78, 訳書 128 ページ) とするように，計画の策定・改善も企業家的仕事として捉えていることに注意されたい。

(15) この特徴については，ミンツバーグ (Mintzberg, 1973/1980) の第 3 章を参照のこと。とりわけ，ページ "pp.51-53 (訳書 84 ～ 87 ページ)" では，特徴が列挙されている。また，ミンツバーグは，管理者同士の間でも，その仕事ぶりには多様性がみられるとしている。「専門家の管理者は専門家でなければならない」といった求められる専門性の差，「下位の階層ではフィギュアヘッドの役割が減る」といった階層間の差などで様々な違いがある。管理者の仕事の多様性については，次にまとめられている。Mintzberg, 1973/1980, pp.129-131, 訳書 209 ～ 212 ページ。

【参考文献】

大西淳也・福元　渉『PDCA についての論点の整理』PRI Discussion Paper Series (No.16A-09), 2016 年，https://www.mof.go.jp/pri/research/discussion_paper/ron281.pdf (2019 年 8 月 16 日アクセス)。

高橋正泰「第 1 章　マネジメント・プロセス」高橋正泰・木全　晃・宇田川元一・高木俊雄・星　和樹『マネジメント』文眞堂，2012 年，21 ～ 40 ページ。

平井孝治・山本友太・星　雅丈・川瀬友太・奥山武生「組織の価値実現過程：管理過程サイクルにおける PDCA の位置」『立命館経営学』第 48 巻第 1 号，立命館大学経営学会，2009 年，49 ～ 67 ページ。

ファヨール, H. (佐々木恒夫訳)『産業ならびに一般の管理』未来社，1972 年。

藤芳誠一「第 1 章　管理の役割目的と管理原則」藤芳誠一編著『経営管理論の展望』世界書院，1976 年，1 ～ 23 ページ。

藤芳誠一「第 4 章　経営管理と組織の理論」藤芳誠一編著『図説 経済学体系 10　新版　経営学』学文社，1983 年，125 ～ 166 ページ。

山城　章『増訂　経営学要論』白桃書房，1970 年。

山城　章『経営学全書 1　経営原論』丸善，1975 年。

山本安次郎『経営学全書 5 経営学研究方法論』丸善，1975 年。

Barnard, C. I., *The Functions of the Executives [30th Anniversary Edition]*, Harvard University Press, 1938/1968. (山本安次郎・田杉　競・飯野春樹訳『新訳 経営者の役割』ダイヤモンド社，1968 年)。

Hampden-Turner, C., & Trompenaars, F., *The Seven Cultures of Capitalism*, Judy Piatkus, 1993. (上原一男・若田部昌澄『七つの資本主義』日本経済新聞社，1997 年)。

Mintzberg, H., *The Nature of Managerial Work [The Theory of Management Policy Series]*, Prentice-Hall, Inc., 1973/1980.（奥村哲史・須貝　栄『マネジャーの仕事』白桃書房，1993年）.

Simon, H. A., *Administrative Behavior: A Study of Decision-Making Processes in Administrative Organizations [4th Edition]*, The Free Press, 1947/1997.（二村敏子・桑田耕太郎・高尾義明・西脇暢子・高柳美香訳『新版 経営行動—経営組織における意思決定過程の研究』ダイヤモンド社，2009年）.

第2部

経営管理論の史的展開

第4章
テイラーの科学的管理法

　テイラー (Taylor, F.W.) が展開した科学的管理法 (scientific management) は現代経営管理論の礎である。テイラーの科学的管理法は「高賃金と低労務費を実現するための管理法」とよばれていたが，冗長すぎるため科学的管理法と簡潔に表現されるようになった。

　科学的管理法が導入される以前の生産現場では，1人の現場監督者が作業全般を管理していたため，作業時間の設定や賃率は監督者の意向によって決まる伝習的方法 (rule-of-thumb) に依拠した成行管理 (drifting management) が行われていた。こうした状況下では，経営者側も生産現場の正確な情報を把握することができず，一方的な賃率引き下げや労働時間の延長といった労働搾取的な経営活動が行われ，労使間関係は良好とはいえないものになっていた。組織的怠業はこうした状況において発生していたのである。

　テイラーが著した『科学的管理の諸原理 (*The Principles of Scientific Management*)』には，管理の目的は，経営者の最大繁栄 (maximum prosperity) とあわせて労働者の最大繁栄をもたらすことにあると論じられている。単に企業や経営者に配当を行うことではなく，事業そのものを発展させて繁栄を永続させることを重視している。企業の繁栄は経営者側のみならず労働者においても望ましいことであるとして，経営者側が求める「低労務費」と労働者側が求める「高賃金」の両立のために，科学的管理法を確立しようとした。テイラーには，労使の利害は一致するという考えが根底にあったのである。

62

第1節　組織的怠業

1．組織的怠業の原因

　組織的怠業（systematic soldiering）は，テイラーが生産現場において重要視した問題のひとつである。テイラーは労働者が最大限の仕事をせず，多くの労働者が能力の１／２から１／３程度の分量にとどめようとすることに注目した。怠業自体は，自然的怠業という人間が本来もつ楽をしたいというものと，組織的怠業という他人との関係からいろいろと思慮をめぐらした結果に怠けるという怠業に区分される。組織的怠業は次のような原因から生じるとされている。

　第一は，個人（または機械）の出来高の増加が労働者の失業につながるのではないかという不安である。テイラーはこの点について，生産効率の上昇は企業を繁栄に向かわせるものであるので労働者たちの思い込みに過ぎないと断じている。第二は，管理方法が間違っているため，労働者が怠けざるをえないような状況にあることである。これは成行管理が行われていたために生じた怠業である。第三は，能率的でない目分量的な方法が職場に蔓延していたことによる労働者の努力の浪費である。これも成行管理による弊害であり，労働者だけの問題というよりは，経営者側が適切な労働環境を提供していないことに原因が求められていることは留意しておきたい。

2．出来高払制と組織的怠業

　当時の生産現場では，労働者の賃金は出来高払（piece-rate plan）によって決定することが多く，経営者はその賃率を決めることが難しい問題だった。賃率を決定するためには，労働者が必要とする賃金総額と予想出来高が必要になるが，伝習的方法では細かい数字を算出することができず，これらを"だいたいこれぐらいだろう"という憶測で決定していた。予想出来高についても，一時的に現場作業を観察して決めたり，各作業のなかで最も速いものを採用したり，類似した作業に要する数値に想像で時間を加減して決めていた。

　賃率は賃金総額を予想出来高で割った数字で表される。

$$賃率 = \frac{賃金総額}{予想出来高}$$

　伝習的方法では，実際に生産活動にあたるまで誰も生産量がどれぐらいになるのかわからないため，事前に算出した賃率が適切かもわからないのである。

　経営者側が適切な労働量を把握できないと，組織的怠業が発生する。例えば，出来高払制において労働者が賃金を多く得ようとして，出来高を増やそうとしたとする。すると経営者側は効率的な生産活動が行われていることを確認したうえで，賃率引き下げ（rate cutting）を実施するだろう。労働者がさらに効率を上げたとしても同様であり，結果として労働者側は自己防衛するようになる。労働者らは経営者側の賃率引き下げに対抗するために，意図的に作業速度を緩慢にしながら，見た目は急いで作業をしているように見せかけるようになる。

　テイラーは，こうして生じる組織的怠業を克服するために，課業管理や職能式組織といった概念の導入を提唱したのである。これらについて節を改めて順に取り上げていく。

第2節　課業管理

1．管理の四原則

　課業管理はテイラーの科学的管理法の根幹をなす重要な要因である。これまでに論じてきた生産現場の問題を克服するため，課業管理によって仕事を明確に規定することで，労働者を仕事に熱心に打ち込めるようにしたのである。

　テイラーは，管理目標である低労務費と高賃金を実現し，労使そして消費者も利益を享受するためには，次にあげる原則を実行する必要があるとしている[1]。

　ⅰ）大いなる1日の課業（a large daily task）

　ⅱ）標準条件（standard condition）

　ⅲ）成功に対する高賃金（high pay for success）

　ⅳ）失敗に対する損失（loss in case of failure）

　ⅰ）は，企業の人々はそれぞれの地位の上下に関係なく，毎日なすべき課業を明確にしておかなければならないという原則である。課業は漠然であってはならず，その内容は明確であって，なおかつ容易に達成できるものであってはならない。ⅱ）は，労働者に与える課業は1日分としてふさわしいもので，同時に標準化した条件と用具を与えて確実に課業が達成できるようにすることが求められるという原則である。ⅲ）は，各労働者が課業を達成できるようにすることが求められるという原則である。ⅳ）は，労働者が仕事において失敗すればそれだけの損失を受けなければならないという原則である。

　そしてテイラーは，企業の組織が十分に発展したのであれば，5つめとして，ⅴ）課業は一流の労働者（a first class man）でなければできないくらいむずかしいものにするという原則を導入することを提唱している。

　テイラー自身，以上の原則はどれも目新しいものではないものの，どの工場に行ってもこの通りにできているところはなく，これらの原則を実行するには通常の組織と違うことをしなければならないと述べている。組織編成面では，計画部を設置して仕事全体が円滑に行われるようにしなければならず，労働者の仕事面では，課業を明確に規定して誰がどれだけの生産活動を行えるのかを的確に把握しておくことが必要となる。そのためには，仕事作業の単位時間や作業時間を具体的に計測しておかなければならないのである。仕事作業の標準化については以下の項で，そして組織編成については次節で考察する。

2．作業標準の設定
（1）熟練の移転

　仕事作業を標準化することは，作業現場の決定権が現場監督者から経営者側へ移管されることである。科学的管理法が導入される以前の作業現場では，作業方法や作業道具の選定については現場に任せきりで，労働者たちは他の労働者からの口伝えによって生産活動に関する知識を得てきた。結果，その時代において，最も器用な労働者の作業方法が伝承されてきたのである。管理者は現場作業の知識や熟練が労働者に及ばないため，作業方法については最初から現場に一任してきたので，同じ作業にも関わらずいろいろなやり方が存在すると

いう状況にあったのである。

　現場まかせの管理法では，管理者は労働者を激励するしか動機づけを高める方策はなく，その手段として昇進や昇給，工賃の引き上げがなされるが，テイラーはこれを本質的な管理とはみなしていない。テイラーの考える管理とは，管理者の役割は労働者が伝承している知識や熟練を体系としてとらえ，規則，法則，方法として示し，労働者の日々の仕事を支援していくことにある。こうした管理が労働者の仕事にたいするコミットメントを生み出すので，作業標準を設定する必要があるとしている。

（2）作業標準の決定

　管理者は作業を標準化するために次の職務が求められている[2]。

　　i）労働者の仕事は目分量ではなく科学的に決定する
　　ii）労働者を科学的に選択，教育，訓練する
　　iii）科学的な仕事遂行のために管理者と労働者は協調する
　　iv）管理者と労働者との間で仕事と責任を均等に区分する

　仕事を標準化するためには，仕事がどのような作業から構成され，どれだけの時間を費やしているのかという各要素を具体的に把握して賃率を決めなければならない。森（1998）は，要素的賃率決定として次のように議論している[3]。要素的賃率決定とは，工場現場の多くの作業について要素分析を行い，これをストップウオッチで測定してファイル等に分類しておく。そして，ある特定の作業について賃率を定める時にその作業を要素に分析し，最も合理的な作業動作の系列をつくりあげ，各要素作業の標準とすべき時間を記録の中から求め，これを集計して当該特定作業の標準時間を算出，公正な賃率の決定の基礎をなすものである。

　テイラーによると，工具についても現場ごとに形や型の違うものが多く見られたので，目分量でできたさまざまな工具を詳細に調査し，その工具によって費やす時間研究を行い，このなかから良い点を抜き出してひとつの工具を選定

した。この工具は次の動作時間研究でより良い工具が見出されるまで使用されることになる。テイラーは，こうした作業によって，1日の仕事量を的確に把握できるようにしたのである。

3．差別的出来高払制の導入

労働者が1日の仕事を遂行した場合の報酬として，テイラーは，当時採用されることの多かった出来高払制ではなく，経済的刺激を喚起させる差別的出来高払制（differential piece rate system）の導入を唱えた。

差別的出来高払制とは，作業標準で決定した一定量を達成した場合と未達成の場合とで賃率を分け，労働者が一定量を設定された標準をクリアしようと作業能率を高めることをねらった刺激的賃金制度である。労働者が仕事を最短時間内に遂行し，かつ不良品がなければ高賃率を支払うが，時間超過や不良品があった場合には低賃率となる。テイラーはこの制度について，労働者側と管理者側の正当な要求を両方とも満足させるものは，この制度をおいてほかにはないとしている。

テイラーの説明によると，以下のように賃率が決められて賃金が算出される。ある仕事で1日にできる最大量が20個（または20単位）であるとする。ある労働者が1日20個を生産し，なおかつ不良品が無い場合には，1個あたり15セントの賃率とする。この場合，その日の賃金は15 × 20 = 3.00ドルとなる。一方，1日の生産量が20個に満たない場合は1個あたりの賃率は12セン

図表4－1　テイラーの差別的出来高払制

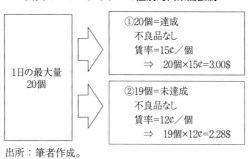

出所：筆者作成。

トとなる。そのため，例えば1日19個しか生産できなかった場合の賃金は12 × 19 = 2.28 ドルになるのである（図表4−1）。

また，たとえ20個仕上げたとしても，その中に不良品があれば賃率は引き下げられ，1個あたり10セントや5セントといった低いものになり，1日3ドルのかわりに2ドルや1ドルといった賃金になってしまう。

テイラーはさらに差別的出来高払制が通常のやり方と違うことを強調している。通常の出来高制のもとでは，ある労働者が毎日16個の製品をつくっていると仮定した場合，1個あたり15セントとすれば1日の賃金は15 × 16 = 2.40 ドルとなる。そして，この労働者がスキルを身に付けて1日の生産量を20個に増やした場合，15 × 20 = 3.00 ドルとなるはずである。

しかし，テイラーが指摘するのは，古い体質の経営者側の考え方はほかの労働者が1日に2.50 ドル前後の賃金を手にしているのに，1人だけ3.00 ドルを受け取るのは不適切であると判断しがちで，多くの場合に賃率を15セントから12セントに引き下げられ，結局は12 × 20 = 2.40 ドルという賃金に抑えられることである。労働者にしてみれば，熟練技術を発揮して生産効率を高めているにもかかわらず賃率を引き下げられるため，通常の出来高制だと努力をしなくなるとテイラーは考えていたのである。

テイラーが提唱した差別的出来高払制は，作業の標準化によって科学的な標準量によって規定されたほか，労働者の努力を阻害する賃金制度の問題を克服する役割もあったのである。

第3節　職能的組織

1．職能的組織

テイラーの科学的管理法が普及する以前の工場管理では，軍隊式といわれる組織形態がとられていた。軍隊式組織のもとでは，職長が工場全体を完全に運営する責任を持ち，職長の役割は工場全体の仕事の割り振り，機械作業に当たる労働者数の確認，作業の監督，規律の維持，賃金の見直し，出来高払の賃率決定，時間記録の監督など，さまざまなものであった。そのため，種々の職務

68

に精通する職長の育成には長期間を要し，現実的にすべての職務を完全に遂行することが極めて困難な状況にあった。

そこでテイラーは，軍隊式組織における職長のように，たくさんの管理業務を1人の管理者が中途半端にやるよりは，職務ごとに職長をもうけてそれぞれに仕事を分担させる職能的組織を提案した。それにともない，労働者はもちろん職長にもできるだけ計画的な仕事をさせないよう，事務的な仕事は工場現場から取り去り，計画部といわれる部門へ移管した。現場へは，前もって計画部で決定された内容にもとづいて指導票を通じて仕事内容が伝えることの効率性を主張したのである（図表4－2）。

図表4－2　テイラーの職能的組織

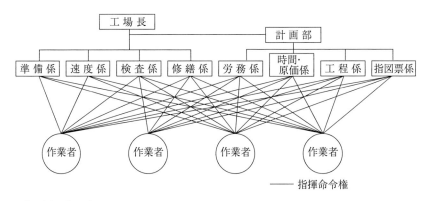

出所：占部（1984），35ページ。

2．職能的職長

テイラーは職能的職長として次のような役割を提示している。まず，計画を実行に移行させるための4つの職長の機能についてあげる[4]。

　i）準備（着手）係：機械に取り付けられるまでの仕事について担当する。受け持ちの労働者に対して，次になすべき仕事の提示や，道具の準備をする。必要ならば実際にやってみせる必要もある。

　ii）速度（指導）係：各仕事に対して適切な道具の使用や速度に関して担当

する。例えば切削の仕事であれば，仕掛品が旋盤に取り付けられてから切削加工が終わるまでが範疇となる。時には規定時間通りに仕事ができることを示す必要もある。

iii）検査係：仕事の品質について担当する。労働者や速度係は検査係が納得する仕事をしなければならない。

iv）修繕係：機械のメンテナンス，フロアの清掃がなされているかを注視する。機械に破損はないかチェックする。

次に，テイラーは計画部を代表する職長の機能として次の4つをあげている。

v）順序および手順（工程）係：各工程の最適手順の計画を担当する。手順が決まると仕事の順番や日程を決める。

vi）指導票（指図票）係：仕事のやり方を指導票として表すことを担当する。これらは仕事の細かな点を明確にしておく必要がある。例えば，正確な切込みの深さ，削り方，削る速度などである。

vii）時間および原価係：時間と原価を「時間票」にする仕事を担当する。仕事を記録するために必要な時間票を工具に送り，工具から得られた報告を計画部の時間および原価記録係に送る。

viii）工場訓練（労務）係：怠業，遅刻，欠勤した労働者への労務面での対応を担当する。この係の重要な役割のひとつが職場で発生するもめごとの収拾役である。各工具の良い点や悪い点についても記録する。

以上のように，職能的職長制度は，軍隊式組織で1人の職長が担ってきた職務を8人で分担させる。テイラーはこれらの職長の分担として，手順係，指導票係，原価および時間係の3者は計画部で計画を立てて命令を出し，着手係，速度（指導）係，検査係，修繕係の職長は指導票通りに実行する方法を労働者へ教え，仕事が適切な速度で行われるように監督し，最後に工場訓練係は工場全体の規律の維持にあたるとした。

　職能的職長制度の導入によって職長の要件が少なくなったことから，短期間で必要な役割を修得できるようになった。テイラーによると，半年から8カ月程度の教育で職長に仕立てることができるため，大規模化している工場管理に必要な職長を多数送り込むことができるねらいもあった。

3．計画部

　計画部は工場内の複雑な計画や事務的な職務を分離させ，計画部がそれらを集中的に管理することで，現場の職長や労働者が仕事の実行に専念できるようにするものである。これは，経営者や工場長，職長などが工場や製造部門を管理すべきではなく，計画部によって管理されるべきとの考えに基づいている。計画部はそれゆえ，工場に近く，現場との情報交換を密にし，労働者へ文書による仕事の命令を行ったり報告を受け取ったりしながら，常に現場を円滑に機能させるための専門能力が求められる。

　テイラーが指摘した計画部の主な機能には，工場全体における手作業や段取りに費やす時間研究，原材料の在庫量や生産高の把握，労働者の賃金管理，制度または工場の改善等々と多岐にわたる。工場管理全般にわたる管理業務という業務をすべて計画部へ移管している。

　計画部の設置によって，現場から一切の決定権が奪取されたような感は否めないものの，計画部は部門や工場といった一部分ではなく，より大きな視点から諸々の要因を決定することができるという効果があるのは事実であろう。計画部の設置も，大規模化した企業の製造部門としてひとつの方向へ導いていく経営活動において必要だったのである。

4．例外管理

　例外管理とは，管理者の職務を例外的事項にのみ向けさせることによって，多量の書類や報告書の作成に煩わされないようにするものである。管理者が受け取る報告書について，標準や過去の平均にたいする例外的な項目のみを報告するようにして，何も報告がないのであれば，業務の遂行は順調に行われているとしたのである。

　ただ，報告書を作成するにあたり，標準や過去の平均をふまえて例外とは何なのかを見極める能力や，短時間で要点を把握できる報告書を作成する能力が求められるため，有能な助手が必要であるとしている。

　例外管理と職能組織および計画部は，ともに存在してこそ効力を発揮し合う関係にある。なぜならば，職能組織によって分類された各組織の職長は，例外管理のもとでは，問題が発生した場合に部門を代表して調整にあたり，どうしても解決できない問題でなければ上級管理者まで問題が上がってくることはないし，例外のもとになる標準や平均は計画部の詳細な研究によって算出されるからである。

　以上のことから，テイラーの唱えた職能組織は，機能別に8つに細分化された職長における管理者の分化と，計画部の設置における管理者と労働者という，2つの分化から成り立っていると考えることができる。そして，例外管理は職能組織が円滑に機能するために必要な権限委譲なのである。

第4節　科学的管理法の意義とエッセンス

1．意義と問題点

　本章では，テイラーの科学的管理法について，なかでも主要な組織的怠業，課業管理，職能的組織，例外管理等に注目して，その重要性を考察した。

　科学的管理法の貢献で大きかったのは課業管理であるといわれる。しかし，テイラーは『*The Principles of Scientific Management*』を著した目的として，生産活動が非能率的に行われて全国的に損害を被っていることを問題視して，「この非能率さを克服するには組織的管理を行うよりほかに道はない，偉人傑士を求めるだけではだめであること[5]」をあげている。つまり，テイラーは単に課業管理や職能組織を導入することだけで科学的管理とするのではなく，企業全体が生産活動を中心として，これら各要素が的確に機能した組織的管理が重要であり，この全体的なシステムこそが科学的管理法の目指すところであったといえる[6]。その意味で，テイラーが現代経営管理論に与えた影響には，組織編成への貢献も軽視してはならない。

　もちろん課業管理は，標準時間の設定によって生産現場の組織的な管理を実現させ，今日の生産現場で当然に実施されている管理方法の基礎をなしている重要な概念であるのはいうまでもない。

　テイラーの科学的管理法は以上のような貢献を残しているものの，次の問題をはらんでいるのも事実である。

　第一に，機械人，経済人を想定しているという問題である。特に，生産現場について，計画部によって提出された指導票にもとづいて仕事を遂行するだけの機械のような存在ととらえていることは，人間性を排除しているように考えられてもおかしくはない。仕事はそれぞれに分業が強化され，使用する工具も限定され，新しい提案も管理者を通じて採用されるという状態では，ある意味で仕方のない批判である。

　また，労働者を経済的な欲望に動機づけられた経済人モデルととらえていることも指摘しておきたい。差別的出来高払制の導入はその最たる例である。労働者の動機づけについて，人間関係や社会的要素にもとめることを軽視していたのは事実である。科学的管理法の内容にもとづくと，労働者は確かに作業に専念でき，それなりの賃率を獲得して相応の賃金を手にすることができる。だが，職場において経済的要因だけで動機づけられているとは考えがたく，それ以外の要因を軽視することは労務管理が不十分であると考えざるをえない。

　第二に，工場管理に特化した議論であるという問題である。テイラーのとらえる経営管理は工場管理であって，現代の経営学がとらえるような全社的な経営管理ではない。現在では，経営活動はあらゆる部門が総合的に関連しあって全体的な企業活動を展開していくため，部分最適というよりは全体最適を意識した経営管理をする必要がある。テイラーの経営管理論では，この点についてはほとんど指摘されることはなく，たとえば販売部門から製造部門について客観的に考えるという視点に乏しかったといえる。

２．科学的管理法のエッセンス

　しかしながら，科学的管理法が生成した時代背景を考えると，経済的な発展が著しく生産活動は拡大志向であるとともに，労働者不足によって未熟練労働

者が工場にあふれていた時代である。大規模化する生産活動をいかに管理するのかが重要課題であり，従来から現場管理にまかされてきた工場管理を，管理者側で実施する体制へ移行することだけでも大変だったと推測される。そうした時代において，機械人モデルや経済人モデルという概念で工場管理に一定の方向づけを持たせたことの貢献は小さくない。

　最後に，テイラーが述べている科学的管理法のエッセンスを確認しておきたい。テイラーは一人の人間がなしうる仕事量には限界があり，大規模に事業を展開する場合は，他の人々と協調的に働く企業組織の必要性を唱えている。テイラーが主張するのは，科学的管理法は単一の要素で成立しているのではなく，次の要素が全体的に結合している状態を指している[7]。

　ⅰ）科学をめざし，目分量をやめる
　ⅱ）協調を主とし，不和をやめる
　ⅲ）協力を主とし，個人主義をやめる
　ⅳ）最大の生産を目的とし，生産の制限をやめる
　ⅴ）各人を発達せしめて最大の能率と繁栄を来たす

　加えて，テイラーが重要視したのは，科学的管理法において個々の仕事に従事している工員に根本的な精神革命を起こすことだった[8]。現代的にやさしく解釈すると，「仕事に対する考え方をポジティブに変える」ことであろう。これらは現代企業が社員に求めるものとなんら変わりはないのである。テイラーは課業管理によって組織的怠業をなくし，組織編成も見直して全体が調和した姿を目指していたのである。以上の内容を考えても，テイラーの科学的管理法の偉大さを知ることができるし，現代の経営理論の礎として位置づけられるのもよく理解できるだろう。

【注】

（1）テーラー, F.W. 上野陽一訳編『科学的管理法＜新版＞』産業能率大学出版部，2000 年，91 ～ 92 ページ。

（2）同上書，邦訳 250 ページ。

（3）森俊治『アメリカ経営学の再吟味』税務経理協会，1998 年，50 ～ 51 ページ。

（4）テーラー, F.W.（前掲書，122 ～ 125 ページ）.

（5）テーラー, F.W.（同上書，225 ページ）.

（6）占部都美『新訂 経営管理論』白桃書房，1984 年，29 ～ 30 ページ。占部は，テイラーの科学的管理法の考察において，日本の経営学を切り開いてきた藻利重隆や古川栄一らが課業管理こそが科学的管理法の本質的意義であることに異論を唱え，全体としての管理システムの構築にこそ本質的な姿があると説いている（29 ～ 30 ページ）。

（7）テーラー, F.W.（前掲書，333 ページ）.

（8）テーラー, F.W.（同上書，352 ページ）.

【参考文献】

占部都美『新訂 経営管理論』白桃書房，1984 年。

森俊治『アメリカ経営学の再吟味』税務経理協会，1998 年。

テーラー, F.W. 上野陽一訳編『科学的管理法＜新版＞』産業能率大学出版部，2000 年。

第5章
ファヨールの管理過程論

第1節　ファヨールの生涯と主要業績

　経営管理論の創始者アンリ・ファヨール（Fayol, H.）は1841年，フランスの建設技師であった父親の赴任先コンスタンチノープルで生まれた[1]。彼は少年時代をボスポラスの海岸で鉄橋の建設工事を眺めながら過ごした。フランスに戻ったファヨールはパリの中学校を卒業して，1858年サンテチェンヌ鉱山学校（École Nationale des Mines de Saint-Étienne）に入学し，技師の資格を取得して，1860年コマントリ・フールシャンボール鉱業会社に入社した。この会社は一般にはコマンボール（Comambault）と呼ばれており，ファヨールは25歳の若さで鉱業所長に就任，要職を歴任した後，経営危機に直面していた会社を立て直すために1888年，同社の社長に就任した。彼は新しい管理方式の採用などによって，1885年以降無配を続けていた同社の経営を再建することに成功した。

　彼がコマンボール社の再建に用いた方法は，老朽化した工場を閉鎖し，効率の高い工場に生産を集中すること，研究開発を重視したことなどであるが，とりわけ，ファヨールが述べているように「自ら革新的な管理方法による成功」でもあった。経営危機の会社をわずか数年で建て直したばかりでなく，その後20年以上にわたって高い業績をあげ続けたことについて，ファヨールは，「同一の鉱山，同一の工場，同一の財源，同一の販路，同一の取締役会，同一の従業員であったにもかかわらず，ただ管理の革新的方法の影響のみによって，会社は衰退への歩調と同じ歩調で上昇していった」と述べ，経営管理の重要性を強調している（山本訳，1985，221ページ）。

　彼は管理の重要性と管理教育の必要性を早い時期から説いていたが，その主張は 1916 年，「産業ならびに一般の管理」（Administration Industrielle et Générale）の表題で *Bulletin de la Société de l'Industrie Minérale* という雑誌に掲載された。経営学史における不朽の名著といわれるこの論文が単行本として刊行されたのは 1925 年であり，英訳が刊行されたのは 1929 年であったため，彼の理論がフランス以外の国々に紹介され評価されるようになったのは相当後になってからであった。

　ファヨールは管理を企業以外の，政治や宗教などのすべての組織体に適用可能なものと捉え，これらの組織体に共通の管理原則を提示し，理論化しようと試みた。彼は管理が予測し，組織し，命令し，調整し，統制するという一連の過程を通して実践されると主張したことから，彼の理論は管理過程論と呼ばれている。彼の理論を高く評価し継承したアーウィック（Urwick, L.F.），デイヴィス（Davis, R.C.），クーンツ（Koontz, H.），ニューマン（Newman, W.H.）などは管理過程学派と呼ばれている。

　1918 年，ファヨールはコマンボール社を退職し，管理学研究所（Centre d'Etudes Administrative）を設立して管理論の普及に努めると同時に，政府の要請にもとづいて行政機関や軍隊の管理についての調査・研究を行った。この管理研究所は，1920 年にフランス・テイラー派によって設立された「フランス科学的管理協会」と合併し，フランス管理協会（Comité National de l'Organisation Française）に発展した。彼は 1925 年，84 歳で死去した。

第2節　企業管理と管理教育

　ファヨールはまず，規模の大小を問わず，あらゆる企業に見出される活動として6つの活動をあげている（山本訳，1985，4 ページ）[2]。

（1）技術活動——生産，製造，加工
（2）商業活動——購買，販売，交換
（3）財務活動——資本の調達と管理

（4）保全活動——財産と従業員の保護

（5）会計活動——財産目録，貸借対照表，原価，統計など

（6）管理活動——予測，組織，命令，調整，統制

これら 6 つの活動は企業活動の本質的な職能であり，より詳細には次のように説明される（山本訳，1985，5～8ページ）。

（1）技術的職能——技術活動の多様性，あらゆる性質（物的，知的，道徳的）の製品が一般に技術者の手で作られている事実，職業学校における教育がもっぱら技術的教育であること，技術者に与えられる就職口などをみれば，技術的職能の重要性は明らかである。しかし，技術的職能がすべての職能の中で常に最も重要な職能というわけではない。本質的な 6 つの職能は相互依存の関係にある。

（2）商業的職能——購買することおよび販売することの知識は，うまく製造する知識と同じように大切である。商業的手腕は，鋭敏性や決断性とともに，市場や競争者の力についての深い知識，長期の予測，さらに大規模事業の経営にあっては，業者間協定の実務経験を必要とする。

（3）財務的職能——資金を調達するためにも，余剰資金を利用してできるだけ多くの利益をあげるためにも，上手な財務管理を必要とする。成功のための本質的な条件は，企業の財政状態をいつも正確に把握していることである。

（4）保全的職能——保全的職能は財産や従業員を窃盗や火災や洪水から保護し，ストライキ，テロや陰謀を避けることを使命とする。

（5）会計的職能——会計的職能は企業の推移を見る，いわば視覚器官である。企業の状況についての正確な観念を与える簡潔で明確な優れた会計は，経営の強力な一手段である。産業大学校は会計教育に対して無関心であるが，これは会計的職能の役割の重要性が認識されていないためである。

（6）管理的職能——事業の全般的活動計画を作成すること，組織体を構成

すること，諸努力を調整すること，諸活動を調和させることは，通常管理と呼ばれる職能であるが，これらは上記5つの職能の中に含まれない固有の職能である。計画，組織，調整，統制に加え，管理と密接に入り交じっている命令も管理概念に含める。

　企業の本質的活動が6つの職能からなることを指摘したファヨールは，なかでもとりわけ管理職能が重要であると主張する。管理することは具体的には以下のことを意味する（山本訳，1998，9ページ）。

① 計画することとは，将来を探求し，活動計画を作成することである。
② 組織することとは，事業経営のための，物的および社会的な，二重の有機体を構成することである。
③ 命令することとは，従業員を職能的に働かせることである。
④ 調整することとは，あらゆる活動，あらゆる努力を結合し，団結させ，調和を保たせることである。
⑤ 統制することとは，樹立された規則や与えられた命令に一致してすべての行為が営まれるよう監視することである。

　管理は企業の社長や経営者だけに特有の職能ではなく，ほかの5つの企業活動における本質的職能と同様，組織体のトップと構成員間で分担されるべき職能である。また，ファヨールは管理（administration）と経営（government）を明確に区別する。経営することとは，企業に委ねられているすべての資源からできるだけ多くの利益をあげるよう努力しながら企業の目的を達成するよう事業を運営することである。つまり，企業活動の本質的な6つの職能を確保することである。これに対して管理は，経営がその進行を確保しなければならない6職能の1つにすぎない。
　ファヨールは，上記の6つの職能を遂行するためにはそれぞれ専門的能力が必要であると述べている。すなわち，技術的職能を遂行するためには技術的能力が，商業的職能を遂行するためには商業的能力が必要であり，管理的職能を

遂行するためには管理的能力を必要とするのである。これらの 6 つの能力は次のような資質および知識の全体を基礎としている（山本訳, 1998, 11 〜 12 ページ）。

① 　肉 体 的 資 質　―　健康，体力，器用さ
② 　知 的 資 質　―　理解習得力，判断力，知力と柔軟性
③ 　道 徳 的 資 質　―　気力，堅実性，責任をとる勇気，決断力，犠牲的精神，気転，威厳
④ 　一 般 的 教 養　―　専門的に訓練されている職能領域以外の種々の一般的知識
⑤ 　専門的な知識　―　技術，商業，財務，管理などの職能に関する知識

　企業活動のための本質的な職能はこれらの資質と知識を含んでいなければならない。そしてファヨールは，実際の企業活動において本質的な職能がどの程度重要とされるかは，企業の規模や職能の分担状況によって異なってくると述べている。

　一般に，上位の責任者であればあるほど管理的能力の重要性が増大し，企業規模が大きくなればなるほどその経営者の管理的能力の重要性が増大する。しかし，当時のフランスの実業学校においては管理能力を養成するための科目はまったく設けられておらず，管理能力は実務経験の中でしか修得することができなかった。ファヨールは管理能力もまたほかの技術的能力と同様にまず学校において修得されるべきものであると主張する。そして彼は，フランスの実業学校において管理教育が行われていないのは，管理教育のための教理（doctrine）が欠けているためであるので，まず管理の教理を確立すべきであると考える。

　教理の確立はそれほど難しいことではない。「ただ何人かの偉大な経営者たちが，事業の経営を容易にする最も適当と思われる原則とその原則の実現に最も有効な方法についての彼らの個人的な見解を発表しようと決意すればよいのである。これらの諸見解の比較と討論からやがて原則という光が現われてくるであろう」（山本訳, 1998, 25 ページ）。すなわちファヨールは，成功した複数の

80

経営者達の経験から導き出された最高の管理法をさらに検討し，洗練することによって管理の教理を確立することができると考えたのである。

　管理能力は企業だけでなく，政府や家庭においてさえ必要とされるから，国民のあらゆる階層において管理教育が必要であり，教育水準もさまざまなレベルにおいて準備されなければならない。すなわち，管理教育の水準は「小学校では初歩的であり，中学校ではやや拡大されたものであり，高等学校では十分に展開されたものであるべきである」(山本訳，1998，26 ページ）と述べている。

第3節　管理原則

　あらゆる組織体には管理機能が必要である。そして管理機能を遂行するためには，判断の基準となる原則が必要となる。管理原則はそれを適用する際に厳密なものでもなければ，絶対的なものでもない。同一の原則を同じような条件の中で二度適用するようなことはほとんどない。状況は多様で変化しやすいし，人間や他の要素も多様で変化しやすいためである。したがって原則の適用にあたっては柔軟性が重要であり，原則を使いこなすには知性，経験，決断，節度などを必要とするのである。さらに，管理原則の数は特に限定されるわけではないが，ファヨールは彼が最もよく用いたものとして 14 の管理原則をあげている。

①　分業の原則
②　権限・責任の原則
③　規律の原則
④　命令の一元性の原則
⑤　指揮の統一の原則
⑥　個人的利益の全体的利益への従属の原則
⑦　公正な報酬の原則
⑧　権限の集中の原則
⑨　階層組織の原則

⑩　秩序の原則

⑪　公正の原則

⑫　従業員の安定の原則

⑬　創意の原則

⑭　従業員団結の原則

　これらの管理原則のうち経営管理論の中でよく知られている①〜⑤について，ファヨールの解説にしたがい，詳細に見ていくことにする（山本訳，1998，32〜70ページ）。

①　分業の原則

　分業は同じ努力でより多く，またよりよい生産を可能にする。常に同じ仕事を繰り返す労働者，同じ業務を絶えず処理する管理者は，熟練，信念と正確さを取得して，その結果，それぞれの能率を増進することになる。仕事を変えることはそのたびごとに適応のための努力を必要とし，そのために生産は減退する。分業はその結果として職能の専門化と権限の分化をもたらす。

②　権限・責任の原則

　権限とは命令を下す権利であり，これに服従させる力である。職能に結びついた力である権限と，学識，経験，道徳評価，業績などから形成される個人的権威とは区別されなければならない。個人的権威は権限に欠くことのできない補完物である。

　権限が行使されるところには常に責任（権力の行使に伴う制裁）が生ずる。権限にもとづく制裁，すなわち賞罰は，優れた管理のための条件の1つである。権限の濫用とトップの弱体化とを防ぐことはトップの高い道徳的価値にかかっている。

③　規律の原則

　規律は，本質的には，服従，勤勉，活動，態度であり，企業と従業員との間に締結された協約に従い，これを守ることである。協約が変われば規律も変わるが，優れた企業経営には規律が絶対的に必要であり，またどんな事業も規律

なくしては繁栄しない。規律を作成し，これを維持する最も有効な方法は次の
３つである。

　　a．すべての組織段階に優れた管理者をおくこと

　　b．できるだけ明瞭で，できるだけ公正な協約をつくること

　　c．適正な判断で賞罰の制裁を行うこと

④　命令の一元性の原則

　職務担当者はどんな行為をするに当たっても，ただ１人の管理者からのみ命
令を受けなければならない。命令の二元性はしばしば見られるが，そのような
場合には，権限は害され，規律は損なわれ，秩序は乱され，安定は脅かされ
る。

⑤　指揮の統一の原則

　同一の目的を目指す諸活動の組織体は，ただ１人の指揮者とただ１つの計画
をもつべきである。これは行動の統一，諸力の調整，努力の集中のための必要
な条件である。

　これら14の管理原則はファヨールが最もよく用いてきたものであるが，か
れの個人的見解にすぎないので，多くの人々によってさらに検討され，一般に
広く認められるような管理法典（code administratif）に編集される必要があると
彼は述べている。管理原則は航海において進路を決定させる灯台のようなもの
であり，原則がなければ闇夜に方向を見失うことになり，またたとえ立派な原
則があったとしても経験や節度がなければそれを経営活動に活かすことができ
ない。

第４節　経営管理の要素

　ファヨールは経営管理の機能が，計画（予測），組織，命令，調整，統制の５
つの要素から成ると考える。

　「計画すること」とは具体的には，活動計画を策定することである。活動計
画とは目標とされる成果であり，従うべき活動方針であり，超えるべき発展段

階であり，とるべき手段でもある。活動計画の策定はすべての事業経営におい
て最も重要であり，かつ最も困難な活動の 1 つである。活動計画は，①企業の
保有する資源（土地・建物などの不動産，機械・原料・資金などの動産，従業員，生産
力，販路など），②現に営まれている事業活動の性質と重要性，③将来の可能性
（部分的には技術的・商業的・財務的諸条件などの可能性）にもとづいて策定される。
ファヨールは大規模な鉱山会社における活動計画の作成方法を例示した後，
「活動計画は企業の保有する資源の利用と目的達成のために使用すべき最良の
手段の選択を容易にする」（山本訳，1998，89 ページ）と述べている。

　企業を「組織すること」は，原材料，設備，資本，従業員など，事業の運営
に有用なあらゆるものを企業に備えることである。組織は物的組織と社会的組
織に区別されるが，ここで問題とされるのは社会的組織である。

　社会的組織は階層的に構成され，従業員の人数が多くなるほど階層数が増大
する。いま 1 人の経営者が 15 人の労働者を部下にもつことができるとすると，
階層数は 2 つであり，労働者の数がこれ以上多くなる場合には経営者と労働者
の間に職長が仲介者として入らなければ労働者の監督ができなくなる。1 人の
職長が監督できるのは労働者 15 人までであるので，60 人の労働者に対しては
4 人の職長が必要である。経営者はこの 4 人の職長を介して社会組織を監督す
るが，経営者が同時に監督できるのは職長 4 人までであるので，労働者がこれ
以上に増加する場合には職長と経営者の間に課長を置かなければならなくな
る。この課長も職長 4 人までが監督の限界であるので，それ以上に労働者が増
えた場合には課長と経営者の間にさらに責任者を置かなければならなくなる。
そこで社会的組織の構成は図表 5 - 1 のように階層的に形成されることにな
る。

　企業規模が拡大するとともに機関の数も増加するが，ファヨールは株式会社
においては次のような機関を区別することができると述べている（山本訳，
1998，109 ページ）。

　a．株主集団
　b．取締役会

図表5－1

（訳者注）

最初の長	C^0,	----------------------	15
――	C^1,	----------------------	60
――	C^2,	----------------------	240
――	C^3,	----------------------	960
――	C^4,	----------------------	3,840
――	C^5,	----------------------	15,360
――	C^6,	----------------------	61,440
――	C^7,	----------------------	245,760
――	C^8,	----------------------	983,040
――	C^9,	----------------------	3,932,160
――	C^{10},	----------------------	15,728,640
――	C^{11},	----------------------	62,914,560
――	C^{12},	----------------------	251,658,240

（訳者注）原本はＣとあるが，任意の段階の４人の長
　　　　　が，C^nであるから，最初はC^0でなければな
　　　　　らないので訂正した。つまり4^0は１だから，
　　　　　１人の職長に労働者15人になる。Ｃでは４
　　　　　となって誤りとなる。

　　　出所：ファヨール著，山本訳（1985），101ページ。

　ｃ．全般的管理者（社長）とその参謀

　ｄ．地域ならびに地区の管理者

　ｅ．技師長

　ｆ．部課長

　ｇ．工場長

　ｈ．職長

　ｉ．労働者

　社会的組織の担当者あるいは構成要素は，たとえば大規模な工業企業におい
ては，労働者，職長，係長，課長，部長，技師長，管理者，全般的管理者など
があげられる。社会的組織の価値は，これらの責任者の資質にかかっている
が，大規模企業の責任者に求められる条件は，① 何よりもすぐれた経営管理

者であること，および ② 企業の特徴的な専門的職能に関するかなり大きな能力をもっていることの 2 つである。

　社会的組織を構成することやこれを監督することは，組織図を作ることによってより容易に行うことができる。組織の一覧図表によって組織の全体像，諸部門とその限界，階層組織の各段階などを一目で把握することができる。それはまた，部門の重複または侵害，命令の二元性，所属の明瞭でない職能，専任の責任者の欠如などといった組織の欠陥に目を向けさせることになる。

　社会的組織が構成されると，次にこれを機能させることが問題となるが，これが「命令すること」の使命である。この命令という使命は企業の各階層の管理者によって分担され，各管理者はその担当する組織単位について権限と責任をもつ。各管理者にとって命令の目的とするところは，企業全体の利益のために，自分の担当する組織単位の構成者に，できるだけ有利な働きをさせることである。

　「調整すること」（山本訳，1998，184 〜 186 ページ）というのは，企業の活動と成功とを容易にさせるように，すべての事業活動を調和させることである。換言すれば，調整することとは，事物と行為に適切な割合を与えることであり，手段を目的に適応させることである。したがってよく調整された企業には次のような事実が見られる。

① 経営の各部門は他の部門と歩調を合わせて活動する。すべての活動が秩序を保ち，確実さをもって遂行される。
② 各部門においては課や係が共同の仕事において担当すべき役割と，互いに手を貸し合わねばならない相互援助について正確に情報を与えられている。
③ 諸部門と各部門内の課の進捗計画は，絶えず周囲の状況と調和が保たれている。

これに対してよく調整されていない企業には次のような徴候が見られる。

① 各部門が他の部門を無視するか，あるいは無視しようとする。各部門は隣接する部門も企業全体も気にすることなく，あたかもその部自体が目的であるかのように行動する。

② 同じ部門の中の課や室の間に，異なる部門との間におけるような完全な仕切りが存在する。

③ 人々はだれも全体の利益を考えない。創意工夫も献身の精神も存在しない。

これらの徴候は不調整に起因するものであり，部門責任者の会議によってこの不調整を解決することができる。

「統制すること」（山本訳，1998，191～193ページ）とは，すべての事物が，採用された活動計画，与えられた命令，承認された原則に従って行われているかどうかを確かめることである。統制の目的は間違いを修正して，これを繰り返すことを避けるように警告を発することである。統制は事物，人間，行為などすべてに適用される。

管理的見地からみれば統制は，活動計画が存在すること，その計画が日々執行され維持されていること，社会的組織が完成されていること，従業員の一覧表が用いられていること，命令が原則に従って発令されていること，調整の会議が行われていること，などという事実を確保するものでなければならない。統制は管理的見地のほか，商業的見地，技術的見地，財務的見地，保全的見地，会計的見地からも行われなければならない。

第5節　ファヨール管理論の特質と管理過程学派

ファヨールは企業活動が6つの活動から構成されていることを示した。このように企業活動の構成要素を明確に提示し，その中でもとくに管理的活動が重要であることを指摘したのはファヨールが最初である。彼はさらに，経営管理職能が計画，組織，命令，調整，統制という5つの要素からなることを指摘し，その1つひとつを詳細に検討している。彼の経営管理概念は今日の経営学

に広く継承されており，これが，彼が「近代管理論の真の父」と呼ばれるゆえんである。

　ファヨールの管理論の特質は彼の活動計画についての理論および組織理論に見出すことができる（杉本，1987，35～37ページ）。まず活動計画論であるが，その中核は予算である。彼は活動計画にあらわれる生産要素を予算の形で統一的に把握した。そして予算には経営活動の統制基準としての役割も意図されている。

　一方，組織はファヨールがあげた管理の5つの要素のうちの1つにすぎない。しかし，彼の著書においてこの組織についての記述は5要素全体の半分以上（99ページ中の57ページ）を占めており，5つの要素の中でも彼がとりわけ組織を重視していることがここからもわかる。「むしろ彼の管理論全体を1つの組織論とみることも可能」であり，「たとえば，彼の14の管理原則の大部分は，そのまま組織原則といい得るもの」（杉本，1987，36ページ）であるとも考えられる。

　ファヨールはテイラー（Taylor, F.W.）の科学的管理法を高く評価しながらも，テイラーの職能的職長制度については，命令一元性の原則に反し命令系統を混乱させるとして厳しく批判している。そして，ファヨールは命令の一元性を維持しつつ，全般管理者の負担を軽減し，職能専門化の利点も引き出すことのできる組織として参謀部を提唱したのである。

　テイラーの研究が能率技師として労働現場における作業の能率化や作業の標準化を目的としたものであるのに対し，ファヨールのそれは経営者として企業全体の管理組織の合理的な運営を目的とするものであった。下位の管理階層である作業現場の管理を研究対象とするテイラーの研究と企業全体ないし上位の管理階層を研究対象とするファヨールの相違は，2人の実務における経験の相違からきたものである。

　テイラーの主たる関心は課業を設定し，作業を標準化することによって，作業能率を向上させることにあった。彼は職長の職能を執行的職能と計画的職能に分け，計画的職能を作業現場から奪い取り，管理者の手に委ねてしまった。そして8人の職長が同時に労働者を監督・指導する職能的職長制を提唱したの

図表5－2　マネジメント・プロセスの分類

	計画	組織化	経営要素の調達	要員化	動機づけ	指令	命令	行動化	調整	統制
Fayol, H.	○	○					○		○	○
Brech, E.F.L.	○				○				○	○
Davis, R.C.	○	○								○
Newman, W.H.	○	○	○			○				○
Terry, G.R.	○	○						○		○
Koontz, H. & O'Donnell, C.	○	○		○		○				○
Allen, L.A.	○	○			○				○	○
Fox, W.M.	○	○								○

出所：杉本（1987），34ページ。

であるが，これら8人の職長間の調整の難しさの問題はほとんど考慮されていなかったように思われる。これに対して，経営者として部門間や部門内の各セクション間の調整の困難さを十分経験してきたファヨールは組織が1つの目的に向って順調に活動を進めるためには調整が重要な管理の要素であるということを十分認識していたのである。

　経営管理がいくつかの過程的要素から成るというファヨールの経営管理概念は，その後多くの研究者によって継承・発展させられていくことになったが，この理論の継承者達は一般に管理過程学派（management process school）[3] と呼ばれている。彼らはファヨールが提示した経営管理の5つの要素のほかにさまざまな要素を追加し提示している。

　彼はまた，管理を企業だけでなく，あらゆる組織体に適用可能なものとして捉えた。この考え方は近代的組織論の研究者に継承されていくことになった。さらに彼は経営と管理を明確に区別し，経営を企業目的を達成するための職能と捉え，したがってトップ・マネジメントの職能と捉え，組織のあらゆる階層において必要とされる職能である管理と区別した。

　ファヨールによってはじめられた経営管理原則と経営管理過程についての研究は，その後多くの研究者によって受け継がれ，発展させられていった。まずイギリスのシェルドン（Sheldon, O.）は，その製菓会社経営者としての経験を踏まえ，企業の社会的責任を重視する立場から書かれた彼の主著の中で，経営管理の原則をあげている[4]。アメリカのフォレット（Follett, M.P.）も 1925 年から 1932 年にかけての彼女の講演の中で独自の管理原則を提唱した。彼女はもともと政治・社会思想家として多くの社会事業に携わっていたが，しだいに政治・社会問題から経営管理問題へと関心を移してゆき，「経営管理の科学化」を目指した。彼女の講演集は彼女の死後，アーウィックによって編集され公表された[5]。

　このほか，長期にわたってイギリス経営学界を代表する立場にあり，国際経営者協会の指導的地位にあったイギリスのアーウィックはファヨールの経営管理論を紹介する著書の中で経営管理原則の体系化を試みた[6]。また，いくつかの会社の副社長などを経た後，経営組織の研究に従事したアメリカのブラウン（Brown, A.）は，経営組織一般の原則の確立と原則の経営組織への適用を試みた[7]。

　第 2 次大戦後，管理過程の分析と管理原則の体系化を行ったアメリカのニューマンや管理原則と管理過程の研究によって経営管理の体系化を試みたイギリスのブレック（Brech, E.F.L.）らが管理過程論の発展に貢献した。第 2 次大戦後は，ケース・スタディのアプローチや人間関係論など経営学の他の分野における研究も進展した[8]。その結果，経営学の他の研究分野における研究成果も管理過程学派に取り込むべきだとする「修正経営管理過程学派」を提唱したアメリカのテリー（Terry, G.R.）や，経営学の学派分類を行い，管理過程論の立場から「経営の統合理論」を提唱したクーンツ＝オドンネル（Koontz, H. & O'Donnell, C.）らが研究成果を公表した[9]。実務と経営コンサルタントとしての豊かな経験をもつアメリカのアレン（Allen, L.A.）は管理原則を重視した著作を公表した[10]。

【注】

（ 1 ）ファヨール H. 著，山本安次郎訳『産業ならびに一般の管理』ダイヤモンド社，1985 年，217 ページ。ファヨールの生涯については山本訳書の巻末の「解説」に詳述されているの

で，以下，ファヨールの生涯についてはこれによっている。なお，ファヨールのこの著書の日本語訳書にはこの他に，都築栄訳『産業ならびに一般の管理』風間書房，1964年，佐々木恒夫訳『産業ならびに一般の管理』未来社，1972年がある。本章では山本訳を用いた。

（2）ファヨール理論の整理に次の文献を利用した。工藤達男『経営管理過程論の史的展開』学文社，1979年。

（3）今日の経営学研究をいくつかの学派に分類し，ファヨールに連なる学派を管理過程学派と名付けたのはクーンツ（H. Koontz）である。H. Koontz, ed, *Toward a Unified Theory of Management*, 1955.

（4）O. Sheldon, *The Philosophy of management*, Prentice-Hall, 1923.（田代義範訳『経営管理の哲学』未来社，1974年）.

（5）L.F. Urwick, ed., *Freedom and Co-ordination*, T.M.C. Press, 1941.（斉藤守生訳『フォレット経営管理の基礎』ダイヤモンド社，1963年）.

（6）L.F. Urwick, *The Elements of Administration*, Sir Issac Pitman & Sons, 1943.（堀　武雄訳『経営の法則』経林書房，1971年）.

（7）A. Brown, *Organization*, Hibbert Drinting Company, 1945年.

（8）W.H. Newman, *Administrative Action,* Prentice-Hall, 1951.（高宮監修・作原猛志訳『経営管理』，1958年）. E.F.L. Brech, *Management*, Pitman, 1948.（植野郁太郎訳『経営管理』三和書房，1953年）.

（9）G.R. Terry, *Principles of Management*, Western State College,. 1953, H. Koontz & C. O'Donnell, *Principles of management : An Analysis of Managerial Functions*, McGraw-Hill, 1955.（大坪　檀・高宮　晋・中原伸之訳『経営管理の原則1～4』，1965～66年）.

（10）L.A. Allen, *Management and Organization*, McGraw-Hill, 1958.（高宮　晋訳『管理と組織』ダイヤモンド社，1958年）.

【参考文献】

佐々木恒夫『アンリ・ファヨール―その人と経営戦略，そして経営の理論』文眞堂，1984年。

杉本　常「ファヨール」車戸　實編『経営管理の思想家たち』早稲田大学出版部，1987年。

山本安次郎訳『産業ならびに一般の管理』ダイヤモンド社，1985年。

H. Koontz & C. O'Donnell., *Principles of management : An Analysis of Managerial Functions,* McGraw-Hill, 1955.（大坪　檀・高宮　晋・中原伸之訳『経営管理の原則1～4』, 1965～66年）.

L.F. Urwick, ed., *Freedom and Co-ordination*, T.M.C. Press, 1941.（斉藤守生訳（1964）『フォレット経営管理の基礎』ダイヤモンド社）.

第6章
人間関係論

　「経営は人なり」という表現があるように，企業経営において「人をいかに管理するのか」という問いは東西古今を問わず企業経営の根幹をなす重要な課題として認識されている。いい換えれば，「人の管理」に成功した企業は，企業経営の多くの部分で競争優位性を占めていることを意味する。実際に，脱工業化社会に入り，過去と比べて多様な価値観を有している組織構成員をいかに管理するかという課題は，今日の企業経営において極めて重要な課題として認識されている。

　このような人を管理するという課題を解決する際に，基本となっている伝統的な理論の1つに人間関係論がある。今日においては，「当たり前」とさえ思われるこの考え方は，生成された当時には不完全な形で現れた。

第1節　人間関係論の成立背景

　人間関係論 (human relations) は，1930年代に米国で生まれた理論体系であった。1910年ころにテイラーによって提唱された科学的管理 (scientific management) は，当時，従来の成り行き的な管理から脱却し，人の管理を予め定められた厳格な基準にもとづいて訓練させ，評価するという画期的な管理法として注目を集めていた。しかし，この考え方には，作業を行うすべてのプロセスを決める意思決定において従業員を排除させ，結果的にそれが人間性疎外などの問題を生じさせるという諸矛盾を抱え込んでいた。ここでいう人間性疎外とは，単純労働が究極的に生じさせる弊害のことをいい，自らの動機や欲求，価値をもち，

自由意思や選択力を行使して行動する主体性をもつ存在ではない状態を指す⁽¹⁾。

　人間関係論は，このような諸矛盾を是正しようという動きから生まれたといえる。このような諸矛盾は労働組合の反対運動を活発化させる大きな原因の1つにもなった。

　さらに，1929 年に米国で発生した大恐慌は国全体に深刻な経済的危機をもたらし，それらを乗り越えるために必要とされる新たな管理法の模索を余儀なくさせた。

第2節　ホーソン実験

1．ホーソン実験とその意義

　人間関係論が成立するために必要とされた重要な根拠を提供してくれたのがホーソン実験であった。シカゴのウェスタン・エレクトリック社のホーソン工場で 1924 年から 32 年までの 12 年間にかけて行われたこの実験が示唆することは多かった。これらの研究結果は，彼らに対してマネジメント思想の大きなターニングポイントの1つを提供した者としての名声を与えた。

　ホーソン実験は，文字通り，実験を行った工場の地名から名づけられたものであり，図表6-1が示すような内容で行われた。

　従業員が上司の命令をうけて作業する生産用具とみなされるという機械モデルの仮説を前提に成立した科学的管理から，新たなアプローチである人間関係論への転換の発端となったのは，ハーバード大学研究グループによるホーソン工場での実験であった。これをホーソン実験（Hawthorne experiments）というが，最初に，ハーバード大学研究グループのメイヨー（Mayo, G. E.）やレスリスバーガー（Roethlisberger, F. J）などによって展開された。これは，その後のアージリス（Argyris, C.）やリッカート（Likert, R.）などの行った人間関係における行動科学的研究の基礎を提供した。アージリスやリッカートなどの人間関係研究に対し，メイヨーらの人間関係研究は「初期の人間関係論」であるといわれている。

　ホーソン実験は，1924年後半から1932年初頭までにかけて，アメリカの電話電信会社（AT & T）の系列であったウェスタン・エレクトリック社のホーソン工場で行われた。これは実験の性格上大きく3つの研究セットに区分できる。

図表6-1　ホーソン実験の内容

区　分	実験名	実験時期	実施主体	実験目的	結　果
第1研究セット	照明実験	1921年～27年	全米学術研究協議会	照明度と作業能率との相関関係	外部的環境の変化が直接影響するのではなく，従業員の態度が生産能率に影響する
第2研究セット	継電器組立実験	1927年～32年	ハーバード大学研究グループ	作業条件の変化と作業能率との相関関係	
第3研究セット	大規模面接プログラム	1928年～30年	ハーバード大学研究グループ	職場士気と作業条件および監督方法との関連性	生産能率は個人的経歴，集団的感情，自然発生的規律によって規制される
	配電器捲線作業実験	1931年～32年	ハーバード大学研究グループ	生産能率に影響を及ぼす社会的条件の存在の解明	

出所：筆者作成。

2. 第1の研究セット：照明実験

　照明実験ともいわれている第1の研究セットは，何人かのエンジニアの指導の下で1924年から1927年までの間に行われた。この実験を契機に，照明度という物理的な作業条件と生産効率との相関関係をめぐる労働生理学的かつ産業心理学的な関心を呼び起こした。この研究では，機械的に照明度を減少させた作業グループ（実験グループ）と，照明度を一定に維持しながら隔離された空間で作業を行った作業グループ（コントロール・グループ）との間の作業の成果を比較する分析が試みられた。作業場のなかがあまりにもほの暗くて従業員から不満があがったにもかかわらず，両グループの作業の成果は徐々にあがっていった。

　しかし，実験グループにおいては，従業員の作業条件に対する不満が認識さ

れた時点から産業の成果が落ち始めた。

　照明実験では実験グループ，コントロール・グループともに照明度の減少によって生産性が低下するであろうという予測は外れ，生産性は両グループともに上昇する結果になった。この実験の結果，照明度と生産能率との間にはほとんど関連性をみい出すことができず，生産能率とは別のものが影響していることが明らかになった。

３．第２の研究セット：継電器組立実験室研究

　継電器組立実験室研究ともいわれている第２の研究セットは，1927年から1932年にかけて行われた。照明実験と同様，作業条件の変化と継電器組立実験室で継電器を組み立てる５人の女性が含まれたことで有名である。この実験室で働いた女性従業員達は，ほかの従業員達とは隔離された場所に配置され，担当研究者の観察のもとで作業を行った。また研究者達も作業条件を変更したり，実験の結果を評価したりすることが可能な状況にあった。実験をはじめる前に，研究者達は実験に参加している従業員達から何らかの否定的な反応，すなわち従業員自身が実験の対象になっているような心理的抵抗感などが起きる可能性について心配をしていた。その結果，従業員達には監督の許可なく作業場から離れるなどのような特権（privileges）が与えられ，実験者と会社側からかなりの配慮がはらわれた。この実験の目的は，作業時間と休憩時間との間の最も適合的なコンビネーションを調べることにあったが，給料，就労時間の長さ，そして無料ランチの支給などのような多くの要因も同時に変更された。

　結局，ハーバード大学研究グループは，監督の配置の変化が継電器組立実験室研究においての生産性を増加させる重要な要因になったという結論を出した。同研究グループによって，グループ能率給の支給計画（the group incentive pay plans）と同様に，休憩時間，無料ランチ，そして労働時間短縮などという肉体的要因はあまり重要ではない要因であることが明らかにされた。この実験から得られた１つの大きな成果は，結局「ホーソン効果」（Hawthorne effect）として知られている有名な概念を明らかにしたことにあった。ここでいうホーソン効果とは，実験によってテストされた特定の要因のためというよりも，実験

の協力者として研究グループから注意を払われたという単純な理由だけで，従業員の個々人が生産性を向上させたかも知れないという可能性のことをいう。いい換えれば，これは調査担当者から助力と協力を求められたことによって，作業員が自分自身の重要性に気づいたことを意味する。すなわち，これは，作業環境などの変化よりも，作業員の心理的要因の方が生産効率への影響を及ぼすという結果を，実験という科学的根拠を通して客観的に証明したことに大きな意義がある。

４．第３の研究セット：バンク配線作業実験と大規模面接プログラム

　ホーソン実験の第３セットは，第２の研究セットの新たな調査結果を基盤に行われた。まず，バンク配線作業実験は1931年から1932年にかけ，生産能率に影響を及ぼす社会的条件が存在することを解明するために行われた。この実験は一連の男性従業員を含めたバンク配線作業実験として有名である。研究者たちは，実験に参加している従業員たちにグループの中に存在する「非公式的な社会関係（informal social relations）」に関する知識と，グループのなかに「頑張って仕事をしよう」という共通認識さえあればいかなる過酷な環境でも耐えられるという「集団規範」（group norm）の存在についての知識を提供した。この実験を通して組織的に存在する生産能率に影響を及ぼす要因として，「公式組織」（formal organization）以外に，「非公式組織」（informal organization）が存在することが判明した。職場集団としての公式組織は合理的なルールの下で編成された組織であるが，人間集団としての行動様式には論理的行動（目的に対する適正な手段を合理的に選択する人間の行動原理）のみではなく，没論理的行動がなお大きな役割を果たしていることが明らかになった。ここでいう没論理的行動とは自己の利益のみではなく，自己の所属する集団の規範・慣習に同調しようとする行動様式のことを意味する。換言すれば，人間は集団の構成員として受け入れられ，それによる心理的・情緒的満足および安定感を維持しようとする存在である。人間関係論が経営学の理論史において重要な位置を占めるようになったのは，これらの発見によるものである。

　また，第３の研究セットには1928年から1932年にかけて行われた大規模面

接プログラムが含まれていた。最初，このプログラムは，監督方法や作業条件を改善することを目指し，3年間の間に21,126名の従業員を対象に行われた。

　ところが，このプログラムによって明らかになったのは，人間行動に関する人間関係論的仮説の最も基本をなす「感情の論理」(logic of sentiment) にもとづく人間という理解であった。すなわち，生産能率の増減への影響の問題は，単純に監督方法や作業条件の改善によって解決されるものではなく，ある種の社会的条件というべきものの存在の解明が重要であることを認識させた。

　結果として，ホーソン実験は「仕事の社会的側面」(social aspects of job) が生産性に与える影響，そのなかでもとくに直属の上司からの個人的な配慮とグループメンバー間の関係に与えるインパクトに焦点を集めさせた。なお，人間関係論は当時の経済・社会の時代的要請および背景のもとに成り立っており，上述したように経営学の理論上の発展に重要な位置を占める結果となった。

第3節　人間関係論の思想的・理論的基盤

1. メイヨーの精神革命説

　メイヨーは，社会生活のあらゆる領域において人間的協同の崩壊現象が生じていることに注目し，その中でも企業内における経営者と労働者集団との間にとりわけ協同喪失の典型的な様子が見られているという認識をもった。彼はその当時において，なによりも人々の心の革命，すなわち，精神革命が必要であることを強く認識し，この問題についての自分の主張を示した。

　彼の考え方は，人間関係が極めて複雑で多義的な要素からなっているため，既存の経済学上の論理のみでは説明することが困難であるという認識から出発する。ここでいう経済学上の論理とは，しばしば「経済人」(economic man) 仮説ともいわれ，企業家は経済人として最大の利潤を追求し，労働者は経済人として最大の賃金収入を求めようとする経済的動機のみによって動機づけられるとする人間仮説のことをいう。この問題を克服するための新しい研究方法が臨床的方法 (clinical method) であるが，「疲労」および「単調感」に関する研究が進展するにつれてその必要性と有効性が確かめられるようになった。この方法

を利用して企業における人間関係の実態研究が進むことになるが，その代表的な事例が上述したホーソン実験であった。彼によれば，この人間的協働の回復は，かかる原理に即して問題を知性的に処理かつ指導できる経営者が存在するかどうかにかかっているという。

２．レスリスバーガーの「産業組織＝社会的システム説」

　メイヨーが産業社会に対する批判者として，人間関係論の思想的基盤づくりに貢献したのに対し，レスリスバーガーは人間関係論の理論的体系化に寄与した。いい換えれば，メイヨーが当時の経済全般に生じたさまざまな問題を産業組織における経済的かつ技術的機能と社会的機能との不均衡から生じる人間協働の困難さから発生した問題であると理解しているのに対し，レスリスバーガーはその問題を経営における各構成要素間の不均衡から生みだされるものとして理解している。

　上記のホーソン実験を通して生まれた新たな理論的展開は，レスリスバーガーの「産業組織＝社会的システム説」によって集約された。

　レスリスバーガーが「産業組織＝社会的システム説」を通して主張した社会システムとしての企業組織の構成は，社会体系という観点から見ると大きくわけて「技術的組織」（technical organization）と「人的組織」（human organization）によって成り立っている。ここでいう技術的組織とは工場，機械，工具，資材などのように企業における生産の合理的遂行を目的として意識的に秩序づけられた物的組織のことをいい，物的環境としての気候・風土などの自然条件とは区別される。そして「人的組織」とは同一の目的を達成するために協働している多くの個人からなる組織のことであり，各組織構成員の仕事に対する満足感を与えたり，組織目的を達成する過程で得られた成果を配分したりすることにかかわる組織のことである。

　さらに，この人的組織は，「個人」（individual）と社会組織（social organization）から成り立っており，社会組織はまた公式組織と非公式組織から構成されている。公式組織とは経済的目的を能率的に達成するためにあるべき人間関係のことをいい，具体的には企業のシステム，方針，規制，規則などが含まれてい

る。これに対し，社会組織には，公式組織で説明できない個人あるいは個人の集団が非公式的に結合されている場合がある。この非公式組織という人間関係が従業員のモラールを刺激し，生産能率に重大な影響を与えている。端的な例として，会社組織には1つの職場集団で1人の作業者が生産能率は低いにもかかわらず，彼がその集団においてボス的存在を占めているような場合がある。このようにあらゆる集団には非公式組織が形成され，各組織構成員は「社会人」として安定感や帰属感を満たそうとして行動する。

　なお，レスリスバーガーは，公式組織および非公式組織という2つの異なる存在があることを認識する一方，双方を貫くもう1つの別の側面についても主張している。これは公式組織が組織構成員を評価する基準としての「観念的組織」(ideological organization) のことをいうが，「費用の論理」(logic of cost)，「能率の論理」(logic of efficiency)，「感情の論理」(logic of sentiments) などの3種のものがあげられる。

　第一の費用の論理とは，「人的組織を技術的生産の任務に関連せしめ，組織全体に共通の経済目的を評価するところの概念体系であって，公式組織における価値の1つ」である。

　第二の能率の論理とは，「組織構成員の協同の努力を評価するところの概念体系」のことをいい，これもまた公式組織のもう1つの価値を表す。

　最後の，感情の論理とは，「組織内のさまざまな集団の人間関係のうちに存在する概念ならびに信念の体系であり，人間の情感に深く根ざしている」。

　費用の論理と能率の論理は「経営者の論理」(management logic) と考えられるのに対し，感情の論理は「従業員の論理」(employee logic) と考えられるという指摘がある。かくて，経営者や管理者が費用の論理のみによって行動し，従業員の非論理的な情感の論理を無視すると，経営者の論理と従業員の論理との間に葛藤が生じる。その結果，経営目的の合理性達成は妨げられることになる。

第 4 節　人間関係論の貢献および限界

1．人間関係論の貢献

　上述したように，人間関係論は，生産能率に影響をもたらす主な要因には人間関係など職場の非公式組織の存在があることを明らかにし，労働の心理学的側面を強調した。

　ではこの人間関係論は経営学という学問領域と実践の現場においていかなる貢献をしたのか。

　第一に，経済人モデルの打破である。しかし，これはただ科学的管理などに代表される経済人モデルを全面的に否定するような要因だけではなく，科学的管理が有する問題点などを補完するという側面に注目する必要がある。上述したように，効率性のみを追求するだけでは不十分であり，職場内での社会的側面も同時に重要であることを認識させた意味は非常に大きい。さらに，これは後に登場した行動科学（behavioral science）[2] の根幹をなす基本的な視点を提供したと考えられる。

　第二に，人間関係論が，実践の場である組織内で，人事管理のなかに取り入れられた具体的な成果である。実際に，レスリスバーガーは，近代的大企業にとっての「適正な人事管理」のためには人間の協働をいかに確保するのかという問題についての重要な主張をしたものの，職場での人間関係管理をめぐって具体的にいかなる形で制度化を行うかについては触れたことはなかった。しかし，人間関係論から影響を受け，職場での人的管理を制度として実践した例は数多く存在している。従業員 PR，提案制度，従業員参加，態度調査，人事相談制度，福利厚生活動，管理・教育者教育などがその具体的事例である。

図表6－2　科学的管理論と人間関係論の比較

区　分	科学的管理論	人間関係論
展開された時期	1900年代〜1930年代	1930年代〜1960年代
人間観	経済人モデルを重視	社会人モデルを重視
従業員管理	経営者による一方的な指示	従業員の自発的な意思を尊重
人間組織	公式組織のみ認定	公式組織と非公式組織を同時に重視
価値基準	能率の論理を重視	情感の論理を重視
制度としての具体的成果	タスク管理，職能別組織など	提案制度，カウンセリング制度，福利厚生制度など
限界性	人間性阻害	人間行動の動機への関心が希薄

出所：筆者作成。

２．人間関係論の限界

　しかし，上述したように，人間関係論が組織内での構成員の管理にさまざまな領域において多様な形で貢献したにもかかわらず，以下のような限界をもっている。

　第一に，人間関係論が現代産業文明社会の特徴として人間的協働が崩壊したという前提に成り立っている点である。メイヨーらは現代産業文明社会の状態をアノミー的現象あるいは「社会解体」状態であることを前提にしている。しかし，これに対しては，ダニエル・ベル（Daniel Bell）によれば，現代社会をアノミー状態を前提にするのは本質的に適切な仮説であると規定しにくく，むしろ現代産業システムにおける技術的・経済的変化の全体的な制度的変貌を視野に入れるべきであると指摘している。

　第二に，経営実践への制度的適用の弱さがある。人間関係論が公式組織を所与のものとし，非公式組織の重要性とそれの自然発生的な性格のみを一面的に強調することに対する問題である。

　第三に，経営者イデオロギーを前提にしている点である。これは労働者側の経営的要素を不当に軽視していることによる経営者側の都合にあわせたコスト

のかからない管理手段として労働者が利用されたという意味である。この点について，ランズバーガー（Landsberger, H.A）は，「①経営者の目標と経営者の抱く労働者観をともに容認するといった労働者のイメージを生み，それが経営目的のために労働者を操縦しようとする経営者の意図と結びつけられたこと，②団体交渉といった労使紛争を調停する方法に注意を払わなかったこと」などを取り上げながらその限界性を具体的に指摘している。

【注】

（1）南龍九『経営管理の基礎知識』中央経済社，1992年，114 〜 115 ページ。

（2）行動科学とは，人間の行動を科学的に研究し，その法則性を明らかにする学問のことをいう。これは1950年代のアメリカで生まれ，人類学，心理学，社会学などへ多大な影響を及ぼした。

【参考文献】

佐久間信夫編著『現代経営管理論』学文社，2002年。

中村瑞穂「人間関係の登場」松岡磐木辺編『経営管理論』有斐閣，1970年。

南　龍九『経営管理の基礎知識』中央経済社，1992年。

Bartol, K. M. and Martin, D.C. Management, Mcgraw-Hill, Inc., 1994.

Mayo, E., *The Human Problems of an industrial civilization*, The Macmilan company, 1933.（村本栄一訳『産業文明における人間問題』日本能率協会，1951年）．

Roesthlisberger, F. J. Management and morale, Harvard Univ. Press, 1941.（野田一夫・川村欣也訳『経営と勤労意欲』ダイヤモンド社，1954年）．

第3部

経営管理の人間的展開

第7章
モチベーション理論

第1節　モチベーション理論の体系

　企業経営において，人をいかに動かすのかという問題は重要なトピックのひとつである。いかに優れた戦略を策定し組織を構築したとしても，人が的確に動かなければ経営活動は成立しない。成員それぞれの行動が組織全体に影響を与えるため，人の意欲をうまく引き出すことが企業経営に求められているのである。経営学でモチベーションというと，人が仕事にたいして動機づけられている状態のことを指し，勤労意欲とほぼ同義としてとらえられる。つまり，モチベーションは，人が何らかの目的の達成に向けて行動を起こすための心理的な力といえ，「働き方改革」の進展とともに重要性は増している。

　モチベーション理論は，人がどのように動機づけられどのように動くのかを説明する理論で，大きくわけると「欲求（内容）理論」と「プロセス（過程）理論」に分類できる（図表7−1）。欲求理論とは，人が「何に（what）」動機づけられるのかを考察したものであり，後述する欲求階層説や二要因理論などが代表的である。プロセス理論とは，人が「どのように（how, why）」動機づけられるのかという心理的メカニズムやプロセスに注目したものであり，後述する期待理論が代表的である[1]。

　本章では，モチベーションに関する欲求理論とプロセス理論に関する代表的な研究を取り上げていく。まず，欲求理論として欲求階層説，ERG 理論，動機づけ＝衛生理論を，次にプロセス理論として期待理論を検討する。

図表7－1　モチベーション理論の体系

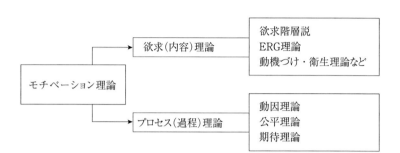

出所：坂下（2000），179ページをもとに，本章の内容に合わせて筆者加筆。
　　　欲求（内容）理論とプロセス（過程）理論の区分は田尾（1999），52
　　　ページを参照。

第2節　欲求理論

1．欲求階層説

（1）マズローの基本的欲求

　人が何に動機づけられるのかについてさまざまな研究がなされてきたが，マ
ズロー（Maslow, A. H.）は人の欲求を階層的に整理して，どのような欲求が人の
行動に影響を与えているのかを提示した。経営学でも取り上げられることの多
いマズローの欲求階層説であるが，その著書『人間性の心理学（*Motivation and
Personality*)』を読むと，研究の原点は精神病理学にあることが分かる。人間の
持つ基本的欲求が満たされなければ精神的に不安定になることを，臨床経験か
ら明らかにしたのである。

　基本的欲求を構成するのは，病気にならないために充足することが必要な肉
体の問題である生理的欲求から，幼児期における愛情不足が後に精神的な脆弱
さとなって顕在化するという欲求以外にも，豊富な臨床経験から見出された複
数の欲求である。マズローはこれらの欲求を5つに分類した[2]。

① 生理的欲求

　動機づけの出発点となる第一の欲求は生理的欲求である。あらゆる欲求が満たされない場合，人は他の欲求が背後に追いやられてしまい，食欲のような生理的欲求に占有されてしまう。だが，マズローによると生理的欲求はいわゆる生理的動機であり，それらすべてをリストにすることは無益であると同時に不可能であると指摘している。なぜならば，食欲ひとつとってみても，詳細に述べる程度によって各栄養素に分類できるため，望むだけのリストができるからである。

② 安全の欲求

　第二の欲求は安全の欲求である。生理的欲求が充足されると，次に，安全，安定，依存，保護，恐怖・不安・混乱からの自由，構造・秩序・法・制限を求める欲求，保護の強固さという安全欲求が出現する。マズローは安全欲求について，子供は脅威や危険に対する反応を抑制せずに外面に出すため安全欲求を確認しやすいが，逆に，大人は社会の中でこの反応を抑制するように教えられるため表面に出にくい。

　現代のように文化的で平和に物事が進展する安定した社会では，凶悪犯罪に関する報道がなされてはいるものの，安全の欲求については多くの人々が充足しているといわれる。その意味において，安全の欲求とは，不安を感じさせるような変化が生じない状態を求める欲求であるといえる。

③ 所属と愛の欲求（社会的欲求）

　生理的欲求と安全の欲求が満たされると，次は第三の所属と愛の欲求（社会的欲求）が出現する[3]。この欲求は人々との愛情に満ちた関係を求めているのが特徴である。例えば，帰属する集団が存在しない場合，われわれは根無し草であることに不安を覚え，不安を解消するための行動をとるだろう。所属する集団における位置を確立するという欲求に駆られるのである。

④ 承認の欲求（自尊欲求）

　第四の欲求は承認の欲求（自尊欲求）である。これは，安定したしっかりとした根拠をもつ自己への高い評価や自尊心，他者からの承認される欲求とされている。これらの欲求は，自己の内面を表す ⅰ ）強さ，達成，適切さ，熟達と

能力，自信，独立や自由への願望と，他者から受けるⅱ）評判，信望，地位，名声，栄光，優越，承認，注意，重視，威信，評価に区分できる。

　承認欲求がもたらすものは，自信，有能感，役に立っているといった感情である。逆にこの欲求が満たされない場合は劣等感，無力感といった感情を抱くことになるため，マズローは基本的自信の重要性を唱えている。

⑤　自己実現の欲求

　以上の欲求が満たされたとしても，人は自分に適していることをしていない限り，新たな不満が生じて，その欲求を充足させるために行動をとる。マズローはその例として，音楽家は音楽をつくり，詩人は詩を書くことをあげ，自分のなりうるものになるための欲求が生じ，それは自分自身の本性に忠実な自己実現欲求であるとしている。つまり，自己実現の欲求は，人の自己充足への願望であり，人が潜在的にもっているものを実現しようとしている願望である。

（2）マズローの欲求階層

　マズローは人間の欲求を基本的欲求として５つに分類し，さらにそれらを階層化した（図表７-２）。欲求階層説では，上位の欲求は下位の欲求が充足されなければ喚起されず，充足された欲求は人を動機づける力をなくすことを意味する。しかし，最後の自己実現欲求は充足されても動機づけが低下せず，継続して自分を高めていく欲求として存在するとしていることから，マズローは自己実現欲求が重要であると説いている。

　しかしながら，マズローの階層説に異論を唱えて，より単純化したモデルを提示する研究もあるほか，人の欲求が５つの階層であることは実証性としては妥当ではないとされる向きもある。ただ，マズローもほかの研究者の主張にも，人のモチベーションに複数の欲求が関連していることについては変わりないといえよう。

図表7－2　マズローの欲求階層

出所：筆者作成。

2．ERG モデル

　マズローの階層説をもとにした研究に，アルダーファー C.P.（Alderfer, C.P.）の ERG モデルがある。E とは人間の存在そのものに必要な存在（existence）欲求，R とは人間関係に関わる関係（relatedness）欲求，G とは人間らしく生きて成長（growth）する欲求をそれぞれ指している。マズローの生理的欲求と安全欲求は存在欲求に，所属と愛（社会的）と承認（自尊）欲求は関係欲求に，承認と自己実現欲求は成長欲求にそれぞれ対応すると考えられる。

　この理論がマズローと異なるのは，ⅰ）欲求の次元を3つに単純化したこと，ⅱ）下位から上位欲求への移行だけでなく，上位から下位欲求への移行についても考慮したこと，ⅲ）3つの欲求が同時に喚起されることである[4]。例えば，自分の能力を生かせないという，上位の成長欲求が充足されない場合だと，中位の関係欲求を満たすべく会社の人間関係に注力するようになり，それでも満たされないと存在欲求まで退行することになる。このように，アルダーファーの ERG モデルは，欲求が連続的でなおかつ可逆的であるのが特徴である。

３．二要因理論〔動機づけ－衛生理論〕

（１）内的要因と外的要因

　モチベーションを高めるためには，組織成員それぞれの個性や能力，価値観を考慮した管理手法をとらなければならない。そのため，個々人がどんな要因に動機づけられるのかを明確にする必要がある。人が動機づけられる要因として，仕事そのものから得られる内的要因と，仕事を取り巻く環境から得られる外的要因に分けて考えることができる。内的要因には，仕事内容，やりがい，有能感などがあげられ，これらは仕事を通じて自身が認知するものである。外的要因には，仕事の対価として得られる給与，安定，人間関係などがあげられる。

　実際に個々人が動機づけられる要因について考えると，内的要因を感じやすい仕事とそうでない仕事があることが推察される。個人の能力を最大限に発揮できるような専門的な仕事であれば，内的要因に動機づけられやすいと考えられるが，能力を発揮する場を提供されていないと感じている個人だと，外的要因を重視する傾向が強まるだろうし，仕事自体にさえも不満を抱いているかもしれない。ここで重要なのは，内的要因と外的要因を分けることで，人が動機づけられる要因について一定の枠組みからの考察を可能にし，個々人に見合った管理の実現に少しでも近づけるということである。

（２）ハーズバーグの二要因理論

① 概　要

　ハーズバーグは二要因理論という，２つの欲求が人の動機づけに影響していることを指摘した[5]。ハーズバーグ（Herzberg, F.）はピッツバーグの技術者と会計士，約200名に面接調査を実施し，被験者に「仕事において例外的に良い（悪い）と思ったこと」という質問の回答をまとめた。その結果，良いと思った事象と悪いと思った事象には異なる要素が影響していることを発見した。つまり，職務満足に結実する要因と職務不満足となる要因はまったく違うものであった。従来は満足と不満足が同一次元上で示されると認識されていたが，実際は満足と不満足は別次元で示されることが判明したのである。

　ハーズバーグは満足をもたらす要因を「動機づけ要因（motivators）」，不満足をもたらす要因を「衛生要因（hygiene factors）」とした。動機づけ要因は個人の成長をもたらすものとして心理的な満足感を充足させるが，この欲求が充足されなくても職務不満足となるものではない。一方，衛生要因は充足されたとしても，それは不満足を解消するものであり，職務満足へ導くものではないという欲求である。

　これらの欲求は階層説に見られた上位と下位の区分に近似しているものの，異なる次元で考察している点でユニークである。動機づけ要因は，自らが仕事を成し遂げるという達成，他者から評価を受ける承認，仕事そのものへの満足，仕事への責任，昇進といった内的要因となる。確かに，この欲求がなくとも不満には至りにくいが，ひとたび得ると職務満足は高まるであろう。対して衛生要因には，会社の政策と経営，監督，対人関係，作業条件，給与（賃金）がある。これらの欲求は外的要因であるのが特徴で，なければ不満が生じるが，得たとしても不満が解消するもので，満足に至るものではない。

② 二要因の根底

　ハーズバーグの提唱する二要因の背景には，学問としての経営学とは少々離れた概念ではあるが，アダムとアブラハムという人間観がある。アダムとは動物的な概念で，「環境からもたらされる痛みから回避する」欲求（衛生要因）を指し，アブラハムとは人間的な概念で，「仕事からもたらされる成長を追求」（動機づけ要因）する欲求のことを指す。つまり，ハーズバーグが指摘したのは，人間はアダムとアブラハムという異なった次元から仕事において欲求を充足するが，それは職務満足と職務不満足という異なる次元での尺度をなし，相互に対立するものではないのである。

　図表7－3には，動機づけ要因と衛生要因に属する項目の違いが顕著に現れている。図中の各箱の長さは面接調査で述べられた事象にそれぞれの要因が現れた回数を示しており，各箱の幅は良い職務態度（悪い職務態度）が持続した時間を示している。ハーズバーグはこれらの要因をもとにして，個人の職務設計を行った「職務充実」を図り，より働きやすい環境づくりを目指そうとしたのである。

図表7－3　動機づけの要因と衛生要因

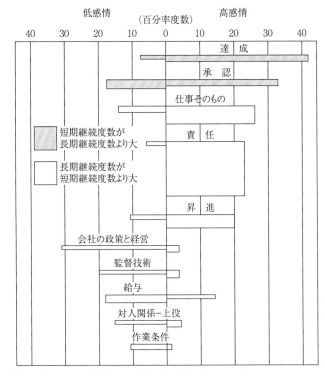

出所：Herzberg（1966），北野訳（1968），86ページ。

4．各理論との関係と限界

　欲求理論に関する代表的な研究には類似点について，田尾（1999）は図表7－4のように示し，各理論ともに人の欲求を上位から下位に分類している点を明確にしている[6]。どの理論についても，各欲求は大きく区分すると先に説明した内的要因と外的要因に分けられ，内的要因のほうが上位に位置する欲求としてとらえられている。

　欲求理論は，人の動機づけについて構造的に整理されているが，理論的な問題もはらんでいる。欲求理論では，前提として，欲求は個人と組織をとりまく

状況において普遍的であるとされ，組織成員はほとんど変わることのない欲求をもち，それを充足させる要因も固有であるという仮定がある。しかしながら，実際の経営活動においては人の欲求も環境も変化しているため，どのように動機づけられるのかは，個々人がおかれている立場や経験，情報の入手性によって変わるし，個人間でも認識の違いがある。

　欲求理論の問題として指摘されるのは，ここでの個人差とは「人間一般の区分けであり，それぞれのメンバーの個人的な事情に配慮した差異ではない。個人的な差異を無視した欲求説は，一般論としてありえても，個人1人ひとりに適用することには限界がある⁽⁷⁾」ということである。

図表7－4　各理論の比較

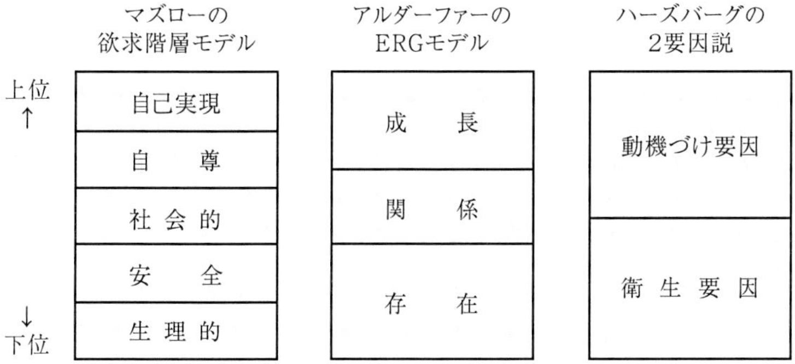

出所：田尾（1999），59ページより一部抜粋して作成。

第3節　プロセス理論〔期待理論〕

1．ブルームのモデル

　期待理論における人のモチベーションは，努力することによって得られるであろう報酬や成果に見出している価値と，努力することによって得られる報酬や成果の獲得可能性の積として考えられている。両者の積であるため，価値に見合わなかったり可能性が低いと判断し，どちらか一方の要因が欠落すると動機づけは喚起されない。期待理論で想定されているのは，功利的・合理的な行

動をとる人間モデルである。

　期待理論で最も有名なのはブルーム（Vroom, V.H.）の研究であろう[8]。ブルームは，人のモチベーションについて，「誘意性」（valence）と「期待」（expectancy）の２つの要因からとらえている。誘意性とは，特定の結果へ心が動かされることで，個人の主観的に認知する魅力を指す。そして期待とは，特定の行為が結果をともなう確率のことで，これも個人が主観的に認知する確率を指す。

　田尾（1999）はブルームの２つの要因について，次のように簡潔にまとめている[9]。個人にとって，あることをするという誘意性（V）とは，魅力のあるそのものを入手するために，あることをするということ自体がどの程度魅力的であるのかという，道具性（手段性）（instrumentality : I）の積として表される。

　これは次のように公式化される。

$$V_i = \int_i \left[\sum_{k=1}^{n} (V_k I_{jk}) \right] (j = 1 \cdots n)$$

　　V_j：そのものの j の誘意性
　　I_{jk}：あること k をすることがそのもの j を得るための道具性

　次に，ある行為をしようとする力（force : F）は，そのことをすることの誘意性（V）と，そのことができそうだという期待（E）の積の和として表される。

　これは次のように公式化される。

$$F_i = \int_i \left[\sum_{j=1}^{n} (E_{ij} V_j) \right] (i = n+1, \cdots\cdots n)$$

　　F_i：行動 i を行う力
　　E_{ij}：行動 i によってそのもの j を得るという期待

　このように，ブルームは誘意性と期待という概念から人のモチベーションを説明した点や，個人が主観的に認知した行為をとることを説明した点で特徴的

である。人が動機づけられるためには，その行為が十分に魅力的であり，それ
を得ることが手段として価値をもち，なおかつ実現可能であると認知されなけ
ればならないという考え方である。

２．ローラーのモデル

ブルームの理論は，その後もローラー（1971）によって精緻化された。ロー
ラーはその著書『給与と組織効率（*Pay and Organizational Effectiveness*)』におい
て，２つの要因（期待）に規定されるモデルを提唱した[(10)]。第一は，努力
(effort）によって業績（performance）が得られるという主観的確率であることか
ら（E → P）と示される期待である。第二は，業績（performance）が成し遂げ
られたときの成果（報酬）（outcomes）への確信と，その成果への誘意性
(valence）をもたらすという主観的確率であることから（P → O)×(V）と示
される期待である。この関係を式にすると，$\Sigma(E \to P) \times \Sigma[(P \to O)(V)]$ と
なる。このモデルの流れを図表７−５に示す。

ローラーの見解によると，人が動機づけられるのは，自分の努力によって良
い業績が得られる期待があって，その業績が成果へと結実する可能性が高いと
判断された場合である。つまり，ある個人が自分の能力を十分に発揮でき，な
おかつそこから得られる業績が高いものであれば，最初の期待は強まる。さら
に，その業績が報酬に結びつくのであれば，次の期待も充足されるため，動機
づけが高まっていくのである。

図表７−５　ローラーの期待モデル

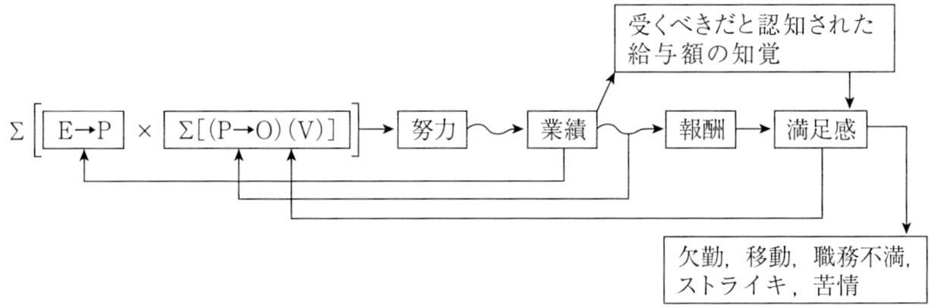

出所：Lawler（1971），安藤訳（1972），376 ページ。

3．期待理論の限界

　期待理論はモチベーションを人の認知的側面から考察することによって，行動目標を形成している認知プロセスについて明らかにしていることがわかった。特に，誘意性や期待の概念から人のモチベーションの構造をとらえたことの意義は大きい。

　しかしながら，その誘意性や期待そのものがどのように形成されたのかについては明らかにしていない問題がある。個人はこれまでに経験したことによって価値観や能力が異なるため，何に期待をするのかは人それぞれに異なっているであろう。より効果的な人的管理を実現するためには，個人がなぜ，どのようにしてそうした誘意性や期待を認知したのかを明確にすることも重要である。

　期待理論が前提としている人間観にも問題がある。期待理論が前提としているのは，前にも述べたように，功利的・合理的な行動をとる人間観である。実際の個人の行動として，周囲に対して常に功利的・合理的な動機づけが行われるわけではなく，場合によっては損得勘定を抜きにした行為が喚起されるものであり，この点でも問題があるといえる。

第4節　モチベーションを向上させる企業

　「働き方改革」が本格的に推進されるようになった現在，企業と個人の信頼関係はより重要になるだろう。そこで想定されるのは，経営者側が一方的に管理し個人がそれに従って働くという関係ではない。両者がともに個人や自社，さらには地域社会の将来を見据え，企業業績を維持向上させるのはもちろん，個人の働き方を工夫することにより，充実した私生活を手に入れたり活気ある地域社会をつくりあげたりする関係づくりであろう。こうした時代背景を考えると，個人が動機づけられる誘意性やプロセスも，功利的・合理的といった利己的な要因から，利他的な要因がより重要視される変化がみられやすくなるかもしれない。

　組織目標と個人目標の両立する企業がみられやすくなる可能性は，経営者と

社員の距離が近く，同じ価値観で仕事をしやすい，特に中小企業のような組織で高まるとも考えられる。社員が少なく，経営者の意向が経営に反映されやすい中小企業は経営理念が浸透しやすい面があり，社員のモチベーション向上に影響しやすい。大企業には労働条件はかなわないものの，自分の考えを仕事に反映しやすい環境づくりがなされている中小企業は少なくない。そのため，中小企業での取り組みは，今後のモチベーション研究に多くの重要な示唆を与えてくれるかもしれない。これらを学習するためには，本書全体を通読して体系的に経営活動をみていくと，さらに理解が促進されよう。

【注】

（1）坂下（2000）は，経営学において人的資源管理論で用いられてきた研究はモチベーション理論の内容（実体）理論の範疇に属し，モチベーション理論と人的管理問題が従来から密接な関係にあることがわかる（92 ページ）。

（2）Maslow, A.H., *Motivation and Personality (second edition)*, Harper & Row, 1954.（小口忠彦訳『人間性の心理学』産業能率大学出版部，1971 年，55 〜 72 ページ）。

（3）ここでいう「愛」について，マズローは性と同義ではないと論じている。性は生理的欲求として研究されるものであるし，いろいろな要因によって決定されるものであることから，ここでの愛は人々の愛情面を指している（同上書，邦訳 70 ページ）。

（4）下崎千代子『現代企業の人間行動』白桃書房，1991 年，28 〜 29 ページ。

（5）Herzberg, F., *Work and the Nature of Man*, World Publishing, 1966.（北野利信訳『仕事と人間性』東洋経済新報社，1968 年，83 〜 94 ページ）。

（6）田尾雅夫『組織の心理学〔新版〕』有斐閣，1999 年，53 〜 59 ページ。

（7）同上書，59 ページ。

（8）Vroom, V.H., *Work and Motivation*, John Wiley & Sons, 1964.（坂下昭宣・榊原清則・小松陽一・城戸康彰訳『仕事とモティベーション』千倉書房，1982 年，15 〜 21，298 〜 305 ページ）。

（9）田尾，前掲書，61 〜 62 ページ。

（10）Lawler, E.E., *Pay and Organizational Effectiveness : Psychological View*, McGraw-Hill, 1971.（安藤瑞夫訳『給与と組織効率』ダイヤモンド社，1972 年，149 〜 160，376 〜 379 ページ）。

【参考文献】

坂下昭宣『経営学への招待〔改訂版〕』白桃書房，2000年。

下崎千代子『現代企業の人間行動』白桃書房，1991年。

田尾雅夫『組織の心理学〔新版〕』有斐閣，1999年。

Alderfer, C.P., *Existence, Relatedness, and Growth*, Free Press, 1972.

Herzberg, F.,*Work and the Nature of Man*, World Publishing, 1966.（北野利信訳『仕事と人間性』東洋経済新報社，1968年）.

Lawler, E.E, *Pay and Organizational Effectiveness : Psychological View*, McGraw-Hill, 1971.（安藤瑞夫訳『給与と組織効率』ダイヤモンド社，1972年）.

Maslow, A.H., *Motivation and Personality (second edition)*, Harper & Row, 1954.（小口忠彦訳『人間性の心理学』産業能率大学出版部，1971年）.

Vroom, V.H. *Work and Motivation*, John Wiley & Sons, 1964.（坂下昭宣・榊原清則・小松陽一・城戸康彰訳『仕事とモティベーション』千倉書房，1982年）.

第8章
リーダーシップ理論

　この章では，マネジメントの分野におけるリーダーシップ研究について，学んでいく。

　リーダーシップに関する研究はこれまでさまざまな角度から行われてきた。これまでの研究を概括するとほぼ3つの分野にわたるということが定説になっている。すなわち，まず，リーダーの個人の資質を研究した分野である「特性理論・資性説」，次にリーダーの行動を科学的に分析した「行動理論」に触れ，さらに置かれる条件によって異なる結果を生むために経営学の分野にとりいれられた「状況理論」の立場からの研究を紹介したい。

　そして，現代的組織論の祖として評価されるバーナードのリーダーシップ論を紹介し，最近の研究動向である「変革型リーダー」さらに「サーバント・リーダーシップ」について述べてみたい。

　いずれにしてもリーダーのあり方は，経営の分野にとどまらず政治や経済の分野でも大変に重要な問題でもある。また，古くも新しい問題でもある。さらに人類の普遍的な課題でもある。さまざまな分野からのアプローチがあったが，古今東西の人間の集団を目的に向かって動機づけ，秩序づけ集団としての凝集力をいかに発揮していくかは価値をどう生み出すかにかかわる重要な問題である。

　現代の企業経営において，リーダーの在り方が問われたり，不祥事が相次いでくるとリーダーシップの不足などが指摘をされたり，満足できる職場環境と仕事へのやりがいをどう作るかなど大きな課題は山積みである。

　物が不足し貧しさを豊かさに変えるために戦後日本が歩んできた道には，創

業者型といわれるリーダーが多く生まれてきた。代表的な人物としては松下幸之助，本田宗一郎，盛田昭夫，井深大など世界から評価されてきたリーダーでもある。現代には次の世代を担うリーダーとして，若手のリーダーも生まれている。しかし，注目されたリーダーが粉飾決算など問題を起こし，そのリーダーシップにも疑問の声があがっている。

また，アメリカでも優良企業と思われていたエンロンやワールドコムが一部のリーダーによって食い物にされていたという事実もリーダーの在り方を問い直すものでもある。

リーダーシップ研究の系譜を見ていく中で，リーダーシップのあり方を考えてみたい。

第1節　リーダーシップの諸理論

1．特性理論・資性説―リーダーの個人的資質・特性

古くからリーダーには固有の資質が必要と考えられてきた。ギリシア時代から権力をもつリーダーに必要とされる資質については期待をされてきた。資性説は，どういう資質を持つ人間がリーダーに向いているかが重視されている理論でもある。優れたリーダーに共通する資質や特性を探究した点に大きな特徴がある。別名「偉人論」ともいわれる。経営学の分野でリーダーシップの研究が始まった初期には，リーダーシップの有効性はリーダーの個人的特性によって規定されると考えられてきた。

たとえば，判断力や，対人関係能力など 1920 年代からの研究には多くこの視点が見られる。アーウィック（Urwick, Lyndall F.）によればリーダーの資質として①勇気，②意志の力，③心の柔軟性，④知識，⑤誠実が指摘されている[1]。

しかし，このアプローチで特性とされたものが，あらゆる組織状況で共通に有効であるというわけではなく，リーダーの特性に一貫性がみられるというわけでもなく，一般的な理論を形成することは難しかった。

2．行動理論—効果的なリーダーシップ・スタイルとは

　続いて，1940 年代ころから支配的になったものは，すべての状況において最も効果的なリーダーシップ・スタイルは何かという点であり，また特定のリーダーがどのようなリーダーシップ・スタイルをもつかという視点から研究が行われた。リーダーの行動に焦点が当てられたという意味で行動理論と呼ばれている。すなわちどのような行動がリーダーシップの有効性を決定するのかが中心のテーマとなる。

　先駆的なものとしてはリッカート（Likert, R.）らに代表されるミシガン研究とストックディル（Stogdill, R.）らに代表されるオハイオ研究が有名である。また，この流れを汲む研究として「PM 理論」「マネジリアル・グリッド」をあげることができる。

（1）ミシガン研究

　ミシガン大学で研究された点は，高い業績を上げた部門のリーダーと低い業績しか上げられなかったリーダーの行動を比較して，その違いが検討された。その結果低業績のリーダーは「職務中心的な監督」だったのに対して，高業績のリーダーは「従業員中心の監督」方法であった。とくに従業員中心型のリーダーは高い生産性と満足を集団にもたらすものと考えられた[2]。

　リッカートは従業員に対して友好的・支持的な監督者がそうでない監督者より有効なリーダーシップを発揮するとの前提で組織における管理システムを 4 つの類型に分類した[3]。

　　システム I　—　独善的専制型
　　システム II　—　温情的専制型
　　システム III　—　相談型
　　システム IV　—　集団参加型

　この中で，システム IV のリーダーシップ・スタイルがもっとも有効であると指摘された。

　それは「支持的関係の原則」「集団的意思決定と管理」「高い業績目標」という基本概念に支えられ，上司に対する好意的態度，高い信用と信頼，高い相互影響力，効果的なコミュニケーション，高い集団帰属意識などを備えているからとされた。

　また，リッカートは管理者の役割を「連結ピン」として捉えていたことは有名である。上司に対してはフォロワーとして，部下に対してはリーダーとして役割を果たすことが極めて重要である。

（2）オハイオ研究

　ミシガン研究がリーダーシップのスタイルを専制や参加という一次元的に捉えるのに対して，オハイオ州立大学を中心に展開された研究では仕事志向と人間志向という二次元から有効性を分析しようとしたことにその特徴がある。この2つは行動理論において代表的な研究である。

　1950年代にオハイオ州立大学ではストックディルらがリーダーの行動を測定する項目として1,800もの項目を検討し，その結果リーダーの行動は「配慮（consideration）」と「組織（構造）づくり（initiating structure）」という2種類の行動次元に類型化できることを主張した[4]。

　「配慮」とは人間に対する配慮であり，リーダーとフォロワーの人間的な相互信頼，尊敬，温かさを指す人間志向であるのに対して，「組織づくり」とは職務遂行の上での仕事の割当や作業手続きや能率などに関するリーダーの行動である。

　この2つの次元からリーダーの行動を説明する研究がその後の中心のテーマとなっていった。

　すなわち，リーダーシップの有効性を「仕事志向」「人間関係志向」などといった2次元から分析しようとする研究である。これが生産性や満足度に影響をあたえるかという点が分析された。

（3）PM理論

　三隅二不二氏によって日本の管理・監督者を対象にした実証的研究として提

唱されたこの理論は，行動理論の代表的な１つとして位置づけられている[5]。この理論はグループ・ダイナミックス（集団力学）の研究成果から提唱されたものである。リーダーの行動を① Performance（目標達成機能）と② Maintenance（集団維持機能）という２つの機能に大別したものであり，① Performance とは集団における目標達成ないし課題解決へ志向した機能であり，② Maintenance とは集団の自己保存ないし集団の過程それ自身を維持し強化しようとする機能である。それぞれの頭文字をとってＰ機能，Ｍ機能と略称している。

　まずＰ機能について説明する。集団には何らかの目標があり，その目標達成への集団の過程が存在する。また，状況によっては課題解決のプロセスを経なければならない。さまざまな課題を乗り越えてこそ，現実には目標の達成が果たせるのである。したがって，いずれも集団の目標達成を志向したリーダーシップ行動であるから，それをリーダーシップのＰ行動と称している。

　次にＭ機能について説明する。集団や組織がひとたび形成されると，それ自身を維持していこうとする自己保存の傾向がある。さらに維持をはかるだけでなく，強化する行動も生まれてくる。具体的には，集団や組織の中で生じた人間関係の過大な緊張を解消し，対立，抗争を和解に導き，激励と支持を与え，少数者に発言の機会を与え，自主性を刺激し，相互依存性を増大してゆくリーダーシップ行動でもある。

　リーダーの行動にはこの２つの機能が同時に含まれている。したがって二者

図表８−１　ＰＭ理論

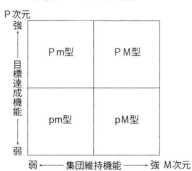

出所：三隅（1978）。

択一的に考察されているのではない。これら4つの類型は図表8－1のようになる。

　生産性との関係で分析するとPM型がもっとも生産性が高く，順番にpM型，Pm型，pm型と生産性は低くなった。すなわちPM型がもっとも優れた，望ましいリーダーシップ行動であることが実証された。

（4）マネジリアル・グリッド理論

　ブレーク（Blake, R.）とムートン（Mouton, S.）はオハイオ研究の流れを汲み，1964年にマネジリアル・グリッドという手法を用いて，「人間に対する関心」「業績に対する関心」という2つの次元の組み合わせから効果的なリーダーのスタイルを5つに分類した[6]。

図表8－2　ブレーク＝ムートンのマネジリアル・グリッドの格子図

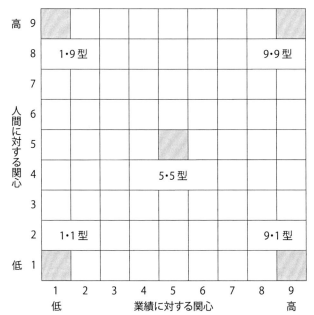

出所：ブレーク＝ムートン著，上野監訳（1969）。

人間に対する関心と業績に対する関心をそれぞれ9つのレベルにわけ，それぞれ理想型（9・9型），仕事中心型（9・1型），人間中心型（1・9型），放任・無関心型（1・1型），中庸型（5・5型）の5つのスタイルを上げた（図表8－2）。

仕事中心型（9・1型）のリーダーは権限・服従関係によって仕事を進め，業績達成を優先するスタイルであり，人間中心型（1・9型）のリーダーは部下の感情に配慮し，職場の人間関係や雰囲気を優先するスタイルである。

また，放任・無関心型（1・1型）のリーダーは地位に安住し，型どおりの管理責任を表面上は果たすというスタイルであり，中庸型（5・5型）のリーダーは業績達成と部下への配慮を適度に妥協・両立させるバランスをもつスタイルである。

理想的な9・9型は高い業績と部下からの高い信頼を得ることができるリーダーであり，優れたリーダーの行動でもある。優れたリーダーの行動を学習してリーダーシップを発揮できるように努力する必要がある。

3．状況理論・条件適応理論―リーダーシップの有効性

1970年代に入り経営学にも，あらゆる状況において普遍的に通用する理論 one best way ではなく，おかれた環境や状況を配慮したアプローチが求められるようになる。すなわちコンティンジェンシー理論の台頭である。

リーダーシップ研究にもその影響が現れ，有効なリーダーシップのスタイルは集団がおかれた状況によって異なるという認識で研究が進められるようになる。つまりあらゆる状況で有効なリーダーシップのあり方を研究する（普遍理論）というよりもリーダーのおかれた状況や外部環境によって有効性は異なる（状況理論）ということがその前提にある。

この代表的なモデルとしてフィドラー（Fiedler, F. E.）のリーダーシップ研究と，ハーシー（Hersey, P.）とブランチャード（Blanchard, K.H.）のSL理論をとり上げる。

（1）フィドラーのリーダーシップ研究

　フィドラーはLPC（Least Preferred Co-worker）という概念を用いてリーダーシップのスタイルを検討した [7]。

　LPCとは一緒に働くのが嫌な人を意味する。嫌な仕事仲間でも好意的に評価するこの得点が高いほどリーダーは人間関係志向が強く，否定的に評価する得点の低いリーダーは課業達成志向が強いとされている。

　その上で，リーダーシップの有効性が異なる集団の状況として３つの要素を挙げる。

　　１．リーダーとメンバー間の信頼関係の状況
　　２．仕事の構造化の程度
　　３．リーダーの職位上の権限の程度

　このことを「状況の好意性」と呼ぶ。

　これらの高低・強弱によってリーダーシップの有効性は異なるということを実証的に研究した。その結果，「状況の好意性が高い」状態，すなわち人間関係が良好で，仕事の構造化もしっかりなされ，リーダーの権限も強い状態，そしてまったく逆の「状況の好意性が低い」状態では，課業達成志向のリーダーが高い業績を上げているのに対して，「状況の好意性が中程度」の状態では，人間関係志向のリーダーが高い業績を上げていることがわかった。

　「状況の好意性」　高い　───　課業達成志向のリーダーシップ・スタイル
　「状況の好意性」　中程度　───　人間関係志向のリーダーシップ・スタイル
　「状況の好意性」　低い　───　課業達成志向のリーダーシップ・スタイル

　リーダーのパーソナリティが行動に影響を与えると考えれば，状況とミスマッチの場合，リーダーの行動スタイルを変えるよりは，状況を変化させることが適切であるともいえよう。

（2）SL 理論 （Situational Leadership Theory）

　ハーシーとブランチャードは，仕事に対する部下の「成熟度」によって有効なリーダーシップのスタイルが異なると考え「SL 理論」を提唱した[8]。

　まず，リーダーシップのスタイルを2つの次元で捉える。すなわち，「協力的行動」（人間関係志向）と「指示的行動」（仕事志向）という2つの次元に部下の「成熟度」を加味して，有効性を確認した（図表8-3）。

　効果的なリーダーシップを発揮するには，部下の「成熟度」に応じたスタイルが必要であり，「成熟度」が低い状態から高い状態へと変化するにしたがって，有効と考えられるリーダーシップ・スタイルをそれぞれ「指示的リーダーシップ」「説得的リーダーシップ」「参加的リーダーシップ」「委任的リーダーシップ」と名づけている（図表8-3）。

図表8-3　ハーシーとブランチャードの「SL 理論」

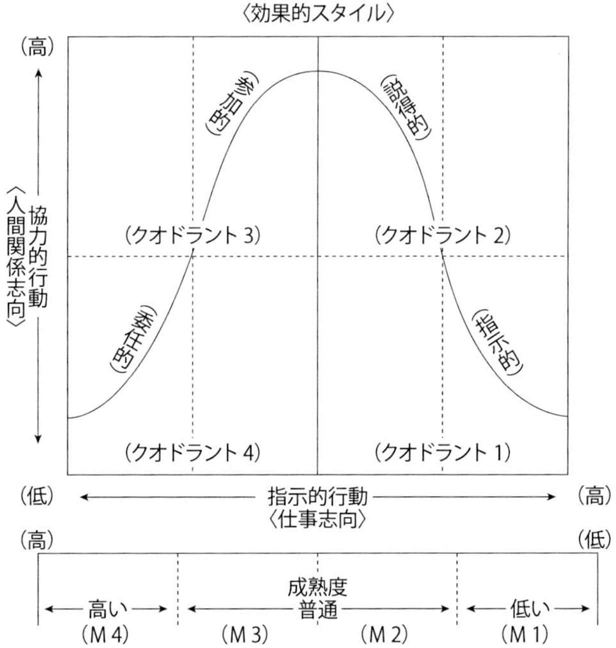

※ M は Maturity （成熟度）の略。
出所：Hersey and Blanchard（1967），山本・水野・成田訳（1978）。

「指示的リーダーシップ」とは成熟度が低いメンバー（M1）に対して有効とされるもので，指示的行動が高く，協力的行動が低いスタイルである。たとえば新入社員に対しては1つひとつ指示をして，理解するまで仕事を教えていくことが大切である。次に「説得的リーダーシップ」とは少し成熟度が高まってくる（M2）と指示的行動をやや抑えて，協力的行動を高めたスタイルが必要となる。さらに「参加的リーダーシップ」とはさらに成熟度が高まる（M3）と指示的行動はさらに減らして人間関係的志向である協力的行動が中心となるスタイルである。参加意識が高まることによって自立性が高まっていく。最後に「委任的リーダーシップ」とは成熟度がもっとも高まった状態（M4）にある部下に対しては指示的行動はいらず，自主性を尊重していくスタイルが必要となる。たとえば，研究開発部門など自分の力で1つのものを作り上げてきた成熟度が高い技術集団などは，1人ひとりの自覚で取り組めるほうが，効果的なのであろう。

　以上，リーダーシップ研究について（1）特性理論から（2）行動理論，さらに（3）状況理論とその系譜を見てきたが，リーダーシップがマネジメントに与える影響は大きく，さまざまな研究が続いている。次に時を同じくして50年代から60年代に活躍し，現代組織論の祖ともいわれるバーナードのリーダーシップ論を取り上げてみたい。

第2節　バーナードのリーダーシップ論

　バーナードによればリーダーシップの本質とは「道徳的創造性」にあるとしている。

　そして単なる技術ではなく，責任という言葉に含まれる要素であり，個人に働きかけて道徳を作り出す力と捉えられている[9]。

　バーナードの主著『経営者の役割』によれば，リーダーシップは「信念（faith）を作り出すことによって協働的な個人的意思決定を鼓舞するような力」と定義される。また，彼によればリーダーシップは1つの「触媒（catalyst）」

の役割を果たすものであって，別の言い方をすれば，「協働にとって不可欠な起爆剤（fulminator）」であるととらえられている。つまり，リーダーシップに組織の継続的発展の大きな鍵はあるのだが，その位置付けは触媒としての役割，起爆剤としての役割として，それが人々にはたらきかけて協働の成果をもたらすのである。

　リーダーシップの道徳的な側面に限定をして考察を進めたのち，彼はリーダーシップの本質を以下のように結論づけている。

「全体としての創造機能がリーダーシップの本質である。」

　つまり，創造機能こそがリーダーシップの本質であるとして，それが組織の構成員に確信を与えるだけでなく，非公式な局面にさえ確信をもたらし組織への定着欲求を起こしていく機能であるとするのである。

　また彼によれば「組織道徳の創造こそ，個人的な関心や動機のもつ離反力を克服する精神である。この最高の意味でのリーダーシップがなければ，組織に内在するさまざまな困難はしばらくといえども克服できない。」そしてそのような組織道徳の創造というものに対する表現として「かように，協働する人々の間では，目に見えるものが，目に見えないものによって動かされる。無から，人々の目的を形成する精神が生ずるのである。」と結論づけている。

　また，バーナードは，主著以外で詳細なリーダーシップ論を展開する[10]。

　まず，リーダーシップが依存するものは，個人の資質だけではなく，3つのものの相互依存的な関係にあるとしている。

　「リーダーシップがどのようなものであるにせよ，今や私は過度に単純化して，リーダーシップは三つのもの（1）個人（2）部下（3）諸条件に依存するものであるといおう。（中略）しかし，よく注意しないとわれわれはあたかも個人がリーダーシップの唯一の構成要素であるかのごとくに，リーダーの資質，能力，才能，パーソナリティについて語っていることになるのではないか。（中略）つまり，リーダーシップとは，少なくとも三つの変数…個人，部下のグループ，諸条件…の関数であるように思われる。」

　つまり，前節で見たように当時一般的に資質論に依存することが多いと思われていたリーダーシップの性質についてそれだけでなく，部下また諸条件にも依存するリーダーシップの性質を指摘していることは興味深い。

　特に諸条件については後に極端な例として，組織を取り巻く環境条件が安定状況にあるか不安定な状況にあるかによってリーダーシップのタイプは異なるということから例証している。

　次に，リーダーシップは個人的な資質だけに依存するものではないと前置きをしながらも，リーダーの資質に関する彼の考えを主張する。

　バーナードの考えるリーダーの資質は以下の5点に集約される。

① 　バイタリティと忍耐力
② 　決断力
③ 　説得力
④ 　責任感
⑤ 　知的能力

　しかも，これらは彼の考える根本的な資質を重要性に従って順序づけたものである。

　このようにバーナードのリーダーシップ論について簡単に，主著とその他の論文から見てきたが，結論として以下の点を上げてみたい [11]。

　まず，第一にいえることは，指導的地位にいることが必ずしもリーダーシップの意味ではないという点である。これについては，彼の権限に対する考え方がそれまでの組織理論とは一線を画し，「権限受容の側面」を強調したことはすでに知られていたが，この点からリーダーのあり方を見ていくならば彼の主張する権威が上位にあることの虚構は，リーダーシップに対する考え方にも一貫している。すなわち，指導的地位にいることがリーダーシップをもつこととは異なっており，真のリーダーシップは複雑な道徳性を創造的な方向へむすびつける行動の中に存在するととらえているのではないだろうか。

　第二に知的能力が必ずしもリーダーシップの重要な資質ではないということ

である。知的能力についての彼の評価は必ずしも高くない。つまり，知的能力がリーダーシップの有用な資質であるとしても，それが人々をして創造的な行為へ導くのでなければ，それはリーダーシップとはいえない。したがって人々を創造的なものへ駆り立てるためには，知的能力だけでは駄目であり，その意味では補助的なものにすぎないという彼の主張にはうなずかざるを得ない。彼の主張の中からは大きく分けると「説得能力」と「責任感」がとくに重要な資質としてとらえられているようである。人々に納得がいくように，いかに創造的な方向に説得できるかが大きな点なのである。

　第三にリーダーシップの育成を考えるときに，その技術的な側面への傾斜は慎まれるべきであるという点である。

　リーダーシップがその技術的な側面だけが強調されると，そこには人間的な要素が欠落し，リーダーも知らず知らずに技術的リーダーシップこそ最善の道であると思い込むようになる。そうして策に走れば走るほど，本人の思いとは裏腹に複雑な問題を解決できないばかりでなく，組織のもつ道徳性を低いものとすることになってしまうのである。したがって，結果的に組織道徳が創造されるのではなく，破壊されることになり，組織を維持していくことさえ困難になる。そういう危険性をもっていることを指摘している。特におかれた環境条件をよく把握して，いかに組織構成員の協働努力を引き出せるかに注目してリーダーシップを発揮していかねば，真の意味でのリーダーシップとなりえないという彼の主張であろう。技術的な側面だけに注目しないで人間的要素を重視し，いかに組織構成員の協働努力を引き出そうとしているのかがリーダーにとって重要な点ではないだろうか。

　第四に，彼のいうリーダーシップは『創造的リーダーシップ』という言葉でその特徴をとらえることができるということである。

　彼のリーダーシップ論の大きな特徴は，リーダーシップの"技術的な側面"と"協働的な側面"に注目し，とくに責任という面に含まれる過程が重要であって技術的側面の強調だけでは，リーダーシップの本質とはいえないとした点にある。そして，組織道徳の創造こそリーダーシップの本質であり，人をして信念を作り出すことによって，目に見えないものを動かそうとしたのであ

る。組織道徳の創造という人間の内面的問題にリーダーシップを掘り下げてとらえようとしたことは，彼の人間論からは当然の帰結のようである。

第3節　ビジョンとリーダーシップ

1．変革型リーダーシップ

　1980年代に入ると組織を取り巻く環境の変化は激しさを増し，スピードと構想力をもったリーダーの登場が要請されるようになった。「変革型リーダー」と呼ばれるスタイルが提唱されてきた。すなわち，環境の急激な変化や不確実性の時代に対応して，これまでのパラダイムやシステムを大きく変化させ，絶えざる革新を目指し，組織を変革に導くようなリーダーシップの特性がどこにあるのかという方向へ研究の流れがシフトした。

　「変革型リーダー」とは，熱くビジョンを語り，そのビジョンにむかって既存のルールを破壊しながら自ら行動し，人間的な魅力でぐいぐいと人をひきつけていくリーダー像を指す。ビジョナリー・リーダーシップ，カリスマ的リーダーシップともいわれている。

　カンター（Kanter, R.）によれば「リーダーシップはより大きなビジョンを作り出し，人々にそれを追求しようという想像力をかきたてなくてはならない。」とのウォーレン・ベニスの言葉を引きながら，「経営環境の変化を誰よりも早く見抜き，それに対応する適切な企業変革を推進する人々」を指してチェンジ・マスターズと呼んでいる[12]。

　また，コッター（Kotter, John P.）は企業の変革努力に発生しやすい8つの過ちを指摘し，変革のプロセスを推進するリーダーシップこそ重要であるとした[13]（図表8-4）。

図表8－4　企業の変革努力に発生しやすい8つの間違いとその結果

発生しやすい間違い
✓ 従業員の現状満足を簡単に容認する
✓ 十分なパワーを備えた変革推進のための連帯チームを築くことを怠る
✓ ビジョンの重要性を過少評価する
✓ 従業員にビジョンを十分に伝達しない
✓ 新しいビジョンに立ちはだかる障害の発生を許してしまう
✓ 短期的成果をあげることを怠る
✓ 早急に勝利を宣言する
✓ 変革を企業文化に定着させることを怠る

生じてくる結果
✓ 新しい戦略が効果的に展開されない
✓ 企業買収によっても期待されたシナジー（相乗効果）を生まない
✓ リエンジニアリングのプロジェクトに長い時間と多大のコストが掛かる
✓ ダウンサイジングによってもコスト削減が思うように進まない
✓ 品質向上プログラムでも所期の目標が達成されない

出所：Kotter（1996）（梅津訳（2002）36ページ）．

そして，変革を推進するため8段階のプロセスをあげる。

① 危機意識を高める
② 変革推進のための連帯チームを築く
③ ビジョンと戦略を生み出す
④ 変革のためのビジョンを周知徹底する
⑤ 従業員の自発を促す
⑥ 短期的成果を実現する
⑦ 成果を生かしてさらなる変革を推進する
⑧ 新しい方法を企業文化に定着させる

とりわけ，リーダーとはビジョンと戦略を生み出し，それを広く伝えること

ができる人材を指し，リーダーシップの潜在能力をいかにして開発していくか
が重要な鍵となるのである。

2．サーバント・リーダーシップ

　一方で，リーダーは奉仕する姿勢をしっかりもつことだという主張も表れて
いる。

　サーバント・リーダーシップとは，ロバート・グリーンリーフ（Robert K.
Greenleaf）によって提唱された概念だが，フォロワーにとってはリーダーが奉
仕する，尽くしてくれるという思いが深まったときに自然についていくという
ものである。また，リーダーにとってはしっかりとした概念や使命感を示す必
要があり，人の成長を大切にし，1つのコミュニティを築きあげるリーダー
シップ・スタイルである [14]。

　サーバント・リーダーシップは，「リーダーのために部下がいる」という発
想を逆転させ，「部下のためにリーダーは存在する」として，上司は部下の自
主性を尊重し，部下の成功や成長に奉仕する。その結果，信頼関係が育まれ，
コミュニケーションが円滑になる。組織全体が同じビジョンや目標を共有化で
きていれば，上司が組織を導くのではなく，1人ひとりが能動的に組織を導い
ていくことになり，目標達成が実現できると考えられている。

　「他者への思いやりを中核とする，よりよい社会」を作るために必要な考え
方や行動を育むことを目的として提唱され，今日のリーダーのあり方に多大な
影響を与えている。

　また，一方でリーダーは，皆を引っ張って行くというよりはコーチとしての
役割を果たし，また，メンター（相談相手，助言者，師匠）としてかかわるという
研究も進んでいる。

【注】

（1）Lyndall F. Urwick, *Leadership in the Twentieth Century*, Sir Issac Pitman & Sone Limited., 1957.（藤芳誠一・星野　清訳『現代のリーダーシップ』経林書房，1961 年）.

（2）R. Likert, *New patterns of Management*, McGraw-Hill, 1961.（三隅二不二訳『経営の行動科学』ダイヤモンド社，1964 年）.

（3）R. Likert, *The human organization*, McGraw-Hill, 1967.（三隅二不二訳『組織の行動科学』ダイヤモンド社，1964 年）.

（4）Ralph M. Stogdill, *Leadership and role expectations*, Ohio State University, 1956.

（5）三隅二不二『リーダーシップ行動の科学』有斐閣，1978 年。

（6）ロバート R. ブレーク & ジェーン S. ムートン，上野一郎監訳『期待される管理者像』産業能率短期大学出版，1969 年。

（7）フレッド・E. フィードラー著，山田雄一訳『新しい管理者像の探究』産業能率短期大学出版部，1970 年。

（8）P. ハーシィ & K. H. ブランチャード著，松井賚夫・大根田充男・衛藤芙沙子・荒井淑江訳『管理者のための行動科学入門』日本生産性本部，1971 年。

（9）Chester I. Barnard, *The Functions of the Executive*, Harvard University Press, 1950, pp.258-284.（山本安次郎・田杉　競・飯野春樹訳『新訳　経営者の役割』ダイヤモンド社，1974 年，270 ～ 296 ページ）.

（10）Chester I. Barnard, *The Nature of Leadership" Organization and Management*, Harvard University Press, 1962, pp.80-110.（関口　操監修，遠藤蔦美・関口和雄訳『組織と管理』慶應通信，1972 年，74 ～ 103 ページ）.

（11）水元　昇「C.I. バーナードのリーダーシップ論」『創価女子短期大学紀要』第 13 号，1992 年 12 月に詳しい。

（12）Rosabeth M.Kanter, *THE CHANGE MASTERS*, Simon & Schuster 1983.（長谷川慶太郎監訳『ザ・チェンジ・マスターズ』二見書房，1984 年，327 ページ）.

（13）John P. Kotter, *Leading Change*, Harvard Business School Press, 1996.（梅津祐良訳『企業変革力』日経 BP 社，2002 年，36 ページ）.

（14）Robert K. Greenleaf, *The Servant as Leader*, 1970.（ロバート K. グリーンリーフ『サーバントリーダー』グリーンリーフセンター，2004 年）. ジェームス・ハンター著，石田量訳『サーバント・リーダーシップ』PHP 研究所，2004 年。ロバート K. K. グリーユリーフ著，金井壽宏監訳『サーバント・リーダーシップ』英治出版，2008 年。

第4部

経営管理の組織的展開

第9章
バーナードの組織論

第1節　バーナードの業績と問題意識

　バーナード（Chester I. Barnard）は，アメリカ通信企業における社長経験など
をもとに，組織論の基礎を作ったことで知られている。1938年に刊行された
代表作である「経営者の役割」は，後の経営学に大きな影響を与えた。

　バーナードの「経営者の役割」が刊行された1938年は，世界恐慌の影響や
急進的なイデオロギーの影響に加え，テイラー（Taylor, F.W.）の科学的管理法
（scientific management）やフォードシステム（Ford system）による負の側面から，
労使間の相互不信や紛争が頻繁に起きていた状況にあった。

　バーナードは，AT＆Tの子会社における経営者での実務経験などを基に，
企業の組織における様々な問題を解決するべく研究を行った。従来の古典的管
理論において着目されていなかった公式組織における「人間の協働」の構築・
維持をどのように行うべきかといった理論を構築していった。組織の部分に課
題を抱えていた当時の社会において，バーナードの組織論は大きな評価を得る
こととなった。のちに，サイモン（Simon, H.A.）の意思決定論などとともに近
代組織論などとよばれ，現代においても組織論のバイブルとして多くの読者に
読まれている代表的な理論となっている。

　本章では，バーナードの組織論の背景にある人間観や組織の概念などの様々
な論点について学習する。

第2節　バーナードの人間観

　バーナードは，人間は自由意志（free will）を持つ存在であると考える一方，様々な環境要因によってその意思決定などが制約されるという全人仮説を提唱した。

　従来の古典的管理論に用いられた経済人（economic man）仮説では，自己の利益を最大限追求するために行動し，さらに必要な情報は全て手に入れることのできる人間観に基づいて理論が構築されていた。このような人間観であれば，組織が経済的な利潤を個人に提供すれば管理者の命令に従い，効率よく働くという人間観である。しかし，この理論は人間の感情の存在に対する配慮が足りず，組織を構築するうえで矛盾を抱えたものとなっていた。

　一方，その後に登場した人間関係論で用いられた社会人（social man）仮説では，労働者の内面の心理的側面を強調し，経済的な合理性ではなく，人間の感情によって意思決定を行う人間観に基づいて理論が構築された。

　これに対して，バーナードの人間観は，生物的要因，物的要因，社会的要因といった様々な環境要因から制約を受けながらも自由意志による意思決定を行う人間観に基づいて理論が構築されている[1]。現代の企業における組織で考えるのであれば，我々はその組織で働き続けるかあるいは辞めるかというような重要な意思決定を行う自由意志を保持している。しかしながら個人は，その時の経済情勢，年齢，職場での人間関係，家庭環境といった様々な環境要因の制約を受けている。つまりは，自由意志は保有しているが，その自由意志は限定されたものであり，制約を受けていることになる。ゆえにバーナードは，経済人仮説に用いられる「物的要因」，社会人仮説に用いられる「社会的要因」に加えて，その個人の能力や取り巻く環境などによる「生物的要因」を加えたのである。これにより，人間は，合理性と感情に加えて社会性を有しているとした。バーナードは，人間は合理的であろうとするが，完全に合理的にはなりえない存在であるという人間観で理論構築を行っている。

第3節　個人と組織

　バーナードは，組織の諸問題を明らかにするにあたり，著書『経営者の役割』において個人と組織の関係から明らかにしている。

　バーナードは，公式組織の定義を「意識的で，計画的で，目的をもつような人々の協働」と定義した[2]。バーナードによると，人間を「個人（person）」として捉えるときに，個人間には大きな相違があるという[3]。個人間には，名前が異なるのはもちろんのこと，これまでの経歴や思想などの様々な違いがあるのが一般的である。こうした個々の様々な要素の違いが複雑に関与することによって，個人の人格が形成されている。このような個人が持つ個人の特性についてバーナードは，次の4点を提示した[4]。

　① 　活動ないし行動
　② 　その背後にある心理的要因
　③ 　一定の選択力
　④ 　その結果としての目的

　まず，人間は活動ないし行動を行うものであるが，その活動や行動の背景には心理的要因がある。こうした活動や行動を行うためには一定の選択力が必要であり，個人は自由意志を保持している。しかし，前述のバーナードの人間観でみたように，個人は生物的要因，物的要因，社会的要因といった様々な環境要因から制約を受けながらも自由意志による意思決定を行う存在である。このため，個人の選択力には限界があるために，選択肢が多くなると逆に選択肢を限定するという行為が必要となる。ゆえに何かしらの意思決定を選択するにあたり，してはいけない理由を見出すことが共通の方法であるという。

　水元（1986）は，これら4つの特性は，バーナードの個人的な経験によるもので科学的に立証されたものではないが，バーナードにおける組織の概念において特別な意味をもっていると指摘している。人間の特性こそ，この書物の基

本的な公準（postulates）なのである[5]。

この特性を通じてバーナードは，組織の中における個人は，「組織的人格」を持ち，組織の外では個人的な人格を持つものとしてあらわれるものであるとした。

個人は，社会の構成員，企業における構成員といった形で何かしらの組織に所属している。例えば，この本を読んでいる学生であれば，大学という組織に所属している構成員であり，かつアルバイト先の企業に所属している構成員でもある。多くの個人は独立した存在ではなく，社会におけるいずれかの組織に所属しているのである。こうした個人の特性を考慮すると，個人の行動には組織の外で自らの個人的な目標や関心に基づいて行動する部分と，組織に所属することにより，その組織の影響のもとに行動しなければならない部分をそれぞれ保持している。バーナードは，前者を個人的人格といい，後者を組織的人格といい，人間はそれぞれの状況に応じて，それぞれの人格に基づいた行動になると説明している。

第4節　バーナードの組織論における協働体系と公式組織

1．協働体系（cooperative system）

前述したように，バーナードの人間観は，自由意志を持つ一方で「物的要因」，「社会的要因」，「生物的要因」による制約を受けるために，個人の能力には限界があるといえる。このため，個人が自らが達成したい心理的要因に基づく欲求を満たすためには，協働が必要となる。

バーナードは，協働体系を「少なくとも一つの明確な目的のために二人以上の人々が協働することによって，特殊の体系的関係にある物的，生物的，個人的社会的構成要素の複合体である[6]」と定義した。バーナードの協働の意味するところは，組織に参加する個人は，一人では実現することのできない動機を抱えている存在であることにある。個人が一人では実現できない「制約」を克服するために組織に参加するのである。協働体系には，企業のみならず，教会，政党，友愛団体，政府，軍隊，学校，家庭なども含まれるとしている。

個人が持つ制約は，組織の視点に立てば働きかける対象となりうる。すなわち，「物的要因」，「社会的要因」，「生物的要因」に起因する多様な個人の動機に組織が働きかけることによって，協働が成り立つことになる。例えば，企業が優秀な人材を集めたいときには，優秀な人材が持つ「物的要因」，「社会的要因」，「生物的要因」に起因する多様な個人の動機に適切に働きかけることが重要となる。仮に適切な動機付けが可能となれば，その企業には優秀な人材が集まることになり，優秀な人材に基づく協働が行われる。逆に適切な動機付けができなければ，優秀な人材が集まらないことになり，あまり優秀ではない人材によって協働が行われることとなる。

2．バーナードによる公式組織 (formal organization)

バーナードの組織論では，公式組織を「二人以上の人々の意識的に調整された活動や諸力の体系[7]」と定義している。桑田・田尾（1998）らはこの定義を解説するにあたり，重要な論点を3つ指摘している[8]。そのうちの1つに，組織を構成する要素は，「人々」そのものではなく，人々が提供する「活動や諸力」であることを指摘している。さきほどの協働体系の定義とは異なり，公式組織には人間を含めて定義していないことから，バーナードが協働体系と公式組織を区別して定義しようとしていることがわかる。われわれが一般的にイメージしやすい人間などの実在するものを含めた組織とは，バーナードの組織論においては，協働体系に該当する。バーナードは公式組織に人間を含めないということから，コミュニケーションの多様な広がりなどによって成立するシステムを公式組織ととらえているのである。

ゆえに，公式組織においては人々の活動により構成員に参加意欲を引き出すことが重要となる。すでにみてきたように，公式組織は特に実態を持たない参加者の意欲によって構成される。そして，公式組織の参加者の意欲の背後にある心理的要因を結び付けなければ公式組織は維持・成立することができない。ゆえに，バーナードは，公式組織を成立・維持するためには，以下の3つの要素が必要であると指摘している[9]。さらに，これらの3つの要素はいずれも相互依存の関係であることを指摘している。

① 貢献意欲（willingness to serve）

② 共通目的（common purpose）

③ コミュニケーション（communication）

3．貢献意欲（協働意欲）

　バーナードは，「定義上人間は組織をはなれて組織はありえない。しかし，組織を構成するものとして扱うべきは人間ではなくて，人々の用役，行為，行動，または影響力であるということを強く主張してきたことから，協働体系に対して努力を貢献しようとする人々の意欲が不可欠なものであることは明らかである⁽¹⁰⁾」と指摘している。バーナードの定義する組織が，2人以上の人々の意識的に調整された活動とするのであれば，参加する人々が組織に対して努力して貢献したいと思う意欲が重要となる。組織の中には，積極的に組織に貢献する意欲を持つもの，中立的な立場をとるもの，反抗的な立場をとるものなど様々である。この貢献意欲は，個人が1人で行う行為と比較して，組織に参加することで個人にどのような利益をもたらすかが重要となる。この内容については，誘因と貢献の項において後述する。

4．共通目的（目的）

　バーナードの持つ人間観は，自由意志があり，それぞれが個別の心理的要因によって行動している人間観である。このような異なる人間観を持つ個人が集まる組織においては，共通の目的が必要となる。個人が組織に参加する目的は様々である。例えば企業における組織は，企業の業務を通じて成長したい，高い給料が欲しい，業務にやりがいを感じている，こういった様々な動機を持つ個人が集まり形成されている。各個人が持つ企業への参加目的はそれぞれ異なるが，参加メンバーがある程度妥協できるような共通目的が必要となる。

5．コミュニケーション（伝達）

　バーナードは本来，共通目的達成の可能性のためと貢献意欲を持つ人間の存

在は組織において両極にある存在であるという。コミュニケーションとは，これら潜在的な両極の存在である共通目的達成の可能性と貢献意欲を持つ個人を結び付け，貢献意欲を持つ個人らが，共通目的達成に貢献するように働きかける伝達過程であるという(11)。

　コミュニケーションは，組織を維持するために重要な要素である。組織を成立・維持するために必要となる他の要素（貢献意欲・共通目的）はコミュニケーションがなければ成立しない。

　バーナードによれば，コミュニケーションは組織に参加する構成員に対する情報の伝達を意味し，口頭や書面による方法が一般的であるという。しかしながら，現代では様々なコミュニケーションの方法があることを考慮に入れる必要がある。

6．有効性と能率

　公式組織を維持するためには，その公式組織の目的を達成するために必要な個々の能力に依存することになる。このため，公式組織の目的を達成するための手段の適切さと，公式組織に参加する個人の心理的な動機を満足させることが重要になる。バーナードは，前者を有効性（effectiveness）(12)とし，後者を能率（efficiency）(13)とした。

　有効性とは，公式組織がその目的を達成する能力などを指す。目的を達成するためにどのような行為を行うのかという適切さと，環境の条件の双方に依存する技術的問題である。公式組織の目的の達成に適切な行為を行うことができなければ，その公式組織は維持できなくなり，瓦解することになる。よって，公式組織の維持において有効性は重要な意味を持つ。例えば，経営環境が大きく変化し，従来の目的を達成する手段としての戦略や対応では利益を獲得できない場合には，新しい戦略や対応を検討する必要がある。また，公式組織がその目的を達成した際には，新しい目的を作る必要がある。

　能率とは，公式組織の活動に必要なエネルギーの個人的貢献の確保に関する能率である。公式組織の目的を達成するためには，参加する構成員を確保し，維持することが重要である。個人は，なんらかの誘因（incentive）を保持して

公式組織に参加することから，組織における能率は，適切な誘因を個人に提供する能力である。例えば，お金が欲しいという誘因を持つ個人が多いとする。そうすると，公式組織は，高い給料を支払うことができれば優秀な人材を集めることができる。しかし，多くの企業では利益の水準や規模の問題などから高い給料を支払うことは困難である。よって，経営者は金銭的誘因ではない誘因を作り上げることも必要となる。仕事のやりがいや，身に付くスキルといった金銭に代替する誘因を提供する能力を保有することができれば，多くの個人を引き付けることができる。

7．誘因と貢献

　先の能率の項でふれたが，誘因と貢献の関係は公式組織を維持するために必要不可欠である。多くの個人はそれぞれが重視する誘因に基づいて公式組織に参加する。そして，参加した個人は，それぞれの誘因に基づいて公式組織において貢献を行う。つまりは，誘因≧貢献の関係が成立しない限り，組織は維持することができないことになる。

　個人に対して誘因を提供するには，積極的誘因を増やすか消極的誘因により負担を減らすかの選択があるという[14]。積極的誘因とは，給料を上げることや待遇をよくすることを意味する。能率の高い企業であればこのような対応も可能となる。これに対して，能率の低い企業ではこのような対応はとることができない。したがって，現在の仕事の負担を低減することなどの消極的な誘因によって誘因≧貢献の関係を成立させることになる。

　また，バーナードは誘因を提供する方法を「誘因の方法」と定義した[15]。金銭的な誘因や，やりがいなどの様々な誘因を組み合わせることにより，個人が満足できる客観的誘因を引き出すことである。これに対して，満足な誘因を引き出すことのできない公式組織はなんらかの方法で「説得の方法」が必要であるとした[16]。具体的には，個人の主観的態度を変化させる方法であるという。満足な誘因を引き出せない企業は積極的な誘因を増やすことも消極的な誘因による負担を減らすこともできない。この場合，個人の客観的誘因を変化させ，誘因≧貢献の関係を成立させる方法が必要となる。例えば，ブラック企業

とよばれる低賃金かつ長時間の労働が常態化している企業では，一般的には個人の誘因を引き出せないはずである。このため，公式組織と個人の関係は誘因≦貢献となり，離職者が多くなり組織の維持が困難となる。しかし，公式組織が個人に対して低賃金かつ長時間労働の常態化は一般的なものだと理解させたり，小さな誘因を大きな誘因だと信じ込ませることができれば，個人の態度は変化し，組織が維持される可能性もある。

第5節　非公式組織 (informal organization)

　これまではバーナードの公式組織について解説してきたが，バーナードは公式組織とは異なる非公式組織の存在についても言及している。非公式組織は，人間関係論の研究が始まって以来，公式組織と並ぶ研究対象として認知されてきた。一般的には，意識された共通の目的などを持っていない人々の集団であり，個人的接触などによって形成される。つまり，公式組織が共通目的を保有した集団なのに対し，非公式組織は共通目的を保有していない集団であると理解されている。しかし，磯村 (1998) のように，公式組織と非公式組織の違いについて共通目的の有無を強調しすぎると，非公式組織と公式組織が断絶されてしまうという考えもあり，注意が必要である[17]。バーナードは公式組織を論じるにあたり，公式組織は非公式組織から発生し，公式組織にとって必要なものであると指摘している[18]。

　バーナードによると，公式組織において必要とされる非公式組織の機能は以下の3つである[19]。

①　伝達機能 (コミュニケーション機能)
②　貢献意欲と客観的権威の安定とを調整することによって公式組織の凝集性を維持する機能
③　自律的人格保持の感覚，自尊心および自主的選択力を維持すること

　公式組織は，共通目的を達成するために，様々な指示を構成員に出す必要が

ある。しかし，その指示の内容は，言語化することが難しいものや，共通の認識を持ちにくい複雑なものも含まれる。こうした複雑な指示内容に関しては，公式組織の正規の指令だけでは組織の隅々まで浸透することは困難である。例えば，ある居酒屋での業務を基に考えてみよう。公式組織はマニュアルや店長の指示（公式組織の正規の指令）などにより，従業員が効率的に働けるように指示を出す。しかし，業務の中にはマニュアル通りに仕事をしていても達成できないものやミスが生じることもある。酒を出す店であることから，顧客が予想外の行動に出てトラブルになることもあれば，多忙によりマニュアル通りの業務ができない可能性もある。こうしたときに，非公式組織が公式組織では対応できないコミュニケーション機能を発揮し，様々な問題を解決するケースもありうる。公式組織は，こうした伝達の困難な指示を非公式な接触や自然発生的に生じる非公式組織に依存している関係がある。

　また，非公式組織による接触は，構成員の貢献意欲を引き出すことにつながる可能性がある。公式組織の中で効果的な構成員同士の相互作用が増えることになれば，その公式組織の魅力が増すことになる。こうした効果的な相互作用が非公式組織において生じると，その組織を共に支えていこうという共通意識が芽生え，組織の凝集性を高める働きにつながることになる。例えば，研究者は研究分野に関係する様々な「学会」に所属している。「学会」は公式組織であるが，しばしば学会の中で研究テーマの近い研究者らが集まり，「研究会」とよばれる非公式組織が生じる。この非公式組織の交流は，参加メンバーである研究者に様々な恩恵をもたらすことになる。こういった非公式組織である「研究会」が高頻度で発生する学会（公式組織）には，その魅力から多くの研究者が参加したいと思い，その組織を一緒に発展させたいと思うようになる。こうした非公式組織の交流が公式組織の魅力につながることになる。

　公式組織の中で個人は，組織人格としての個人と個人人格としての個人に苛まれるような場面に遭遇する。こうした葛藤を解決する場として，仕事から離れた場所での交流によって生じる非公式組織に大きな役割があるという。非公式組織における仲間からの評価などが個人の人格の統合を促すことになる。こうした，非公式組織での交流や評価が，公式組織への人格保持へとつながり，

公式組織を自ら選択することにつながるという。

第6節　権限受容説と無関心圏

1．権限受容説（acceptance theory of authority）

　バーナードは，公式組織における権限について権限受容説を提唱した。公式組織は，管理者が命令を行うことによって命令系統が機能する。権限受容説は，命令が部下によって受容され，命令によって部下の行動が命令者の意図どおりに行われることによって初めて，管理者の権限が成立するという考え方である。

　バーナードは，この権限が成立する条件として，以下の4つをあげている[20]。

① コミュニケーションが理解でき，実際に理解できること
② 意思決定に当たり，コミュニケーションが組織目的と矛盾しないと信じること
③ 意思決定に当たり，コミュニケーションが自己の個人的利害と両立すると信じること
④ 精神的にも肉体的にもコミュニケーションに従えること

　第一に，命令の受令者が理解できない命令は成立しない。受令者にわからない命令は，意味をなしていない。組織における命令の中には理解しにくい命令もあり，命令は受令者によって解釈されるまでは意味をなさないことを理解する必要がある

　第二に，受令者が理解している組織目的と矛盾すると判断される場合においては，その命令は受容されないことになる。例えば，法令を積極的に順守しようとしている企業において，違法行為を行うことを求める命令は受令されない。また，長年の慣行と矛盾する命令を出す場合においては，命令が受令されにくい可能性があるので，丁寧に説明する必要がある。

　第三に，命令が受令者の個人的利害と対立しないことである。これまで見て

きたように，組織に参加する構成員には，個人の意思や目的がある。こういった個人の意思と目的が命令と矛盾した場合は，その命令は受令しないことになる。

　第四に，精神的にも肉体的にもコミュニケーションに従えることである。人間には，様々な命令に対して，実際に行うことのできる肉体的・精神的限界が存在する。上司が部下に命令を出すに当たり，部下の肉体的・精神的許容範囲を超える命令は受令されなくなる。

　以上4つの条件が満たされることによって，コミュニケーションは認められ，それによって権限が成立するのである。多くの企業においては，権限規定などの名目的なものによって命令系統が定められているが，実際にその命令系統が機能するかどうかは別問題である。バーナードの権限受容説は，上記4つの条件を満たすことにより，部下が上司の命令に従った行動を伴うようになり，名目的な命令系統が実体化することを明らかにしたのである。

2．無関心圏（zone of indifference）

　バーナードは，権威を決定するものが受容者側であることから，上記4つの条件に加えて，下記3つの命令を受けいれる段階が重要であると指摘した [21]。

① 　明らかに受け入れることができない命令
② 　受け入れることができるか，できないかの中立線上の命令
③ 　問題なく受け入れることができる命令

　バーナードは，上記3つめに該当する「問題なく受け入れることができる命令」を無関心圏内にあると指摘している。組織の構成員は，無関心圏にある命令は，命令者が誰であるかということや，その内容に対して，無関心に受け入れることになる。例えば，サービス残業を行うことが当たり前として受け入れられている職場で，上司がサービス残業を命じた場合にはその命令は無関心圏に属するため，受け入れられる可能性は高くなる。ところが同じ命令であっても，サービス残業を行うことが当たり前であると受け入れられていない職場で

は無関心圏に属していないので受け入れられないことになる。この場合，その命令がなぜ必要なのか，なぜ自分がやらなければならないのかといった命令の妥当性や正当性が問われることになる。

　バーナードによると，「無関心圏は，組織に対する個人の執着を決定する誘因が，負担や犠牲をどの程度超過するかに応じて，広くも狭くもなる」という。すでにみたように，個人が組織に参加するのは，個人が持つ誘因によって参加するからである。このようなことから，その組織から得る誘因の内容によって個々が許容する無関心圏の範囲は大きく変化することになる。例えば，一般的な平均年収よりはるかに高額の報酬が得られる職場であれば多少のサービス残業は無関心圏となり，構成員により受けいれられる可能性が高い。また，構成員の側に他の企業に転職するという選択肢がないような状況においては，サービス残業は無関心圏とならざるをえないことになる。逆に，さほど魅力的な誘因もなく，転職するといった選択肢もあるような状況であれば，構成員の無関心圏は狭くなる可能性が高くなり，サービス残業という命令は受容されなくなる。

　組織は，構成員の無関心圏が広くなるような誘因を作り出し，命令が受容しやすい環境を作ることが重要となる。

第7節　経営者の役割（executive function）

　大平（1971）によると，バーナードの公式組織における協働は，①組織の構造あるいはその動的過程に依存すると同時に，②個人的心理すなわち個人の選択，動機，価値的態度，効用評価，行動規準および理想にも依存する。前者を協働の技術的側面とすれば，後者は協働の道徳的側面である[22]。ここまで公式組織における組織の維持に関する技術的側面に重点を置いて考察した。一方で公式組織を維持するためには，道徳的側面についても考慮する必要があり，バーナードはそれぞれの課題を解決するためには，リーダーシップが必要であることを指摘している[23]。

1. 技術的側面

　バーナードは，経営者の役割として管理機能をとりあげ以下の3つを指摘している[24]。

① コミュニケーションを提供すること

② 必要な活動の確保

③ 目的と目標を定式化し規定すること

　バーナードによる第一の管理機能はコミュニケーションを提供し，維持していくことである。バーナードは組織職位の規定などを組織構造と定義づけた。組織構造を考えるうえで重要な点が，管理職員をどのように選抜し配置するのかという問題である。管理者に要求される重要な資質は，組織への忠誠心や組織人格による支配である。こうした資質が管理者になければ，公式組織におけるコミュニケーションは成立しなくなる。組織における忠誠に加えて，管理者には様々な問題に適応する一般的能力に加え，その業務に関する技術や知識などに関する専門性も必要となる。経営者は組織構造の変化に適応するために，管理者の選抜や罷免といった統制機能が必要となる。加えて，非公式組織におけるコミュニケーション機能によって補完することで，コミュニケーション手段を拡大することを促している。よって，公式組織に肯定的な非公式組織を確保することも重要となる。

　バーナードによる第二の管理機能は，公式組織に必要な活動の確保である。すなわち，公式組織における活動に必要な個人をどのように確保するかである。この管理機能には，公式組織の協働体系をどのように誘因するのかということと，公式参加した後にどのように活動を引き出すかの2つがある。

　バーナードによる第三の管理機能は，目的と目標を定式化し，規定することである。公式組織は規模が大きくなればなるほど，細分化され複雑になっていく。こうした細分化された組織では，公式組織が持つ目的や目標は専門化された組織ごとに割り当てられることになる。長期的な意思決定や全社的な意思決定のように上層部が行う意思決定もあるが，細分化された末端の組織が行う行

為の責任については分化していく。このようなことから，管理機能としての目的と目標の定式化を規定することは重要である。管理者は末端の組織で働く人々に組織としての目的や目標を教え，結束を保つように努力することにより，末端の組織が公式組織全体の目的や目標に沿った意思決定を行うように促す必要がある。さらに，上層の管理者は末端の組織の構成員がどのように貢献しているのかといった状況を適切に把握する必要がある。こうした上層と末端の公式組織の目的や目標を調整することが重要であるが，実践することは困難なことである。

２．道徳的側面

　バーナードは，これまでみてきたような管理機能における技術的側面に加えて，様々な組織における困難な課題を解決するには，リーダーシップが重要であると指摘している。バーナードによるとリーダーシップには２つの種類があるという[25]。

① 局部的，個人的，特殊的，一時的であり，体力，技能，技術，知覚，知識，記憶，想像力における個人的優越性の側面である。

② 一般的で，不変的で，特定的で育成することが難しく，絶対的で，主観的であり，社会の態度と理想と一般的諸制度を反映するものである。決断力，不屈の精神，耐久力，および勇気における個人的優越性の側面である。それは行動の質を決定するものであり，人がどのようなことをしないかという事実から最もよく推察されるものである。われわれが普通に「責任」という言葉に含めるリーダーシップの側面であり，人の行動に信頼性と決断力をあたえ，目的に先見性と理想性を与える性質である。

　バーナードは，前者については，訓練や教育によって育成されるものであり，客観的で積極的な行為であり，技術的側面であるとする。一方後者については，管理機能におけるリーダーシップのもう１つの側面である道徳的側面であるとする。バーナードによると，道徳とは「個人における人格的諸力，すな

わち個人に内在する一般的，安定的な性向であって，かかる性向と一致しない直接的，特殊的な欲望，衝動，あるいは関心はこれを禁止，統制，あるいは修正し，それと一致するものはこれを強化する傾向を持つものである」[(26)]。このような状態が安定することによって，責任の一条件が備わることになる。こうした道徳に関する観点は，感情などの統制問題であるという。こうした道徳的課題に対して個人は，私的な準則に従って行動している。個人は，教育や訓練さらには，これまでの経験などから準則が形成される。公式組織におけるリーダーも，上層，下層に関わらず個人的で私的な道徳準則を保持している。こうした私的な道徳準則の高さや質が「責任」という言葉に含めるリーダーシップの側面であり，人の行動に信頼性と決断力をあたえ，目的に先見性と理想性を与えることになるという。

第8節　バーナードの組織論と現代の組織

　現代における企業はその規模を拡大させ，組織の構造を大きく変革させている。GAFA に代表される企業は国境を越えて発展し，世界中の企業や人々に影響を与えるようになった。また，非営利の経営など，多種多様な新しい組織が登場し社会を形成している。さらに企業という組織に参加する個人の性質も大きく変化した。バーナードの時代と比較しても，人々の働く動機も多種多様に変化した。こうした変化などから，経営学の礎を形成した経営学者の理論の中には，現代の社会に適応しにくくなった理論も多くある。

　しかしながら，バーナードの組織論は，一部の部分においては，理解しにくいところや，整合性が取れないものもあるが，多くの部分は，現代の社会においても適応できるものである。バーナードが前提とした人間観は現代のわれわれに説明を納得しうるものになっている。また，どんなに企業組織の規模や構造が変化したとしても，組織と個人をどのように統合すべきかといった組織の命題は変化していない。

　こうした現代社会における重要な影響を及ぼすことになる組織論を構築したという意味において，バーナードの業績は多大なものがある。

【注】

（1）Barnard, C. I.（1938），山本・田杉・飯野訳（1968），16 ページ。

（2）Barnard, C. I.（1938），山本・田杉・飯野訳（1968），5 ページ。

（3）Barnard, C. I.（1938），山本・田杉・飯野訳（1968），9 ページ。

（4）Barnard, C. I.（1938），山本・田杉・飯野訳（1968），13 ページ。

（5）水元（1986），43 ページ。

（6）Barnard, C. I.（1938），山本・田杉・飯野訳（1968），67 ページ。

（7）Barnard, C. I.（1938），山本・田杉・飯野訳（1968），67 ページ。

（8）桑田・田尾（1998），20 ～ 23 ページ。

（9）Barnard, C. I.（1938），山本・田杉・飯野訳（1968），85 ページ。

（10）Barnard, C. I.（1938），山本・田杉・飯野訳（1968），87 ページ。

（11）Barnard, C. I.（1938），山本・田杉・飯野訳（1968），93 ページ。

（12）Barnard, C. I.（1938），山本・田杉・飯野訳（1968），246 ページ。

（13）Barnard, C. I.（1938），山本・田杉・飯野訳（1968），250 ページ。

（14）Barnard, C. I.（1938），山本・田杉・飯野訳（1968），146 ページ。

（15）Barnard, C. I.（1938），山本・田杉・飯野訳（1968），147 ページ。

（16）Barnard, C. I.（1938），山本・田杉・飯野訳（1968），148 ページ。

（17）磯村（1998），60 ページ。

（18）Barnard, C. I.（1938），山本・田杉・飯野訳（1968），126 ページ。

（19）Barnard, C. I.（1938），山本・田杉・飯野訳（1968），128 ページ。

（20）Barnard, C. I.（1938），山本・田杉・飯野訳（1968），173 ページ。

（21）Barnard, C. I.（1938），山本・田杉・飯野訳（1968），177 ページ。

（22）大平（1971），77 ページ。

（23）Barnard, C. I.（1938），山本・田杉・飯野訳（1968），269 ページ。

（24）Barnard, C. I.（1938），山本・田杉・飯野訳（1968），225 ～ 243 ページ。

（25）Barnard, C. I.（1938），山本・田杉・飯野訳（1968），271 ページ。

（26）Barnard, C. I.（1938），山本・田杉・飯野訳（1968），272 ページ。

【参考文献】

飯野春樹「協働体系・組織から管理へ：バーナード理論の一考察」『關西大學商學論集』12巻，4-6 号，1968 年，413 ～ 438 ページ。

磯村和人「組織の基盤としての非公式組織—複雑で多様な利害，感情，欲求の調整—」『福島大学商学論集』67（3），1998 年，59 ～ 75 ページ。

浦野倫平・佐久間信夫編著『改訂版 経営学原理』創成社，2021年。

大平金一「バーナード管理論におけるリーダーシップの位置づけ」『京都大学經濟論叢』108
(5)，1971年，76～91ページ。

河野大機『経営書読解の修行』文眞堂，2004年。

桑田耕太郎・田尾雅夫『組織論』有斐閣，1998年。

佐久間信夫・犬塚正智『現代経営管理要論』創成社，2009年。

水元　昇「バーナード組織理論における人間」『創価女子短期大学紀要』(2)，1986年，39
～56ページ。

渡辺　峻・角野信夫・伊藤健市『増補版やさしく学ぶマネジメントの学説と思想』ミネル
ヴァ書房，2010年。

Barnard, C. I., *The Function of the Executive*, Harvard university press, 1938.（山本安次郎・
田杉　競・飯野春樹訳『経営者の役割』ダイヤモンド社，1968年).

第10章
サイモン組織論

第1節　はじめに

　企業論と並ぶ経営学の二大分野の1つである管理論は，大規模化が進む組織の下で，いかに効率的に管理を行うかを主な問題意識として発展してきた。そして，管理効率の追求には，管理がなされる組織についての解明が不可欠であることから，管理論の発展と共に組織論も発展してきた。

　本章で取り上げるサイモン（H. A. Simon）もまた，旧来の管理論の限界を克服するために組織論を展開した論者の1人である。彼は，管理（administration）を「物事をなさしめる技法」（Simon, 1947/1997, p.1; 訳書 1 ページ）[1] とする。それゆえに，管理においては，人間を組織の目的に適うように行動（behavior）させることが課題となる。この課題を克服するためには，人間の行為（action）[2]に先立つ意思決定（decision-making）の仕組み，および組織の意思決定への影響について解明することが求められる。

　本章では，このような問題意識の下で執筆されたサイモンの主著である『経営行動：経営組織における意思決定過程の研究』の内容を検討していく。サイモンの組織論は，管理論構築のための組織論である。管理論構築のためには，①人間の行為に至るまでの過程，②その過程への組織の影響力，③そしてその影響力が人間の行動を制御できる仕組みの解明が必要である。それゆえに，同書におけるサイモン組織論の体系は，①意思決定論，②組織影響力論，③組織均衡論の3つからなる（see. 工藤, 1976, 213 ページ；植村, 1971, 136 ページ）。本章では，サイモンの主要業績と研究方法を確認した上で，これら3つの理論を検

討していく。

第2節　サイモンの主要業績

　サイモンことハーバート・アレクサンダー・サイモン（Herbert Alexander Simon）は，1916年に，アメリカの五大湖の1つであるミシガン湖に面するウィスコンシン州ミルウォーキーで生まれた。シカゴ大学で政治学の博士号を取得したのは1943年であったが，その前年には既にイリノイ工業大学で助教授として勤務していた。1949年より，カーネギー・メロン大学（当時カーネギー工業大学）の教授に就任した。1978年にノーベル経済学賞を受賞し，1986年にはアメリカ国家科学賞を受賞した。2001年に，カーネギー・メロン大学が在るペンシルベニア州ピッツバーグで，84歳で死去した[3]。

　サイモンは，行政学，経営学，社会学，心理学，経済学などの多分野の学問領域において多くの著書・論文を著し，多大な影響を及ぼしてきた（二村，1969a，146ページ）。したがって，「サイモンの主著を挙げようとすれば，主著中の主著を挙げねばならぬことになるが（野中，1977，87ページ），」組織論においては，1947年出版の単著『経営行動』と1958年出版のマーチ（March, J.G.）との共著『オーガニゼーションズ（Organizations）』が主著として挙げられる。

　『経営行動』と『オーガニゼーションズ』の関係は，『経営行動』が管理と組織の実態を解明するための分析フレームワークの構築，『オーガニゼーションズ』がこの分析フレームワークの適用による実態の解明にある（野中，1977，95ページ）。これら2つの研究成果両方を本章の限られた分量でレビューすることは困難である。二村（1969b）は，『オーガニゼーションズ』の要点をまとめるのに約80ページもの分量を割いているが，それでも「内容のまとめを行なうには，あまりに内容が豊富でありすぎる。原典自体がすでに厖大な量の理論の要約であるからである（二村，1969b，244ページ）」としている。そのため，本章では，先述したように『経営行動』における3つの理論について検討することとする。なお，以下のサイモン理論についての記述は，特に注のない限り，同書の理論についての記述であることに注意されたい。

第 3 節　サイモンの研究方法

1.　管理と組織の概念の定義

　サイモンの 3 つの理論を検討する前に，これらの理論のより明快な理解につながるため，ここでサイモンの管理と組織の概念を確認しておこう。

　まず，管理であるが，これは先述したように個人の行為を組織目的の達成の面から合理的なものとしていくことである。行為の前段階には，意思決定があるのであるから，行為の管理とはすなわち意思決定の管理も対象とすることになる。そして，組織とは，「人々の集合であり，組織がやることは個人によってなされる（Simon, 1947/1997, p.140; 訳書 221 ページ）。」したがって，組織構成員の意思決定を，個人的なものではなく組織の一員として最も合理的なものへとしていくことが管理の課題となる。すなわち，「意思決定こそが管理の核心である（Simon, 1947/1997, p.xi; 訳書 xv ページ）。」それゆえに，サイモン理論における「意思決定」とは，「組織人格における個人の意思決定（植村，1971，136 ページ）」を意味する。

　経営者は，合理的な管理のために組織を形作る。すなわち，組織の目的を達成するための手段として，分業化と専門化が進められていく。これにより，上位の目的がさらに上位の目的の手段であるという，手段—目的のハイアラーキー（means-end hierarchy）の形成が進む。ただし，これは組織としての本来あるべき意思決定過程を規定したに過ぎず，重要なのはこれを組織構成員たちに受け入れてもらうことである。すなわち，組織は，組織構成員に，組織の目的，権限，命令などを受け入れてもらうべく，働きかけなければならない。

　この働きかけは，組織構成員間を結びつけるコミュニケーションのネットワークなくしては不可能である。そして，コミュニケーションのネットワークがなければ，組織構成員間の結びつきを実現できないのであるから，組織を成立させることも存続させることもできない（Simon, 1947/1997, p.208; 訳書 323 ページ）。したがって，「管理組織の建設には，単なる職能の割り当てや，権限の配分以上のものが含まれる（Simon, 1947/1997, p.2; 訳書 3 ページ）。」

　このように，組織には，組織目的の達成に合理的な構成員を前提とした手段
―目的のハイアラーキーと，その機能を左右するコミュニケーションのネット
ワーク[4]という２つの側面がある。これら２つの側面を備えた組織をあえて
一言で定義するとすれば，組織とは，「情報の授受を媒介とする意思決定のシ
ステムなのである（二村，1969a，163 ページ）。」管理者は，これら２つの側面を
踏まえ，組織構成員が組織目的の観点から合理的な意思決定を行うように努め
なければならない。

２．研究方法の特色

　次に，サイモン理論の研究方法の主な特色を確認しておく。

　まず，第１の特色は，組織の直し方ではなく，組織がどのようなものである
かを示そうとしたことである。体の治し方は体の仕組みがわからないと議論で
きない。このことから，サイモン本人は，この第１の特色を，組織の治療を目
指すいわば「組織の医学」ではなく，「組織の生物学」であると表現している
（Simon, 1947/1997, p.305; 訳書 473 ページ）。「組織の生物学」は，組織の二側面に対
応して，手段―目的のハイアラーキーを分析する「組織の解剖学」とコミュニ
ケーション・ネットワークを分析する「組織の生理学」からなる（二村，1969a，
163 ページ）。

　第２の特色は，心理学を導入していることである（植村，1971，133 ～ 134 ペー
ジ）。この点は，バーナードと比較した大きな特徴である（植村，1971，133 ペー
ジ）。もっとも，第６章で取り上げられている人間関係論にもみられるように，
人間に組織の一員としてしっかり機能してもらうことが管理の狙いであれば，
人間の行動に結び付く心理を説明する心理学の理論の輸入は当然の成り行きの
ようにも思われる。

　そして，第３の特色は，論理実証主義の立場に立っていることである。これ
は，1930 年代以降アメリカに普及していった哲学の方法論であり（角野，1998，
64 ページ），サイモンが導入した心理学もよりどころとしていた方法論であっ
た（角野，2001，82 ページ）。サイモンにとって論理実証主義とは，「観察あるい
は経験から検証されるかあるいは推論されるような組織現象を分析対象とする

ものであった（角野，2001，83 ページ）。」このことから，サイモン理論では，どうあるべきかといった倫理的価値判断や目的は所与とされ，これらを所与とした範囲内での意思決定の探求が行われている[5]。

第 4 節　意思決定論

1．個人の意思決定の仕組み

　サイモンにとって，意思決定とは，ある目的を達成するための手段を見出し，それらの手段を評価し，選択する過程であった（角野，2001，83 ページ）[6]。したがって，意思決定とは，目的達成のための方法を選択肢として複数考え，最良のものを選択することとされている。管理者の課題は，個人が，組織目的の達成の上で最適な方法を選択する環境を用意していくことである。

　ここで問題となるのは，個人が何を基準に選択を行うのかということである。サイモンは，選択は，価値前提（value premises）と事実前提（factual premises）の集合から導かれる結論であるとしている（Simon, 1947/1997, p.177; 訳書 277 ページ）。価値前提は，善悪や目的といった価値観に関する内容であり，事実前提は周囲の状況や目的の達成可能性といった事実に関する内容である。サイモンは，意思決定そのものはあくまで個人が行うが，組織は個人の意思決定の前提に影響を及ぼすことでその意思決定に働きかけることができるとする（Simon, 1947/1997, p.177; 訳書 277 ページ）。

　なお，サイモンは，「どうあるべきか」に関する議論は，事実と客観性に基づく科学の対象外の議論であるとの立場から，科学的な分析を行うための必要性として，意思決定論の分析全体を通して目的の設定や道徳といった要素が除かれている。しかしながら，サイモン自身も言及しているが，経営目的の設定は経営者（トップ・マネジメント）の重要な責務である（Simon, 1947/1997, pp.326-327; 訳書 503 ～ 504 ページ）。組織の目的を所与とした意思決定は，中間管理職以下の意思決定に見られる性格である。そのため，サイモンの意思決定論は，経営者ではなく，「中間層以下の管理者層の意思決定を取り扱っているといえる（占部，1974，154 ページ）。」

2．意思決定者たる個人の制約された合理性

　サイモンは，中間管理者以下の組織構成員が行う目的を所与とした意思決定を問題としている。そのため，サイモンにおける合理性は，目的達成の視点から判断される。すなわち，合理的意思決定とは，「与えられた目的と，与えられた状況のもとで，その目的を最大に実現する手段を選ぶ意思決定のことである（野中，1977，91ページ）。」そして，合理的意思決定は，「行動する主体が，(a) 決定の前に，行動の代替的選択肢をパノラマのように概観し，(b) 個々の選択に続いて起こる諸結果の複合体全体を考慮し，(c) 全ての代替的選択肢から1つを選び出す基準としての価値システムを用いる，ことによって（Simon，1947/1997，p.93; 訳書144ページ）」初めて可能になるとされる。

　しかしながら，これは，たとえ仮に個人が組織のために自らの全てを投げ打って努力したとしても，現実には実現不可能であるとされる。というのは，実際の人間は，どんなに頑張ったとしても，①可能な手段を全て列挙することも，②その結果を全て予測することも，③何を評価基準とすべきかを完璧に予測することもできないからである（Simon, 1947/1997, pp.93-94; 訳書145ページ）。すなわち，人間が持つ合理性は，必ず不完全であり，「制約（あるいは限定）された合理性（bounded rationality）」なのである。

　個人は，制約された合理性故に，自己利益の最大化に向けた合理的な行動を行いたくても，これを単独で達成することはできない。そこで，個人は，組織を結成（あるいは参加）することで，この合理性の限界を克服しようとする。「サイモンにとり組織とは，人間の合理性を高める一つの社会的工夫（角野，2001，85ページ）」なのである。サイモンが，「合理的な個人とは，組織され制度化された個人であり，またそうでなければならない（Simon, 1947/1997, p.111; 訳書170ページ）」としているのはこのためである。

3．組織構成員の現実的な人間仮説の提示

　従来の人間仮説としては，完全に合理的な意思決定を行う経済人（"economic man"）仮説があった。しかし，制約された合理性故に，経済人仮説は非現実的すぎるものである。それゆえに，組織における実際の人間行動の記述を目指す

サイモンにとって，制約された合理性の下で意思決定を行う人間仮説を新たに
提示する必要があった。こうして提示されたのが，制約された合理性の下で意
思決定をする経営人（"administrative man"）仮説[7] であった。

　従来の経済人仮説と経営人仮説を比較したものが，図表 10 - 1 である。

図表 10 - 1　経済人仮説と経営人仮説の比較

	経済人仮説	経営人仮説
目的	所与	所与
意思決定の原理	合理性	合理性
合理性の限界	無	有（制約された合理性）
情報収集能力	完全情報	不完全情報
把握できる選択肢	無限	有限
意思決定の基準	最大化	満足化
行動パターン	最大化できるものを何の障害もなく選択	躊躇—選択型 刺激—反応型
合理性の限界を補うもの	—（不要）	組織

出所：Simon（1947/1997）（主に "Chapter V: The Psychology of Administrative Decisions"，
　　　訳書も同様）を基に筆者作成。

　経済人仮説も経営人仮説も，目的達成という視点から費用対効果が最大とな
る手段を選択しようとする点で，「『経営人』は古典的な『経済人』と席を並べ
ている（Simon, 1947/1997, p.45; 訳書 65 ページ）。」しかしながら，経営人は，経済
人とは異なり，費用対効果を最大化できる選択肢を理解して選択することはで
きない。合理性が制約されているからである。それゆえに，全ての選択肢の中
から最善の選択肢を自力で選ぶことができる経済人とは異なり，経営人は限ら
れた選択肢の中から最も満足できる選択肢を選ぼうとする（Simon, 1947/1997,
p.119; 訳書 185 ページ）。

　また，現実世界の全ての情報を把握することも，また全ての選択肢を見つけ
ることもできないと知っているにもかかわらず，これを実現しようとするのは
無駄である。故に，経営人は，最も重要と思われる限られた情報を考慮する程
度であり，全ての情報や選択肢を持とうとは最初から考えていない（Simon,
1947/1997, p.119; 訳書 185 ページ）。

　全てを知り，見通すことができる経済人の行動パターンに迷いはない。他方，合理性が制約されている経営人の意思決定には，迷いが伴う。とはいえ，迷いすぎると何もできなくなってしまうため，経営人は置かれた環境下で反応的に行為を行うことが少なくない。このようにサイモンは，経営人の行動パターンを，①躊躇−選択型（hesitation-choice pattern）と②刺激—反応型（stimulus-response pattern）に区分する。躊躇−選択型は悩んで行動するパターンであり，刺激—反応型は習慣のように特に悩まず行動するパターンである。そして，現実には，「人間の選択のパターンは，代替的選択肢からの選択というよりも，刺激—反応型に近いことがほとんどである（Simon, 1947/1997, p.117; 訳書179ページ）。」

　合理性を志向する経営人ならば，①躊躇—選択型を選ぶのが妥当のように一見思われるが，②刺激—反応型の方が現実には選ばれているのは，刺激—反応型の方でも合理性を確保できるような環境があるからである。この人間が合理的に反応するような心理的環境（psychological environment）を提供するのが組織である。このことは，効率的な管理において，個人の自由意思よりも集団たる組織の果たす役割が大きいことを示している。繰り返しになるが，「サイモンにとり組織とは，人間の合理性を高める一つの社会的工夫（角野，2001，85ページ）」なのである。

　なお，後で詳述するが，組織構成員は，組織利益の追求が個人利益の追求となるという損得勘定から，組織に参加し，そして組織の利益を自分の利益として意思決定するのである。すなわち，経済人と経営人の違いは，自己利益の最大化の追求が自力でできるか（経済人）できないか（経営人）の違いに過ぎず，自己利益の追求という行動原理では共通しているのである。いわば，経営人とは，「孤立化した経済人ではなくて，組織化された経済人である（占部，1974，163ページ）。」

第 5 節　組織影響力論

1．組織影響力の内容と機能

　サイモンが，組織影響力論で論じるのは，「組織はいかにして個人の行動を 1 つの全体的なパターンに適合させるのか，つまり，いかにして組織は個人の決定に影響を与えるのか（Simon, 1947/1997, p.177; 訳書 277 ページ）」という問題である。したがって，サイモンがいうところの組織影響力とは，より厳密には個人の意思決定を組織に適合させる影響力のことである。組織影響力の主なものは，①他の組織構成員の行動をかなりの程度予測できるようにすること，②目的の提供などにより刺激と注意を方向付けることである（Simon, 1947/1997, p.110; 訳書 169 ページ）。

　先述したように，サイモンにとって，個人の全ての意思決定は，価値前提と事実前提から導かれる結論である。そして，組織の意思決定とは，正確には，組織構成員としての個人の意思決定である。意思決定主体はあくまで個人であり，組織ができるのは，個人の意思決定そのものではなく，その前提に働きかけることである。ただし，サイモンは，組織の影響は，「個人の決定の土台となる前提のいくつかがその人に対して決められること（Simon, 1947/1997, p.177; 訳書 277 ページ）」であるとしている。ここにある「いくつか」の強調は，サイモン自身によるものである。すなわち，組織ができることは，ただ個人の意思決定に影響を（しかも間接的に）及ぼすのみであり，組織そのものは，決して組織の意思決定の主体でも，ましてや支配者でもないのである。

　サイモンは，組織が個人の意思決定に影響を及ぼす方法を，以下のように列挙している（Simon, 1947/1997, p.112; 訳書 171 ～ 172 ページ）。第 1 は，分業や細分化など，メンバー間での仕事の分割である。第 2 は，マニュアル化など標準的な手続きの確立である。第 3 は，組織の垂直的・水平的分化[8]など，権限と影響のシステムの確立である。第 4 は，報告，連絡，相談，情報共有といった，全方向に向かって流れるコミュニケーション経路の確立である。第 5 は，訓練と教化（indoctrinates）である。これらの方法を通して，組織構成員の活動

に調整がもたらされ（Simon, 1947/1997, p.112; 訳書172ページ），組織構成員の管理と仕事の合理的な遂行が可能になる。

　意思決定への影響は，様々な影響の合成物である。すなわち，「そのさまざまの構成要素をたどると，公式および非公式のコミュニケーション経路を経て，その諸前提の形成に参加してきた多くの個人にまで達することができる（Simon, 1947/1997, pp.305-306; 訳書474ページ）。」この様々な影響を，組織目的の点から合理的なものへとまとめる上で決定的に重要な管理技術として，サイモンは，①計画立案（planning）と②レビュー（review）を挙げる[9]。計画立案は，計画確定という最終段階に至るまでの過程で多くの組織構成員を巻き込み，また，計画自体も極めて細かな項目まで定めることができる。また，レビューは，①意思決定の質の評価，②後続の意思決定への影響，③誤った意思決定の是正，④権限行使のための根拠の提供，において有効である（Simon, 1947/1997, pp.312-317; 訳書483～490ページ）。

２. 組織影響力の２つの側面その１：外的な側面

　組織による個人の意思決定への影響には，２つの側面があるという。第１の側面は，外的な（external）側面である。これは，「組織のほかの場所で決められた決定を，現業員に課すこと（Simon, 1947/1997, p.9; 訳書12ページ）」である。外的な側面は，「組織が個人に影響を与えようとする刺激（Simon, 1947/1997, p.177; 訳書277ページ）」である。この刺激による効果は，「主として権限に依存し，また助言と情報のサービス（service）に依存する（Simon, 1947/1997, p.9; 訳書12ページ）。」助言と情報のサービスとは，要するに助言や情報を適切にコミュニケーションできているかどうかということである（Simon, 1947/1997, pp.12-13; 訳書16～17ページ）。

　サイモンは，権限（authority）を，「他者の行為を導く決定をする権力（Simon, 1947/1997, p.179; 訳書279ページ）」と定義する。このように定義されたサイモンが言う権限は，権限を行使することではなく，権限（威）[10]が受容されることで初めて確立されるとしたバーナード（Barnard, C. I.）の権威概念と，本質的に等しいとしている（Simon, 1947/1997, p.9; 訳書13ページ）。同意なしでも行為させる

ことを可能にするのが「権限の重要な機能 (Simon, 1947/1997, p.9; 訳書 13 ページ)」
である。

　ただし，受け入れ可能な範囲，すなわち受容の範囲（zone of acceptance）を超
えればそれも不可能である。この範囲の広さは，サイモンが「制裁 (sanctions)」
と呼ぶ，物理的・経済的な圧力や処罰，目的の共有，社会的受容，リーダー
シップ，習慣といった要因に依存している (Simon, 1947/1997, p.201; 訳書 309 ペー
ジ)。権限と後述する組織への忠誠心（loyalties）は，組織構成員の価値前提に
影響を与える主要な手段である (Simon, 1947/1997, p.12; 訳書 16 ページ)。

3．組織影響力の 2 つの側面その 2：内的な側面

　次に，第 2 の側面は，「内的な (internal)」側面である。これは，「組織に
とって有利な決定にいたるようにさせる態度，習慣，心的状態を現業員自身の
なかに確立すること (Simon, 1947/1997, p.9; 訳書 12 ページ)」である。内的な側面
は，「刺激に対する反応を決める個人の心理的『集合』である (Simon,
1947/1997, p.177; 訳書 277 ページ)。」このマインド構築による効果は，組織構成員
に，組織への忠誠心（あるいは一体化 (identifications)）と能率（efficiency）との関
係を教え込むこと，またより一般的には彼らを訓練することに依存する
(Simon, 1947/1997, p.9; 訳書 12 ページ)。

　組織への忠誠心とは，組織構成員が，組織の目的を組織構成員自身の目的と
一体化させることである (Simon, 1947/1997, p.278; 訳書 431 ページ)。次に，能率と
は，目的あるいは目標を所与として，「単に，望んでいる目標の達成に向かっ
て，最短の道をとり，もっとも安い手段をとることを意味する (Simon,
1947/1997, p.12; 訳書 16 ページ)。」そして，訓練は，権限や助言といった外的な影
響なしでも，組織構成員が自ら合理的意思決定を行うことができるようにする
ものである (Simon, 1947/1997, p.13; 訳書 17 ページ)。

　訓練は，「組織構成員の神経系統に，その組織が用いたい決定の基準を注入
(Simon, 1947/1997, p.112; 訳書 172 ページ)」する。すなわち，内的な影響は，外的な影
響である訓練により (Simon, 1947/1997, p.310; 訳書 480 ページ)，組織構成員が組織へ
の忠誠心と能率の基準を自身の意思決定へと統合できるか否かに依存している。

第6節　組織均衡論

1.　貢献と誘因

　サイモンの組織均衡論は，組織影響力が機能する理由を説明するためのものである。すなわち，組織影響力論は，「個人がなぜ組織化されたグループに参加したがるのか，なぜ自分自身の個人的な目的を確立された組織の目的に合わせたがるのかを全く説明していない（Simon, 1947/1997, p.140; 訳書221ページ）。」

　サイモンは，組織影響力が機能する理由を，個人の組織への貢献（contributions）と組織の個人への誘因（inducements）の関係から説明しようとする。まず，組織が存続あるいは成長するためには，そのために必要な貢献を個人から提供されなければならない。そして，個人が組織に貢献を提供するのは，貢献による見返り（誘因）が組織から得られるからである。つまり，組織は，個人から貢献してもらう見返りとして，十分な誘因を個人に提供しなければならない。サイモンが組織の「均衡（equilibrium）」として取り上げるのは，この誘因と貢献の交換関係のバランスの問題である。

　個人が組織に貢献しようとするのは，貢献以上の誘因が組織から見返りとして得られるからである。であるから，組織は提供された貢献を原資として活用し，これよりも大きな誘因を提供できるようにしなければならない。貢献以上の誘因を用意できない組織は，貢献が不足することになり，存続も成長もできないのである（Simon, 1947/1997, p.141; 訳書222〜223ページ）。このことから，サイモンの組織均衡論はしばしば「誘因≧貢献」という式で表される[11]。

　サイモンがいう貢献や誘因には，金銭や時間等とは異なり，量的把握が容易ではないものも含まれている点に注意されたい。たとえば，誘因には，製品・サービス，地位，名声，組織で働くことの喜びなども含まれ，貢献にも努力が含まれるとされる。製品・サービスが誘因となるのは，「通常は組織構成員とみなされない個人，すなわち顧客（Simon, 1947/1997, p.142; 訳書224ページ）」である。サイモンは，このように組織に必要な貢献の提供の有無を，組織構成員の基準としている。このことから，サイモンは，組織構成員のことを，「組織参

加者（organization participants）」とも呼んでいる。

　また，サイモンは，組織の活動そのものに密接にかかわっているか否かを，直接的（direct）か間接的（indirect）かの基準にしている。このことから，製品を産出する企業においては，製品そのものを誘因とする顧客は，製品ではなく金銭的報酬を誘因とする従業員よりも，直接的であるとされる。そして，従業員や経営者の金銭的報酬（誘因）の原資は，顧客が支払う代金（貢献）であり，顧客は組織に欠かせない存在である[12]。

　そのため，組織目的もまた組織の存続維持の観点から修正されていかなければならず，「組織目的は決して安定的なものではない（Simon, 1947/1997, p.143; 訳書 225 ページ）」のである。したがって，企業の場合には，「組織の目的は顧客の価値の変化につねに適応していかなければならない。さもなければ，減少した顧客の代わりとなる新規の顧客グループを確保しなければならない（Simon, 1947/1997, p.143; 訳書 225 ～ 226 ページ）」とされる。

２．個人的目的と組織目的

　混乱を避けるために，サイモンがいう組織目的について先に触れておく。これまで検討したように，サイモンにとって，組織は，合理性の限界を克服すべく集った人々で構成される意思決定システムである。したがって，組織構成員たちは合理性の限界の克服という共通の目的を共有している。しかしながら，この目的は，あくまで組織構成員個々人の目的であり，組織自体の目的ではない。サイモンは，「組織には，その参加者の個人的目的に加えて，組織の目的ないし諸目的がみられる（Simon, 1947/1997, p.14; 訳書 19 ページ）」と明言している。この引用にある強調は，筆者ではなくサイモンによるものである。

　一方で，サイモンは，組織目的を，「間接的には，全ての参加者の個人的目的である（Simon, 1947/1997, p.14; 訳書 19 ページ）」とする。この「全て」の強調もまた，サイモン自身によるものである。しかしながら，これは全ての参加者の個人的目的が全て平等に反映されていることを意味するものではない。むしろ，組織目的に反映されるべき個人の目的には，組織均衡，すなわち組織の存続の観点から，優先順位が付けられている。

　たとえば，企業における購買と労働という貢献の対価（誘因）を単純に考え
てみた場合，購買の対価は製品・サービスそのものに依存するが，労働の対価
は金銭的報酬に依存し，そしてこの金銭的報酬は購入，すなわち顧客の態度に
依存するのである。労働を提供する労働者は，当然この仕組みをよく理解して
おり，組織目的そのものを自分たちの金銭的利益とすることはなく，むしろ顧
客への誘因の方を優先することに妥協するであろう。また，顧客が貢献（購買）
しようとする誘因（購買動機）は，顧客層の変化やニーズの変化などの様々な
要因によって変化することになる。

　それゆえに，サイモンは，以下のように述べている。

　「だから，組織行動は組織目的に向けられているということは正しいものの，
それが全てではない。なぜなら，組織目的それ自体は，その完遂によって個人
的価値を保証される人々からの影響を受けて変化するからである。

　通常組織目的の修正は，いくつかの潜在的参加者のグループの利害の妥協を
あらわすだろう。なぜなら，各グループは，単独では自身の目的を達成できな
い場合に，他のグループとの協調や協力を確保しようとするからである。した
がって組織目的は，組織における参加者の関心が組織目標の達成にある場合で
さえ，かれらの個人的目的と正確に合致することはほとんどない（Simon,
1947/1997, pp.143 ～ 144; 訳書 226 ページ）。」

3. 経営者の役割

　サイモンは，いわゆる経営者（あるいはトップ・マネジメント）を，「支配集団
（controlling (or control) group)」という用語で表している。彼にとって，経営者
は，集団であり，また組織均衡を実現する主体として位置づけられている。す
なわち，「組織の均衡は，多岐にわたる個人的な価値をもつが，それらの価値
を達成するために組織の生命を維持する責任を当然のこととしている支配集団
によって維持される（Simon, 1947/1997, p.150; 訳書 235 ページ）。」

　そして，組織均衡の実現は，支配集団の権力の源泉でもある。すなわち，支
配集団の権力の正当性は組織を存続・成長できることにあり，そしてもしこれ
が実現できなければ支配集団の権力が失われるからである。サイモン曰く，

「支配の権力は，支配集団がいかようにも自由に組織を方向付けられることを意味するものでは決してない。なぜならその権力は，他の参加者の組織への貢献を保持するための十分なインセンティブを支配集団が提供できなくなれば，存続し続けられなくなるからである（Simon, 1947/1997, p.147; 訳書 231 ページ）。」

　本章冒頭に戻るが，サイモンの問題意識は管理論の構築にあり，それゆえに『経営行動』の最後は「管理者の役割と訓練」について述べることで締められている。確認であるが，サイモンにとって，管理とは，組織構成員の意思決定を組織目的の点で合理的なものへと，いわば制御することであった。そして，組織は，手段―目的のハイアラーキーと組織参加者を結ぶコミュニケーション体系を備えた，組織目的を合理的に遂行するための意思決定システムである。管理者は，この意思決定システムのあり様，すなわち意思決定機能の配分と影響について決定する者である（Simon, 1947/1997, p.326; 訳書 503 ページ）。

　先述したように，経営者（サイモンにおける支配集団）は，中間管理者層と異なり，組織全体を導く組織目的を形成する責任がある。しかしながら，意思決定機能の配分と影響を決定するという管理者の役割そのものは，経営者（サイモンにおける支配集団）においても中間管理者層以下の管理者においても変わりはないという。すなわち，経営者や中間管理者といった区分は，組織を管理するという過程において，どの役割を分担しているかの差によるのであり（Simon, 1947/1997, pp.326-327; 訳書 503 ～ 504 ページ），社会的地位の差によるものではない。組織均衡論における誘因に地位は含まれていたが，これは組織に参加させるためのきっかけであり，組織としての意思決定の基盤はあくまで組織の存続，そしてこれを基盤に設定される組織目的でなければならないのである。

第 7 節　おわりに

　サイモンは，管理，すなわち組織構成員の行動を制御するために，個人の意思決定を論じ，個人の意思決定への組織の影響を論じ，そして組織の影響が機能する条件を論じた。以下，サイモン理論の骨子を改めてまとめ直すことで，本章の結論としたい。図表 10 − 2 は，本章で検討したサイモン理論の体系を

図表10－2　サイモン組織論の理論体系

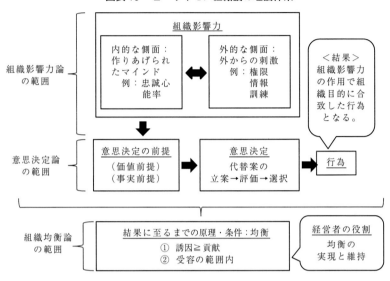

出所：Simon（1947/1997）を基に筆者作成。

図示したものである。

　意思決定は，選択肢の立案，評価，選択であるが，個人の能力には限界があるため，人間は合理的な意思決定を単体で実現することはできない。したがって，管理者は，組織参加者たる個人が合理的な意思決定ができるように，組織を形作っていかなければならない。もっとも，意思決定そのものは個人の行動であり，組織が影響を及ぼすことができるのは意思決定の前提に限られ，その中でも実際に影響を及ぼすことができるのは一部の前提のみである。したがって，組織は，個人の意思決定に影響を及ぼすことはできても，これを支配することはできず，言い換えれば組織が合理的意思決定を確実なものとすることはできないのである。

　組織の具体的な姿形は様々であるが，どの組織も組織図や職務一覧表等で表せられるような手段―目的のハイアラーキーを持つと同時に，そこに配置された人間同士をシナプスのように結ぶコミュニケーションのネットワークを持つ。これらは，権限や情報，訓練，また訓練により各人の心の中に作り上げら

れる忠誠心や能率への献身などが，個人の行動に影響を及ぼすうえでも欠かせないものである。たとえば，権限は，これを割り当てられ（手段—目的のハイアラーキー），これを受容してもらう（コミュニケーションのネットワーク）ことで初めて確立する。

　意思決定はあくまで個人の意思に委ねられているのだから，個人が組織の影響に従うのは必然ではない。個人が組織の影響に従う（サイモンがいうところの貢献）のは，そのことによる対価（同誘因）が得られるからである。そして，個人は，自らの貢献よりも少ない見返りのために，組織に貢献しようとはしない。それゆえに，提供された貢献を元手にこれをさらに増やしていかなければ，十分な誘因を提供できなくなってしまい，組織は存続さえできなくなってしまう。特に，企業においては，資金提供者は，単純に提供した資金以上の資金を回収するために資金を提供するのであるから，利潤を追求しなければならない。

　他方で，何をどの程度見返りとして求めるかは人によって異なることも事実である。たとえば，介護離職や健康経営といった言葉が注目を集めるように，労働者にとっては，高収入だけが十分な見返りではない。このことは，賃金が低くても，その他の誘因を通して優秀な人材や高い忠誠心を獲得できる可能性があることを意味している。故に，経営者は，「どの種類の見返りをどの程度用意しそれを誰に対してどの状況で渡すか」も見極めなければならない。

【注】

（1）訳は必ずしも訳書によっているわけではない。以下同じである。また，ここでの「」は筆者による強調のためのもので，直接引用のためのものではない。とりわけ，訳書では"administration"は「経営」と訳されているが，サイモンにおいては，この用語は「経営」よりも「管理」に近い意味合いで用いられているため，「管理」と訳している。たとえば，サイモンは，経営者の重要な役割である外部環境への適応や経営目的の選択といった意思決定について論じていない（あるいは極めて不十分である）（cf. 占部，1974，240〜242ページ；工藤，1976）。

（2）「行動（behavior）」と「行為（action）」の区別については，辞書などでは，しばしば「行動」があらゆる行いを指す語句，「行為」が意思に基づく行いのみを指す語句として分

けられている。しかし，サイモン（1947/1997）は，あらゆる行いを指す語句は「行動」ではなく「行為」であり，行い（行為）およびこれに至るまでの過程を含む語句として「行動」が用いられている。したがって，「行動」が，「行為」およびこれに至る前段階を含む包括的概念として用いられている。すなわち，サイモン（1947/1997）の「分析のもっとも基本的な特質は，人間行動が行為そのものとしてでなく，行為に先立ってなされる選択すなわち意思決定として把握されている点である（野中，1977，89ページ）。」

（3）サイモンの生涯については，三浦（2015），工藤（1976），二村（1969a），野中（1977）を主に参照のこと。

（4）組織においては，コミュニケーションは，権力乱用や誤情報の拡散など，組織目的の観点から望ましくない形でなされるものなどもあるため，ここでは秩序立てられた体系ではなくネットワークとしている。なお，サイモン（1947/1997）は，友人関係など，組織構成員が自発的に形成する非公式なコミュニケーションのネットワークも管理者の仕事の対象であるとしている（Simon, 1947/1997, p.214; 訳書332ページ）。

（5）ただし，後述するように，サイモンは，組織均衡論においては，組織目的の均衡について言及している。とはいえ，価値観に関する要素をできる限り排除している点では，その分析姿勢に変わりはない。

（6）角野自身は，「ある目的を達成するための手段を見出し，それらの手段を評価・選択し決定する過程であった（角野，2001，83ページ）」としている。だが，サイモンは，「選択（choice）」と「決定（decision）」を同義語として用いているとしているので「決定」は省略した（Simon, 1947/1997, p.3; 訳書4ページ）。

（7）先述した本章の用法に従えば，「管理人」と訳すべきであろうが，「経営人」が定訳となっているため，これに従った。（e.g. 一般社団法人　日本経営協会，2018，148ページ）

（8）組織の分化については，第3章を参照されたい。

（9）計画立案とレビューは，本節で取り上げた組織影響力を機能させるための試みであるとはいえ，「機能させる」ということは，一種の組織による影響力であるともいえる。このことから，占部（1974）は，本節で取り上げる組織影響力を「狭義の組織影響力」と呼び，これに計画立案とレビューを加えた計3つを「組織影響力」と呼んでいる（171～183ページ）。ちなみに，サイモンの組織影響力の理論では，占部が「狭義の組織影響力」とみなしたものだけが取り上げられることが少なくない（e.g. 角野，2001; 二村，1969a; 工藤，1976）。本章は，本著書の性格から，この一般的見解に従っている。

（10）バーナードの"authority"は「権威」と訳されるが，「権限法定説」との対比において，バーナードの学説は「権限受容説」とも呼ばれる（小阪，2005，114ページ）。

（11）後のマーチとの共著『オーガニゼーションズ』において，サイモンの組織均衡論の中核は，以下の通りより明確に提示されている（March & Simon, 1993, pp.103-104; 訳書106

〜 107 ページ）。

　1．組織は，組織の参加者と呼ばれる複数の人々の相互に関係した社会的行動のシステムである。

　2．各参加者，各参加者集団は組織に貢献をしたお返しに，組織から誘因を受け取る。

　3．各参加者は，提示された誘因が，（自分の価値・可能な代替案に照らして測定して）求められている貢献以上である限り，組織への参加を続ける。

　4．さまざまな参加者集団が提供する貢献は，組織が参加者に提供する誘因をつくり出す源泉である。

　5．ゆえに，組織に「支払能力がある」，すなわち組織が存続するのは，十分な貢献を受け，それをもとに十分な誘因を提供し，それでさらなる貢献を引き出せるときのみである。

　なお，上記 1 〜 5 は，以下からの引用であるとされる。

　Simon, H. A., Smithburg, D. W., & Thompson, V. A.（1950）*Public Administration*, New York: Alfred A. Knopf, pp.381-382.

(12) このように，組織構成員の区分の基準を，法律ではなく実態に求めている点は，バーナードにも共通する姿勢である（占部，1974，234 ページ）。

【参考文献】

一般社団法人　日本経営協会監修，特定非営利活動法人　経営能力開発センター『経営学検定試験公式テキスト①経営学の基本』中央経済社，2018 年。

植村省三『現代企業と組織理論―組織社会における人間の問題―』中央経済社，1971 年。

占部都美『近代組織論（Ⅰ）―バーナード＝サイモン―』白桃書房，1974 年。

工藤達男『経営管理論の史的展開』学文社，1976 年。

小阪隆秀「権限受容説」佐久間信夫 編集代表『[増補版] 現代経営用語の基礎知識』学文社，2005 年，114 ページ。

角野信夫『アメリカ経営組織論〔増補版〕』文眞堂，1998 年。

角野信夫『基礎コース 経営組織』新世社，2001 年。

二村敏子「第 4 章　サイモンの管理行動の理論」高宮　晋編著『現代経営学の系譜』日本経営出版会, 1969a 年，144 〜 166 ページ。

二村敏子「第 5 章　マーチ＝サイモンの組織理論」高宮　晋編著『現代経営学の系譜』日本経営出版会，1969b 年，167 〜 245 ページ。

野中郁次郎「第 3 章　システム性の追求」北野利信編著『経営学説入門』有斐閣，1977 年。

三浦庸男「サイモン」佐久間信夫編著『経営学者の名言』創成社，2015 年，68 〜 75 ページ。

March, J. & Simon, H. A., *Organizations [2nd Edition]*, Blackwell Publishers, 1993.（高橋伸夫訳『オーガニゼーションズ（第2版）』ダイヤモンド社，2014年）.

Simon, H. A., *Administrative Behavior: A Study of Decision-Making Processes in Administrative Organizations [4th Edition]*, The Free Press, 1947/1997.（二村敏子・桑田耕太郎・高尾義明・西脇暢子・高柳美香訳『新版 経営行動—経営組織における意思決定過程の研究』ダイヤモンド社，2009年）.

第5部

経営管理の組織

第11章
経営組織の基本的形態

第1節　経営組織の構成要素

　現代の社会は，あらゆる活動が「組織的」に行われている。例えば，教育であれば学校，医療であれば病院，非営利活動であればNPO（Nonprofit Organization, 非営利組織）であり，人々の力を結集した活動が組織と言える。そして，資本主義社会においては，経済活動は株式会社を中心とする企業によって遂行されており，このような経営体の組織のことを経営組織という。経営組織では，各企業の戦略や資源特性などを踏まえて様々な形態が開発・採用されてきた。ファンクショナル組織（テイラー流組織），職能別組織，事業部制組織，マトリクス組織，SBU組織などであり，企業が有する資源（ヒト・モノ・カネ・情報など）によって構成され，その組織の採用と運用の如何によっては企業の競争優位の源泉の1つにもなり得るのである。

　本章では，多種多様な経営組織のなかでも，その基本的形態について検討していく。具体的には，ライン組織，ライン・アンド・スタッフ組織，職能別組織，事業部制組織である。前二者は組織を構成する根本原理であり，「組織構造」とも言い換えられる。組織構造とは，権限の配分，専門化や分業の度合い，命令の流れ，階層の形成，管理の限界（統制範囲）などを規定するものであり，組織内の構成員（従業員）を動かすメカニズム（仕組み）のことである。これに対して，後二者は，経営環境への適応を意識しつつ，これら組織構造に基づいて編成・運営される組織の「形態」である。

　以下では，まず組織の構成要素であるラインとスタッフの特徴を整理したう

えで，ライン組織の原理と構造を検討する。そこでは，ライン組織の原理を否定するテイラー流の職能別職長制と対比しながら見ていく。ついで，ライン・アンド・スタッフ組織へと進むが，その具体的な形態である職能別組織と事業部制組織について，歴史的な背景と米デュポン社（DuPont de Nemours, Inc.）の事例から検討していく。最後に，パナソニックの事例に基づいて，事業部制組織の改革の取り組みを考察する。同社は，日本において事業部制組織を導入したパイオニア企業として知られており，同組織形態を堅持しながら，競争力を維持拡大するための組織改革が行われてきたことを見て取れる。

　このように経営組織の基本的形態を押さえることは，次章の経営組織の発展的形態の理解をより容易にするだけでなく，現代企業の活動を理解し，分析するための重要な視点の1つを修得することにもなるであろう。

第2節　ライン組織

1．ラインとスタッフの機能と役割

　あらゆる経営組織に共通して存在するのが，「ライン」（line）と「スタッフ」（staff）という2つの「職能」（機能，function）である。現代企業の組織形態は多様であるが，それらはラインとスタッフの組み合わせによって形成されている。一般的にラインというと，工場におけるベルトコンベア方式の生産工程（流れ作業）であったり，またスタッフについては企業の従業員を示すものと認識されている。しかし，経営学における学術用語としてのラインとスタッフの意味はこれらとは全く異なる。

　さて，経営学で用いられるラインとは，本業と直接の関係を有する固有職能のことであり，購買，製造，販売，開発，物流，経理などが該当してくる。企業の事業に直結して，収益を直接生み出す職能の集合体がラインということになる。これに対してスタッフとは，経営者を始めとするライン職能を補佐・支援する役割を担うものであり，例えば，人事，法務，経営企画，総務，財務などがあげられる[1]。経営組織は，ラインのみで構成される場合もあるが，基本的にはラインとスタッフの組み合わせによって形成されている。企業規模が

大きくなるほど，ラインとスタッフの分化をより明確に見ることができるが，中小企業でもスタッフの存在を見られる。ただし中小企業では，ライン職能を担う経営者や従業員が，スタッフの役割を兼務している場合が多く，その職能が未分離であることも多い。

　経営組織におけるラインとスタッフとの関係について，アナロジー（類推）として人間の身体を用いて説明する。まず身体のラインには，脳，心臓，胃，肝臓などの非自発的な器官（involuntary organs），および腕や足などの自発的な器官（voluntary organs）が含まれる。ついでスタッフに該当するのは，味覚，触覚，嗅覚，聴覚，視覚といった「五感」であり，そこからの情報を得て命令中枢である脳（経営者に相当）が，神経系統を通してライン（各器官）に命令を出す。なお身体ラインのうちの非自発的器官は，定められたルーティン活動（血液循環や老廃物分解など）によって身体機能維持の役割を担う。これを企業経営に即して考えると，組織の状態と活動を維持するために無意識的に行われる活動に相当する。すなわち日常的に行われるルーティン活動（手順，マニュアル，規則など）であり，従業員が無意識的に従って行われている。このような仕組みが整備されているからこそ，組織の維持・管理が可能になる。

　さらに人間身体を「活動部門」（Division of action），「支援部門」（Division of support），「統制部門」（Division of control）という観点から整理してみよう。活動部門（ライン）は自発器官と非自発器官によって構成されるが，前者は達成機能を，後者は維持機能を担う。自発器官は腕や足などを使用して，目標を達成するために行動するのに対して，非自発器官は身体を維持するための機能である。支援部門は，上記の五感に相当する部分でありスタッフに該当する。このような五感は，「脳」が何をすべきか／すべきでないかを判断するためのアドバイザーとして機能する。つまり目標を達成するためのインプットを供給しているのである。そして各器官をコントロールする統制部門は，脳を含めた神経システムが該当しており，とくに脳は身体の「最高経営責任者」として各器官に対するリーダーシップを果たすことになる（Agarwall and Vrat, 2015, p.90）[2]。

　このような人間身体のアナロジーを用いるとラインとスタッフの関係がより整理しやすくなる。人間の脳に該当する経営者が，支援部門（スタッフ）の支

援の下で判断をし，活動部門であるラインに対して命令・指示を出して組織体を動かしていくのである。そして統制部門にあたる神経系統が，脳からの命令を伝達する役割を担っており，経営組織における指揮・命令の系統に相当する。

2．ライン組織

　ライン組織（line organization）とは，ライン職能のみで形成される組織という意味に加えて，組織のなかの指揮・命令系統からその構成原理を捉えた「直系組織」とも認識される。直系組織では，経営者の意思決定や命令・指揮が，上級管理職から下級管理職，下級管理職から一般従業員へと直線的に伝達され，このような流れを通して企業全体の活動が行われる。本章では，ライン組織のことを「ライン職能のみで構成され，経営者から従業員への指揮・命令が最下層まで一直線でつながる組織」と定義する。ライン組織は，経営者を頂点とするピラミッド型になることから「軍隊式組織」（military organization）とも呼称され，製造業のモデルで示すと図表 11 − 1 のようになる。この組織では，各工具は 1 人の職長の指示・監督の下に行動し，各職長は 1 人の工場長，そして各工場長は 1 人（あるいは 1 つの機関として）の経営者から指示・監督を受けることになり，「垂直的な命令・服従の関係」が形成される（藻利, 1956, 417 〜 419 ページ）。

図表 11 − 1　製造業をモデルとしたライン組織

出所：藻利（1956），419 ページを加筆修正。

　このようなライン組織の構成原理には，分業，命令一途，指揮一元，階層という要素が見て取れる。これらは，経営管理論の創設者の 1 人であるファヨール（Fayol, H.）の『産業ならびに一般の管理』（*General and Industrial Management*, 1916）のなかの「管理原則」（general principle of management）において，組織の管理に必要な要素として提示されている[3]。まず分業（division of labor）の原則について見ると，分業は組織を形成する基本原理であることを理解する必要がある。そもそも組織とは，1 人で行えない取り組みを複数人の協働で達成する仕組みであり，バーナード（Barnard, C.I.）によれば「意識的に調整された 2 人以上の人間の活動や諸力の体系」と定義される（Barnard, 1938, p.73）。組織では，定められた共通目標を達成するために，複数の人々の協力関係に基づく協働が行われている。従業員は専門分野に従事する分業を行うことで，この活動や諸力が目標に向けて体系化されていくのである。

　なお組織において分業が形成されるのには，大規模化にともない「新しい機関・部門が表れて，企業創設の初期には，すべての職能を営んでいた機関・部門の活動を取って代わ」るからである（Fayol, 1916, p.20）。企業の設立初期には少数の人々がすべての職能を担うが，組織が大きくなると，従業員数も増加して専門化にともなう分業が行われ，それらの仕事の成果を集約する形で協働が進展する。経営組織は，このような分業に基づく協働を管理しており，ライン組織は人々の諸力を統合する仕組みなのである。

　ついで命令一途の原則であり，これは「1 人の従業員は，1 人の上司や監督者からの命令を受けなければならない」というものである。これによって組織内の規則，権威，規律，秩序，安定が維持されるのであり，命令一途が崩壊すると組織の維持を阻害するという。ファヨールも人間身体との対比から，命令が二元化することの問題を説明している。人間では脳が命令を出す唯一の器官であるが，その命令が二元化した場合には指示を受けて行動する身体に混乱を生じさせるからである。企業の従業員にとっても同様であり，複数人からの上司の命令に従うことは彼らにとって葛藤の源泉になる。

　そして，命令一途と同時に求められる指揮一元の原則がある。企業が共通目標を達成するためには，従業員の諸活動が，特定の人物と目標・計画に基づい

て統制される必要がある。すなわち，経営者の指揮・統制の下で，共通目標が設定されて従業員の諸力を集中させることである（Fayol, 1916, pp.24-26）。ピラミッド型のライン組織では，命令一途と指揮の一元化に基づく，経営者（権威者）による権限行使と従業員による受容という権限 – 受容の連鎖関係ができている。

　最後に組織内に階層が形成される階層の原則である。そもそも階層（hierarchy）とは，経営者から管理職へ，管理職からその部下たちへ，あるいはその逆の流れで行われるコミュニケーションの経路である。階層が形成される理由には，「管理の限界」（統制範囲，span of control）があげられる。管理の限界とは，個人が直接的に管理できる人数の上限を示すものであり，通常，1人が管理できる人数は5・6人程度と言われている（藻利，1956，419～420ページ）。それゆえ経営者が全従業員を管理できないことから，階層を形成して間接的に従業員の管理をしている。つまり経営者（社長や会長）が経営陣（その他の取締役，または執行役・執行役員）を，経営陣が各事業部門の事業部長を管理する。事業部長は事業部内の各課（課長）を，課長は課内の各係（係長）を，最後に係長は係に所属する従業員をそれぞれ管理する。管理の限界の存在により，このような一連の管理プロセスを通して階層が形成されていく。

3．テイラー流組織：職能別職長制

　ピラミッド型のライン組織は組織の基本原理になるが，その原理を否定する組織がテイラー（Taylor, F.W.）の「職能別職長制」（functional type）である（図表11 – 2）[4]。職能別職長制は生産組織（工場）を対象として，まず経営者に該当する工場長が工場全体の指揮を取ることから，指揮は工場長に集中しており指揮一元化を見て取れる。これに対して，命令一途の原則が否定されている。現場と計画部の8人の職長が，それぞれの専門分野に基づいて1人の作業者に対して指示を出すからである。作業者・工員（一般従業員）は，8つに及ぶ職能的係（職長）に所属し，その時々の仕事の性質によって各職長から命令を受けることになる。

図表 11 − 2　職能別職長制組織の概念図

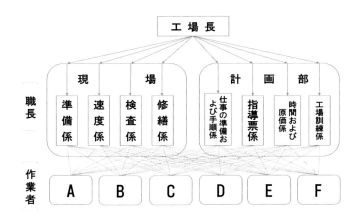

出所：Taylor（1903），pp.99-105; 藻利（1956），432 〜 436 ページに基づ
いて筆者作成。

　まず計画部で定められた計画を実行に移すための現場係として，準備係（機
械のセット），速度係（仕事速度の管理），検査係（製造物の品質維持），修繕係（機
械・工具の維持・管理）という 4 人の職長が存在する。また計画部では，仕事の
準備および手順係（作業リスト・手順の作成），指導票係（作業方法に関する指導票の
作成・伝達），時間および原価係（時間と費用を記録した時間表の送付・管理），工場訓
練係（勤怠管理）の 4 人が存在する（Taylor, 1903, pp.100-104）。このように職能別
職長制では，作業者は，それぞれの専門分野に特化した 8 人の職長からの指示
で生産活動に従事するのである。
　テイラーは，自身の勤務先ミッドベール・スチール社（Midvale Steel Company）
において，職能別職長制を導入して成功を収めた。その後，テイラーは科学的
管理法のコンサルタントとして，多くの会社にこの組織の導入を試みたが，実
際にはほとんど受け入れられなかったという。多頭的な命令体制が，指示を受
ける従業員を混乱させてしまったからである。職能別職長制の運用に関する
ミッドベール・スチール社での成功について，ファヨールは，テイラーをして
命令一途の原則を理解しつつ組織を管理したことが成功に導いたと指摘してい

る（Fayol, 1916, p.69）。テイラーは，この組織運用についての技能と知識を有していたから成功したのであった。すなわち職能別職長制については，これに精通した人物がその運用を可能にするのであり，多くの産業企業に適用できる一般性は乏しかったと考えられる。

第3節　ライン・アンド・スタッフ組織，職能別組織，事業部制組織

1．ライン・アンド・スタッフ組織と組織の歴史的変遷

　ライン組織について，ラインの補佐・支援を担うスタッフを追加した組織形態がライン・アンド・スタッフ組織（line and staff organization）であり，藻利によると「参謀部制直系組織」と訳出される。経営者から最下層の従業員までが一直線の命令・指揮でつながる直系組織に対して，参謀部が追加された組織であり，プロシャ陸軍をモデルにして19世紀後半から企業の管理組織にも導入が進んでいった（藻利，1956，450〜451ページ）。ライン・アンド・スタッフ組織では，指揮一元化と命令一途の原則を崩さずに，スタッフの補佐と助言を得ることで管理者の負担を削減できる利点がある（佐久間，2011，241ページ）[5]。この組織は経営組織を構成する根本原理となっており，それに基づいて展開される具体的な組織形態が職能別組織（集権的職能別組織）と事業部制組織である。

　なお，職能別組織と事業部制組織といった組織形態は，チャンドラー（Chandler, A.D.）によると，採用された経営戦略に依存する（「組織は戦略に従う」）と指摘されている。チャンドラー理論について，安部ほか（2002）に基づいて説明すると以下のようになる。資本主義が発展の途上にあった19世紀前半頃まで，企業は単一の事業や職能のみで営業活動をしていた。工場，営業所，研究所など1つの事業所のみ，すなわち生産，販売，研究開発といった単一職能で企業が成立していたのである。この企業組織は「シングル・ユニット（S-form）」と呼称され，小規模ながらも経営者を頂点とする命令や権限の流れがつくられ，ライン組織の原理が見られる。

　19世紀後半になると企業の大規模化が進展して，大企業体制が次第に到来

するようになった。とくにアメリカ企業では，S-form 企業が垂直統合戦略により職能を拡張することで複数職能を擁するようになっていた。垂直統合（vertical integration）とは，例えば，製造職能だけで事業展開していた企業が，物流や営業分野に進出したり（前方統合），購買や部品生産などに進出することで（後方統合），製品・サービスの製造・販売を一貫して取り込むことである。このような複数職能を擁するものが職能別組織であり，そこでは経営者の集権的な管理が行われることから「集権的職能別組織（M-form）」とも呼ばれる[6]。そして，職能別組織では，大規模化や複数職能の管理を考慮すると，経営者はスタッフの支援を必要とすることになりライン・アンド・スタッフ組織へと展開していった。

　さらに規模が拡大すると，企業は 1 つの製品・サービスだけでなく，複数事業を展開するようになる。このような「多角化戦略」による複数事業を擁する企業では，製品・サービスごとに 1 つの事業単位を形成する「事業部制組織（M-form）」形態が採用されてくる。アメリカでは事業部制組織が 1920 年代から進展し，1970 から 80 年代には，同国 200 大企業のうちの約 80% がこの組織形態を採用していたという（安部・壽永・山口，2002，326 〜 327 ページ）。以下では，職能別組織の成立から事業部制組織への移行に関する具体的な事例としてデュポン社を取り上げて検討していく。

2．デュポン社における職能別組織から事業部制組織への展開

　デュポン社は 1802 年に設立された総合化学企業であり，経営組織や財務管理の先駆的企業として知られている。後者では「デュポン・チャート」（DuPont chart system）という，資本利益率（ROI）を頂点にして，売上高利益率と総資本回転率へと分解する企業財務の統制方法が知られている。1900 年代初頭の同社の主要事業は火薬の製造・販売であった。1914 年から始まった第 1 次世界大戦（〜 1918 年）の影響もあり，火薬製造の規模を拡大するとともに，同時期には購買や販売など火薬ビジネスに関する一連の職能を統合することになり職能別組織が採用された（図表 11 – 3）。

図表 11 − 3　デュポン社の職能別組織

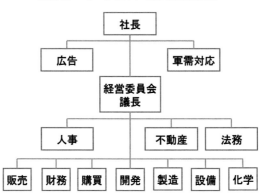

出所：Chandler（1962），p.74.

　デュポン社の職能別組織では，まず社長や副社長らで構成される経営委員会を含んだ本社が存在する。その下に販売，財務，購買，開発，製造などが職能ごとに部門化され，また経営者や各職能を補佐する広告，軍需対応，人材，不動産，法務というスタッフが配置されている。職能別組織は単一事業を展開する企業に適しており，その利点は，垂直統合で大規模化した企業組織においても経営者が各職能部門を直接的に管理できることにある。集権的な管理に適しており迅速な意思決定が可能になる。さらに職能ごとに専門化しているため，知識や熟練の蓄積も容易になるという。しかし，さらなる規模拡大や多角化が進展すると，各職能部門内での混乱が発生したり，職能間の調整も困難になり，それにともない経営者（本社）への管理負荷が増大することも同時に指摘される（占部，1968，182 〜 183 ページ）。

　火薬単一で事業展開するデュポン社では，ライン・アンド・スタッフ原理に基づいた職能別組織が機能していたが，多角化にともない次第に組織的な混乱をきたすようになる。同社では，1913 年には火薬が売上高の約 97% を占めていたが，戦争の終結とともに火薬需要減少が明らかになり，工場施設の 30%以上が遊休化すると懸念されていた。これを踏まえてデュポン社では，1917 年から 19 年にかけて本格的に多角化を進め，火薬に加えてセルロース，染料，

ペイント・薬品などが製造されるようになる。その際に，各職能部門で複数製品の取り扱いを求められた。例えば火薬製造のみを担ってきた製造部には，上記製品に対応する部門の設置が進み，複数製品を製造する体制が構築された（図表11 − 4）。

図表11 − 4　製造部門における複数製品製造

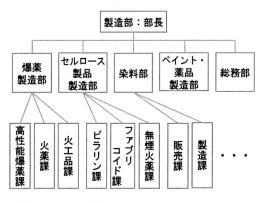

出所：Chandler（1962），p.75.

　多角化はデュポン社の管理組織に対する負荷を増大させることになる。販売，製造，開発などの各職能部門が，それぞれ多岐にわたる業種の営業所，工場，研究所などの調整，評価，計画策定などを迫られたからである。また，火薬事業のみの知識や経験しか有さない各職能の部門長が，セルロースやペイントなどの事業をどのように管理するかという問題も表面化した。本社も火薬事業の経験しかないなかで，各部門への資源配分，業績評価，さらには複数事業を架橋する広範な目標と政策策定の必要性が生じたことで，各部門間の調整が困難になったのである。それ以前までは，火薬という単一事業体制の下で部門間調整が行われていたが，1部門で複数事業を擁する状況下での調整が複雑化したという。結果として，部門間の意思疎通の低下，市場ニーズへの対応の鈍化，過剰在庫の発生などの弊害を生むことになる（Chandler, 1962, p.91）。

　職能別組織を維持したまま多角化を進めたことで，売上高は拡大したのに対

して，毎年のように損失を計上することになった。累積損失は最大で243万
3,000ドル（1921年）に達したという（Chandler, 1962, p.104）⁽⁷⁾。売上高増加にも
関わらず，損失が発生していたことは，多角化した事業に対する組織の適合が
不十分であったため非効率や混乱を生じたからと考えられた。この課題を解決
するために，1921年にデュポン社は事業ごとに組織を再編する「事業部制組
織」（multidivisional structure）を考案・採用したのであった（図表11 − 5）。

図表11 − 5 デュポンの事業部制組織

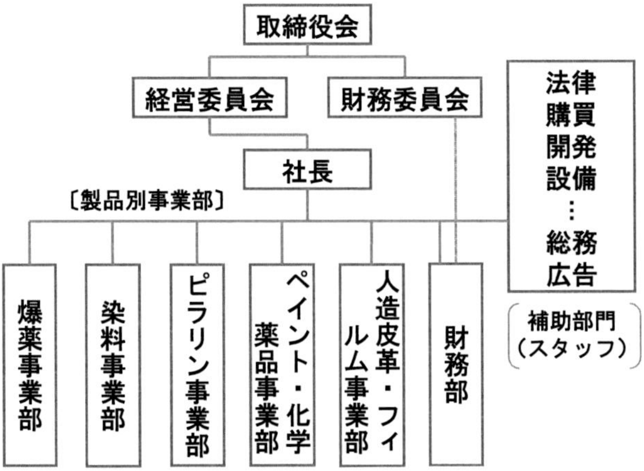

出所：Chandler（1962），pp.108-109.

　デュポン社の事業部制組織では，取締役会，経営委員会，財務委員会，社長
が本社部門を形成し，経営戦略を策定するとともに各事業部を管理する。事業
部制組織の大きな特徴が，営業や製造など職能ごとではなく，製品ごとの事業
単位に組織化された事業部を設置していることにある。各事業部では，事業を
完遂するための必要な一連の職能（購買，製造，販売など）を内包することから，
1つの職能別組織を抱え込むようなものであり，企業内において同組織を複数
展開している状態にある。そして，事業部長が自身の統括する事業部に対して
大きな権限と責任を持ち，その成果については資本利益率で評価される。事業
部は高い自立性を持って事業に従事することから，本社の管理的な負荷も低減

される。

　法律，購買，開発など８つのスタッフ部門も設置され，これらはコンサルタントとして本社や各事業部の支援や補佐的な役割を担う。なお財務部だけが，全社的な会計ルールの策定や財務報告書の作成を担うことからラインに位置づけられている。事業部制組織の採用によって，デュポン社では事業部長が，単一の製品事業について戦術や日常的な経営管理に専念できるようになった。事業部長は，本社から割り当てられた資源に基づいて，事業部の活動を裁量的に管理する余地が与えられたのである。事業部制組織の採用によって組織的な混乱が解消したことで，デュポン社の業績は順調に推移して累積損失を解消し，利益を計上するようになったという (Chandler, 1962, pp.110-112)。

３．事業部制組織のメリットとデメリット

　事業部制組織は多角化戦略の実行に適した組織形態であり，その特徴として以下の３点があげられる。①各事業部が製品・サービスについて製造から販売まで手掛けるため高い独立性を有すること，それにともない②経営者や本社が事業部長に対して権限を委譲することで管理負担を軽減でき，長期目標の策定や資源配分など経営戦略の策定に特化できること，また③事業部の自立性が高いため，それらを利益責任単位（プロフィット・センター）として独立採算制の観点からの評価が可能になることである。

　佐久間（2011）によると，事業部制組織のメリット（利点）とデメリット（欠点）は図表 11 − 6 のように整理される。メリットでは，事業部制組織の特徴②でも示されるように，本社および経営者の管理負担が削減されることにある⑴。ついで事業部長に大きな権限が付与されることから，彼らが経営者としての立場や経験を得られるので後継者育成という面でも有効である⑵。さらに各事業部の従業員についても，自立性が高く権限の委譲度合いも大きくなるため彼らのモラール（士気）が向上するだけでなく，自立的な仕事の遂行過程を通して従業員個々人の能力の検証や評価も明確になる⑶・⑷。メリット２〜４からは，事業部制組織が人材育成においても優れていることを示している。

　事業部制組織にはデメリットも存在する。まず事業部ごとに給料格差を設定

図表 11 - 6　事業部制組織のメリット／デメリット

	メリット	デメリット
1	本社およびトップ・マネジメントの管理負担軽減	事業部間における給料の平等性
2	事業部経営を通した後継者育成	事業部間競争によるセクショナリズム
3	従業員のモラール向上	事業部長による短期志向経営
4	従業員の能力検証・評価の明確化	事業部間の重複投資・ムダの発生

出所：佐久間（2011），242 ～ 244 ページに基づいて筆者作成。

することができず，従業員の給料が平等にならざるを得ないことである (1)。事業部で高い成果を上げたとしても，従業員への報酬に反映されにくくモラールを低下させることにもなり得る。「差別なき平等は悪平等」という言葉があるように，貢献に対する見返り（誘因）が十分でない状況がつくられてしまう。ついで事業部間での競争が過熱すると，情報や技術などを当該事業部に囲い込むことになり，全体最適よりも部分最適を追求するセクショナリズム（部門主義）が発生してしまう (2)。また，事業部長への評価方法や任期の設定次第では，彼らの短期志向を促進する可能性がある (3)。なお部門主義とも相俟って，事業部間での情報共有が阻害され，生産施設や研究開発などへの重複投資という無駄も生じると指摘されている (4)。このようなデメリットはあるものの，多角化した事業を管理するのに適した組織形態として，今日では事業部制組織は多くの企業で採用されている。

第4節　パナソニックの事業部制組織の変遷

1．パナソニックの業績推移

　パナソニック（旧松下電器産業）は，1918 年に創業された日本を代表する電気機器の製造企業であり，創業者は「経営の神様」として知られる松下幸之助である (8)。経営組織の面では，1933 年に日本で初めて事業部制組織を採用している。第1事業部（ラジオ），第2事業部（ランプ・乾電池），第3事業部（配線器具・合成樹脂など）の3つの事業部から始まった事業部制組織は，松下によれば，「自主責任経営の徹底」と「経営者育成」を通した競争力強化に向けて導

入された組織であった（パナソニック HP）。また，同社の事業部の独立性が高く，それらはプロフィット・センターとしても機能している。以下では，パナソニックの事例に基づいて事業部制組織の運用や改革の変遷を見ることで，その課題克服への取り組みについて検討する。この検討から事業部制組織を採用しさえすれば多角化が順調に機能するわけではなく，試行錯誤の連続が必要になることを見て取れよう。

　パナソニックの組織改革の前に，まず 1964 年以降の業績推移を見てみる（図表 11 − 7）。同社の売上高は 1964 年度には 2,034 億円であったが，2018 年度には 8 兆 27 億円へと半世紀の間に約 40 倍に増えている。年代によって変動が見られるものの右肩上がりで成長してきたのに対して，利益（営業利益率，以下，利益率）については，売上高の増大，すなわち組織の大規模化にともない停滞している。実際に，1960 年代まで利益率は 10% 前後で推移していたが，1970 年代になると 2 度の石油危機の影響もあり 2.7% まで低下する（業績低迷第 1 期）。その後，利益率は 10% 前後へと回復したが，1980 年代には 2 〜 4% 程度へと下落する（業績低迷第 2 期）。

　バブル崩壊後の 1990 年代を迎えると，パナソニックの利益率は 0.8% から 2.5% へとさらに低迷していく（業績低迷第 3 期）。2000 年代になると同社の業績低迷は深刻を極め，2001 年度には利益率が − 2.8%（損失額 4,310 億円）に陥ることになる（業績低迷第 4 期）。その後，事業部制組織の廃止という大組織改革が行われたことで，利益率は 2006 年度には 5.0% に向上し「V 字回復」を成し遂げた。しかし，業績は再び低迷に転じ，2008 年度には利益率が − 1.4% へと低迷し 2011 年度には 0.6%（最終損失額 7,722 億円）まで下落する（業績低迷第 5 期）。

２．業績低迷第 1 期から第 3 期までの組織改革

　業績低迷第 1 期の 1978 年には，パナソニックは事業部制組織の強化を目的とした組織改革を行った。各事業部をまとめる役割として「総括事業本部制」が設けられていたが，これは各事業部に対して「屋上屋を架」して各事業部の自主性を損なうと考えられたため，同制度を廃止して事業部を社長（取締役会）直轄にしたのである。これにともない人事改革も実行された。従来，事業部間

図表 11 － 7　パナソニックの業績推移

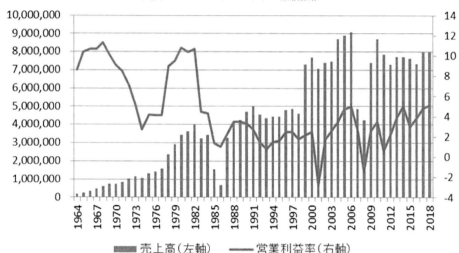

注１：単位は売上高：100 万円売上高，利益率：％。
注２：1985 年度と 86 年度は，会計年度の変更による調整が行われたため，当該期の売上高
　　　や利益率は時系列比較の参考にならない。
出所：パナソニックの有価証券報告書各年版に基づいて筆者作成。

　の異動がほとんどなく，各事業部のセクショリズムを助長したことから人事異
動を活発に行うことで組織活性化を図ったのである。実際に，1979 年には係
長と課長の約 3,300 人の異動が発令され，それ以降，毎年活発に異動が行われ
るようになった。さらに 1981 年には，関連会社も含めた事業部間の関係調整
によって重複や競合を排除するため，OA（オフィス・オートメーション），ロボッ
ト，VTR，ビデオディスクに関して，プロジェクト・チームを発足させて横
断的な組織推進体制が構築された（河合，1996，92 ～ 94 ページ）。事業部間の調
整と，事業部の独立性の強化という相反する取り組みが実施されていたのであ
る。

　業績低迷第２期には，「事業本部制」の導入による組織改革が進展していく
（1984 年）。テレビ，ビデオ，音響，電化の４つの事業本部が創設され関連事業
部をまとめることになる。事業本部制は内部資本金を保有して傘下事業部に投
資する制度でもあり，各事業部の「社内分社」化を推進して独立性を高めるこ

とになった。同時に事業本部の本部長には，傘下事業部の人事権や手形発行権など，社長が有する権限の一部も委譲された。また，1987 年には「重点事業推進室」が設置される。ニュー AV，OA，FA，カーエレクトロニクス，住まい関連などの 7 室が設置され，中期計画策定や事業部間の調整などを通して傘下事業部のベクトルを統一する活動が行われた。事業本部制と重点事業推進室の設置によって，事業部の独立性を維持しつつ「オール松下」を目指した調整が実施されたが，新規事業への参入権限が事業部に委ねられたままであり組織改革は不完全な状況であった（河合，1996，95 〜 103 ページ）。

　業績低迷第 3 期を迎えた 1991 年には「部門制」が導入される。部門制は，パナソニックの事業本部と事業部に加えて，本社営業部門とグループ企業も含めた「横割のグループ制」であり，本社役員が統括責任者となり本社内に設置された。建築エレクトロニクス部門，情報通信部門やリビング部門などが設立されて，事業本部，事業部，関連会社の垣根を取り払う部門化を推進したのであった。しかし，基本的に事業部はプロフィット・センターとして維持され，事業本部の内部資本金も保持したままであり社内分社が推進され続けていた。このような状況下での部門制に対して，各事業部から屋上屋を架すものと再び批判が噴出したという（河合，1996，111 〜 112 ページ）。

　部門化と事業部の独立性維持が推進されたことから，部門，事業本部，事業部間では新規事業への参入に関して軋轢が生じていた。パナソニックではワイドテレビへの参入が最後発になったが，この背景には，テレビ事業部の高い参入意欲に対して，テレビ本部（部門と事業本部）の反対のため方針が統一されなかったことがある。部門間における方針対立がしばしば発生したことから，1994 年には事業本部制や事業部門制を廃止しシンプルな事業部制へと回帰したのであった。その際に事業部長の「主体性や積極性」の回復が意図された。単年度評価であった事業部長への評価制度を，次年度も対象に加えて 2 年間に及んで評価する仕組みへと変更した。これによって，事業部長の長期視点に基づく経営と「起業家的な行動」の促進が期待されたのである（河合，1996，116 〜 123 ページ）。

3．業績低迷第 4 期から第 5 期までの組織改革

　しかし，事業部の分権制を強化したことが，パナソニックのさらなる利益率低下・損失計上につながってしまう。業績低迷第 4 期を受けて，中村邦夫社長（当時）の下で 2001 年〜 2003 年にかけて事業部制組織を解体し，図表 11 − 8 のように「半職能組織」へと移行することになる。同社では，グループ全体で 100 を超える事業部が設置されていた。自立性の強化にともなう重複投資発生によって規模の経済性が発揮できず，また製品開発でも事業部間での協力関係を築けずに開発力も低下したという (9)。半職能組織では，各事業部から製造と家電営業を分離・集約して職能部門として独立させている。既存の事業部は 5 つのドメイン（事業領域）にまとめられ，その下に BU（ビジネス・ユニット）がつくられ，それらが「開発や商品企画に特化」することになった（『日経産業新聞』2000 年 12 月 1 日；福地，2007）。各 BU 内では，様々なプロジェクトが立ち上げられ，その完遂に向けたタスクフォースが設置されて従業員もこれに参加する。この組織改革が奏功して，パナソニックでは V 字回復を遂げることができたのである。

　V 字回復は長く続かず，業績低迷第 5 期を迎えることになった。業績悪化の背景には，BU 数が 90 に及んで統制を困難にしただけでなく，企画・開発に特化する各 BU は製造と営業部門から分離されていたことがある。消費者の要望が開発部門に伝わらずに，「消費者のニーズと製品開発態勢が乖離」したことから，事業部制組織を復活させて，事業部で製品の製造・販売に関する全職能を一元的に管理する必要性が生じたのである（産経新聞社 HP）。結局のところ，事業部を廃止して組織内の協力体制や無駄排除を目的とした改革が，企画・開発，製造，営業間での意思疎通と一貫性を欠くことになり，パナソニック製品に対する顧客からの支持を失ってしまったのである。ドメインごとに分類された半職能別組織は廃止され，2013 年 4 月に再び事業部制組織が復活する。その後，いわゆる「アベノミクス」による好況下で同社の利益率は 5% 前後で堅調に推移している。

　このようにパナソニックでは，事業部制組織について多様な改革を行ってきた。それは，事業部への統制と独立性という二項対立する葛藤のなかで進展し

図表11－8　パナソニックの半職能組織

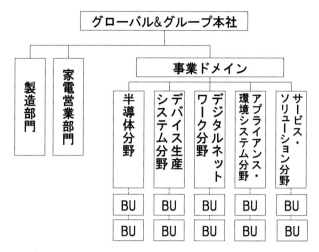

出所：『日経産業新聞』2005年11月15日；福地（2007），117～118
ページに基づいて筆者作成。

た取り組みであった。業績低迷第1期には事業部の自立性が強化され，第2期
では事業部の統制を強化したものの，自立性を維持したままの統制強化により
改革が不十分に終わる。第3期には統制強化が断念され，長期的視点に基づい
て事業部の自立性強化が再び進められる。第4期では，事業部制組織を廃止し
て，統制強化を進めて，全社的なベクトルの統一を図るべく半職能組織が導入
された。しかし，統制の強化が再び業績の悪化をもたらし，第5期では事業部
制組織を復活させ，三度，事業部の自立経営を推進することになった。パナソ
ニックの組織改革では，事業部制組織を中心にして，統制と分権・自立の間で
揺れ動きながら環境変化に適応すべく組織改革が実施されてきた。このことか
ら経営組織の変革は，企業の経営戦略，さらには生き残りのための重要な要因
の1つになっていると言える。製造業の競争力は，表層的には顧客に支持され
る製品提供に尽きるのだが，パナソニックでは，そのような競争力を生む源泉
を組織に求めている。すなわち，組織の在り様が競争優位に影響を及ぼしてい
るのである⁽¹⁰⁾。

第5節　むすび

　本章では経営組織の基本的形態について，ライン組織やライン・アンド・ス
タッフ組織という組織の構成原理と，それを具現化させた職能別組織と事業部
制組織について検討してきた。ラインは事業に固有の職能であるのに対して，
スタッフはラインを補佐する役割を担う。企業組織はラインとスタッフの組み
合わせで形成されているのである。またライン組織はライン職能のみで構成さ
れる組織なのだが，ここには命令・指揮系統の観点から直系組織という意味合
いもある。ライン組織では経営者を頂点としてピラミッド型となるが，その原
則として，分業，命令一途，指揮の一元化，階層化を促進する管理の限界が存
在する。なお，ライン組織原理を否定する職能別職長制については，テイラー
自身が運営した企業を除いて一般的には普及しなかった。

　ライン職能にスタッフを追加したものが，ライン・アンド・スタッフ組織で
ある。この構成原理に基づいて形成されるのが職能別組織であり，本章では
デュポン社の事例を検討した。歴史的に見ると，経営組織は経営戦略の変更に
ともない S-form → U-form → M-form へと展開していった。U-form が職能別
組織であり，同社では販売・製造・化学などライン職能ごとに部門化され，本
社と各職能部門を補佐する人事や不動産などのスタッフを配置していた。職能
別組織は集権的な管理を可能にする組織であるが，多角化にともない機能に支
障をきたすようになる。デュポン社では，1 つの職能部門で複数製品を取り扱
い始めて管理的混乱を生じ本社の管理負担も増加した。結果として，各部門間
の調整が困難になり，市場ニーズ対応遅れや過剰在庫などの問題が発生してし
まう。

　この問題解決のために，製品ごとに必要な職能（購買・製造・販売など）を擁
する事業部制組織が考案された。事業部は自立的な役割を有していて，その評
価は事業部ごとに資本収益率によって管理される。事業部制組織でもスタッフ
が配置されてライン職能を補佐することから，構成原理はライン・アンド・ス
タッフ組織となる。事業部制組織は，多角化した事業の管理に適した組織であ

り，事業部の高い独立性や本社の管理負担削減などのメリットがある反面，部門主義や重複投資などのデメリットも有する。

　最後に，日本で事業部制組織を初めて採用したパナソニックの事例を検討した。同社では，1933 年に採用してから 70 年に及んで事業制組織を維持してきた。しかし，漫然と事業部制組織を維持するのではなく，事業部の管理に関して分権と集権をめぐって試行錯誤を行ってきたのである。同社では，100 年に及ぶ歴史のなかで業績の低迷期が何度かあり，その度に事業部制組織の改革によって環境への適応を図ってきた。2000 年代初頭の業績低迷を受けて，同社では事業部制組織を解体し半職能組織へと移行した。事業部制組織から職能別組織へ逆行する改革が断行されたのである。この改革で一時的に V 字回復を果たしたが，部門間の意思疎通を阻害してしまい再び業績を低迷させ，2013 年には事業部制組織へと回帰することになった。

　経営組織を考えるうえでは，組織を構成する根本原理と，表面に現れる組織形態を区別して認識する必要がある。そして，経営戦略の変化にともない S-form → U-form → M-form というように戦略に適合した組織が考案されてきたのである。新組織形態の採用は，企業の発展だけでなく，経済の発展にもつながるイノベーション（革新）をもたらす。シュンペーター（Schumpeter, J.A.）は，経済を発展させる企業家の「新結合」（neue Kombination）を 5 つの側面から捉えている。それは新製品，新生産方法，新販路，新供給源，新組織であり，新しい経営組織はイノベーションそのものなのである（Schumpeter, 1926, pp.100-101）。適切な組織を考案・設計することは，企業の経営資源を活用して，経営環境に適応して競争力を高めるための重要な行為である。しかし，経営環境はつねに変化して不確実性が高いため，いかなる状況にも適合できる唯一無二の組織形態は存在しない。そのような経営環境と経営資源との適合を考慮して，企業には生存可能性と競争力強化を向上させる不断の改革が求められる。

【注】

（1）経理をスタッフとする場合もあるが，本章では，経理は営業活動から生じる取引関係を整理・精算する職能であるためラインに位置づけている。これに対して，財務は，資金調達や資金管理など企業全体を財務の側面から掌握して，ライン活動を支援・統制することからスタッフに位置づけられる。

（2）ライン・スタッフ関係の人間身体器官へのアナロジーの原出所は下記となっている。Witzel, M. ed.（2001），*Organizational Behavior, 1890-1940*, Perennial.

（3）その管理原則とは，①分業，②権威と責任，③規律，④命令一途，⑤指揮の一元化，⑥個人利害の全体利害への従属，⑦個人の報酬，⑧集中，⑨階層的組織，⑩秩序，⑪公正，⑫職務の安定性，⑬独創力，⑭従業員の団結心であり，企業の管理を円滑化ならしめるための実践知が集約されている。

（4）この組織は後述の職能別組織とは異なることに留意されたい。

（5）実際の組織図については，次節のデュポン社の職能別組織で説明をする。

（6）本章では，職能別組織の名称を用いるときには実質的に集権的職能別組織を指す。

（7）この金額を現在の価値に換算すると，おおよそ 3,120 万ドルに達する。

（8）松下電器産業は 2008 年 1 月にパナソニックへと社名変更している。本章では，社名変更前と後を区別せずパナソニックという名称を用いることにする。

（9）パナソニックの事業部間の重複投資や部門主義については，兒玉（2007）に詳しい。

（10）藤本ら（2007）によると，製品・サービスや広告などから得られる消費者や顧客の評価は「表の競争力」とされている。これに対して，組織や製造方法などの「裏の競争力」が，表の競争力に影響する，あるいはそれを規定すると指摘されている。パナソニックでも，組織という裏の競争力が，表の競争力に影響を及ぼしていると考えられる。

【参考文献】

安部悦生・壽永欣三郎・山口一臣『ケースブック アメリカ経営史』有斐閣，2002年。

占部都美『経営管理論』白桃書房，1968年。

河合忠彦『戦略的組織革新』有斐閣，1996年。

兒玉公一郎「事業構造改革」伊丹敬之・田中一弘・加藤俊彦・中野　誠編著『松下電器の経営改革』有斐閣，2007年，49 ～ 94 ページ。

佐久間信夫「経営組織の基本形態と発展形態」佐久間信夫編著『経営学概論』創成社，2011年，236 ～ 249 ページ。

福地宏之「家電営業改革」伊丹敬之・田中一弘・加藤俊彦・中野　誠編著『松下電器の経営改革』有斐閣，2007年，95 ～ 131 ページ。

藤本隆宏・東京大学 21 世紀 COE ものづくり経営研究センター『ものづくり経営学―製造業を超える生産思想―』光文社新書，2007 年。

藻利重隆『経営管理総論』千倉書房，1956 年。

『日経産業新聞』2000 年 12 月 1 日 1 面「松下，事業部制を解体へ」，2005 年 11 月 15 日 22 面「松下のフラットな組織 変革リーダー育てる」。

Agarwall, A. and P. Vrat, "Line and Staff Functions in Organizations Revisited: A Bionic System Analogy Using ISM," *Vision*, Vol.19 No.2, 2015, pp.89-103.

Barnard, C.I., *The Functions of the Executive*, Harvard University Press, 1938.（山本安次郎・田杉　競・飯野春樹訳『新訳 経営者の役割』ダイヤモンド社，1956 年）.

Chandler, A.D., *Strategy and Structure: Chapters in the History of the Industrial Enterprise*, The M. I. T. Press, 1962.（三菱経済研究所訳『経営戦略と組織』実業之日本社，1967 年）.

Fayol, A., *General and Industrial Management: Translated from the French Edition*, Sir Isaac Pitman & Sons, LTD, 1916.（山本安次郎訳『産業ならびに一般の管理』ダイヤモンド社，1985 年）.

Schumpeter, J.A., *Theorie der Wirtschaftlichen Entwicklung: Eine Untersuchung über Unternehmergewinn, Kapital, Kredit, Zins und den Konjunkturzyklus*, Verlag von Duncker & Humblot, 1926.（塩野谷祐一・中山伊知郎・東畑精一訳『シュムペーター 経済発展の理論』岩波書店，1977 年）.

Taylor, F.W., *Shop Management*, A Harper International Student Print, 1903.（上野陽一訳・編『科学的管理法』産能大学出版部，1931 年）.

【ホームページ】

産経新聞社　2021 年 3 月 3 日アクセス
https://www.sankeibiz.jp/business/news/130225/bsb1302250832000-n1.htm

パナソニック　2021 年 3 月 3 日アクセス
https://www.panasonic.com/jp/corporate/history/konosuke-matsushita/053.html

第12章
経営組織の発展的形態

第1節　事業部制組織からマトリックス組織へ

　事業部制組織は 1960 年代半ばにはアメリカの大企業に普及し，1972 年には
アメリカの製造業上位 500 社の 80％以上で採用されるようになった（日本能率
協会訳, 1980, 30 ページ）。前章で指摘したように事業部制組織は多角化した企業
において極めて有用な組織形態であるが，それと同時に問題点も持つ組織形態
であった。1970 年代になると企業を取り巻く経営環境の急激な変化や企業の
多国籍化，競争の激化などにより従来の事業部制組織では対応が困難な問題が
次々に起こるようになってきた。

　そこでこのような急速な経営環境の変化に対応していく経営組織としてマト
リックス組織（matrix organization）が導入されるようになった。デイビス＝ロー
レンスは次の「3つの基本的な条件を同時に満たした場合，マトリックス組織
が好ましい構造上の選択になる」（津田・梅津訳, 1980, 19～30 ページ）と述べている。

①　2元的関心への移行に対する外部からの圧力
②　高度の情報処理能力の必要性
③　資源の共有化に対する要求

　1970 年代にアメリカ企業が相次いでマトリックス組織を導入したというこ
とは，逆に言えば，これらの3条件は当時の経営環境の変化を反映したものと
いうことができる。「2元的関心への移行に対する外部からの圧力」は，具体

的には，たとえば当時のアメリカの航空宇宙産業において，専門的な技術開発を遂行していかなければならないという要請と顧客（政府）独自の要請に同時に対応していくことが求められたことである。「高度の情報処理能力をもつことへの圧力」は外部環境の不確実性（競争相手の突然の戦略変更，技術的進歩，環境保全のための制約，その他の政治的規制，通貨と株式市場の変動など），課業の複雑性（多角化によるもの），相互依存性（多くの人やグループが参加することによって生じるもの）などからもたらされるものであり，企業はこれらの３つの要因から高度な情報処理能力を求められるようになった。「経営資源の共有化に対する圧力」は，マトリックス組織の導入を促すことになったきわめて重要な要因である。事業部制組織においては，人的資源，物的資源，技術的資源などの経営資源が各事業部に囲い込まれる傾向が強くなるため，複数の事業部で同じ経営資源が保有されることになり，経営資源の重複がおこり，企業全体では大きなムダが発生することになる。

　マトリックス組織は，内外の経営環境の変化からもたらされる，これら３つの要因に応える組織形態として採用され，発展した。

第２節　マトリックス組織の編成原理

　職能部門組織（ライン組織）と製品別事業部組織は長所とともに短所も持つ組織であった。マトリックス組織は両組織の長所を生かす組織として考案された組織である。マトリックス組織は２人の上司から命令を受ける管理者（ツーボスマネジャー；two boss manager）をもつ組織である。これがマトリックス組織の基本的な特質である。

　マトリックス組織には機能別組織と製品別事業部制組織の両方が並存しており，たとえば図表12－1において管理者ＡⅡは製造部長と製品Ａの責任者の両者から命令を受け取ることになる。管理者ＡⅡは何人かの部下をもち，一定の仕事を遂行する管理者であるが，機能別組織の上司である製造部長から設備や人員などの経営資源を割り当てられ，専門能力開発のための指導を受ける。他方，製品部門別のマネジャーである製品Ａの管理者からは資金と業務

上の目標が与えられる。ツーボスマネジャーである管理者 A Ⅱ は「業務遂行の過程で高度な大量の情報を扱い，代替案を比較検討し，組織全体のためにその責任を遂行し，成果によって評価されることになる。それ故，彼に要請されるのはゼネラル・マネジャー的思考と行動である」(南，1990，225 ページ)。

　マトリックス組織の研究者として知られるデイビス＝ローレンスは，マトリックス組織がいくつかの段階をへて発展してきたことを分かり易く説明している (津田・梅津訳，1980，65 ～ 74 ページ)。かれらはマトリックス組織発展の第一段階として機能別組織，いわゆるライン組織を取り上げているが，この組織は一般にはマトリックス組織とは呼ばれないので，ここでは彼らが次に取り上げた，「マトリックス組織の初期的形態」をマトリックス組織発展の第 1 段階と考えることにしよう。

図表 12 － 1　マトリックス組織

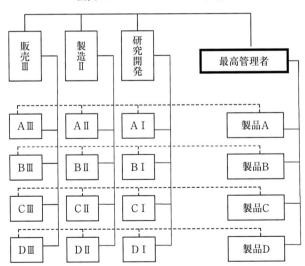

出所：筆者作成。

（1）マトリックス組織の初期的形態

　マトリックス組織発展の第1段階（デイビス＝ローレンスでは第2段階）はいわゆる「プロジェクトチーム」の組織である。デイビス＝ローレンスによれば，この組織はアメリカの建設会社，映画スタジオ，宇宙・防衛産業などのプロジェクト単位の仕事を持つ産業で発展した。

　たとえばアメリカの航空宇宙産業では，かつて深刻な技術者不足に悩んでいたが，これを解決するために各プロジェクトが技術開発部から必要とする技術者を派遣してもらう体制をとった。技術開発部から各プロジェクトに派遣された専門技術者は，プロジェクト・マネジャーと技術開発部長の2人の上司を持つことになる（図表12－2）。

　この組織においては，プロジェクトの目標が達成されると同時にプロジェクト自体が解散されたことから，デイビス＝ローレンスはこの「マトリックス組織の初期的形態」を「短期的なマトリックス」とも呼んでいる。

図表12－2　短期的なマトリックス

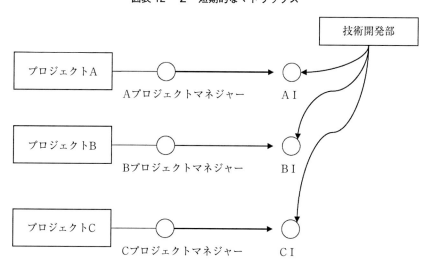

出所：筆者作成。

（2）恒久的な複合組織

　マトリックス組織の第2段階は，ブランド・マネジャーが配置された組織である。ブランド・マネジャーは製品あるいはブランドを担当する製品管理スタッフであり，特定の製品やブランドに関して製品開発から製造，販売まで一貫して責任を持つ管理者である。この組織において，たとえば図表12－3における管理者BⅡはブランド・マネジャーBと製造部長の2人の上司から監督を受けることになる。それぞれのブランド・マネジャーは，ある製品について，製品の開発，製造，販売の全てにかかわり，自分の担当する製品に対する市場の評価を見極めた上でこれを次の製品開発にフィード・バックしていく。商品が豊富になり，企業が市場を重視せざるを得ない「豊かな社会」に対応した組織ということができる。

　この組織は，組織の目的が達成されると組織が解消されるプロジェクトチームと異なり，長期的に維持されるので，デイビス＝ローレンスはこれを「恒久的な複合組織」と呼んでいる。

図表12－3　恒久的な複合組織

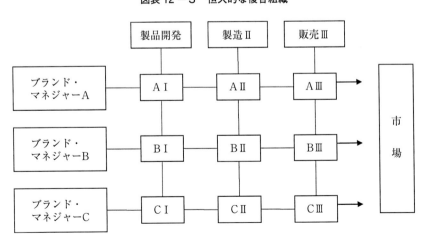

出所：筆者作成。

（3）成熟したマトリックス

第2段階までは機能別の軸と製品別の軸の一方が強い権限を持つ主軸，他方が弱い権限を持つ補完軸であった。これに対して，第3段階の「成熟したマトリックス」は2つの軸が同等の権限を持つ。

また，機能，製品のほかに地域や時間の軸を加えた組織も採用されるようになった。3つの軸をもつマトリックス組織は3次元マトリックス（図表12－4），4つの軸を持つマトリックス組織は4次元マトリックスと呼ばれる。

文化・習慣・嗜好が大きく異なる地域を同時に管理しなければならないグローバル企業にとって，機能と製品のほかに地域の軸を設けることがきわめて重要となる。

マトリックス組織の利点は，第1に，人員や資源の配置において重複を回避し，無駄を省くことができること，第2に，環境の変化に応じて組織構造を柔軟に変化させうること，第3に，複数の報告関係が公式に存在するため，組織のコミュニケーションが促進されることなどである。これに対して，マトリッ

図表12－4　機能・製品・地域を軸とする三次元マトリックス

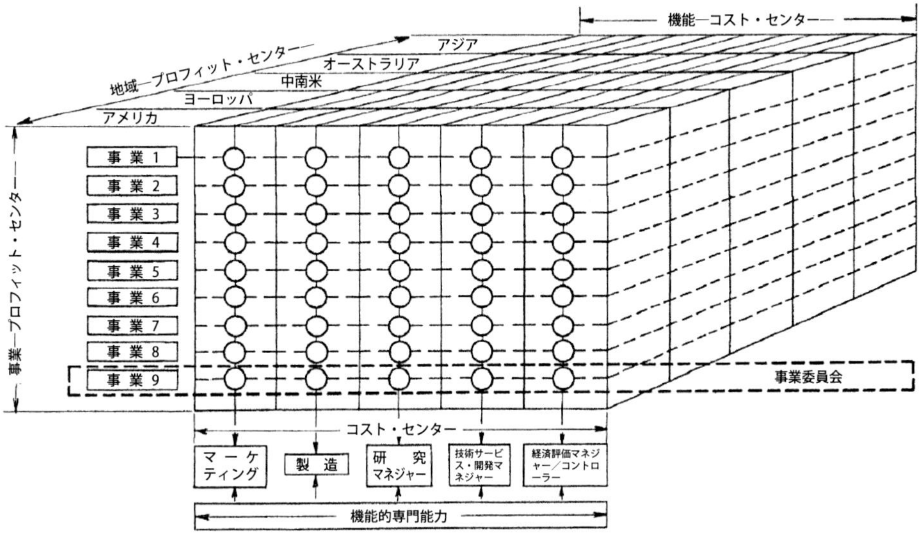

出所：日本能率協会訳（1980），91ページ。

クス組織の問題点は，第1に，複数の命令系統の存在によって責任の帰属が不明確になったり権限争いが生じたりすること，第2に，複数の命令系統の間に摩擦が生じ，それを解消するための調整に要する時間的損失がきわめて大きいこと，などである。

マトリックス組織の本質は「両軸の管理者が権限を分割保有ではなく共同保有していること」および「両軸の交差点に位置している各組織単位（事業所，個人等）が，内容の異なる2次元的コントロールの下で，成熟した組織単位としてそれらを統合しつつ主体的に問題解決型行動を展開すべきであること」（森本，1998，76ページ）である。

第3節　SBU 組織

多角化が進んだ企業において事業部制組織は経営戦略上の利点が多い組織形態であったが，多くの企業にこの形態が普及することになると問題点も目立つようになった。マトリックス組織は事業部制組織の重複投資や柔軟性の欠如などの問題点を改善しようとする組織形態であった。

さらに，事業部制組織においては短期利益志向であることや製品志向が強いことなどが新たな問題を生むと指摘されてきた。事業部で生産・販売されている製品はそれぞれのプロダクト・ライフサイクル（PLC）を持ち，多くの製品は研究開発期，成長期，成熟期，衰退期という過程を経て，やがて市場から退出していく。ある製品が将来大きく成長し大きな利益を生み出すと予測されるならば，企業はこの製品に人的資源や金銭的資源を重点的に投入し，研究開発を促進していく必要がある。一般に，製造業などの新製品開発では多額の資金と長期に渡る技術者などの人的資源の投入などを忍耐強く続ける必要がある。とはいえ，事業部制組織における事業部長などの管理者は短期的な事業業績で評価されることが多いため，すぐに利益を生み出さない新製品の開発を避けようとする傾向がある。しかし，将来の企業の利益や成長を生み出す新製品を開発し続けることができなくなると，長期的にはその企業の成長が阻害されることになる。このように，事業部制組織が短期利益志向的であることの問題点は

早くから指摘されてきたことである。

　また，将来，いかに高い成長が見込まれる製品であったとしても，その製品市場に強力なライバルが存在し，熾烈な競争を強いられるうえ勝算がない場合には，当該製品市場への参入を断念せざるを得ないであろう。事業部制組織は多角化が進んだ企業で採用されているのが一般であるが，総合電機メーカーなどでは 100 を超える事業部を持つ企業も珍しくない。これらの事業部ないし製品群は製品ポートフォリオと呼ばれているが，自社の持つ個々の製品の長期的な利益見通しとその製品の市場・競争関係を分析し，自社にとって有望な製品に経営資源を集中的に投入し，自社にとって有望でない製品は経営資源の投入を控えたり，撤退させたりする経営手法がプロダクト・ポートフォリオ・マネジメント（Product Portfolio Management：PPM）である。

　技術開発競争が激化し，イノベーションによって新しい製品が次々に開発されるようになると製品の寿命は短くなり，企業はこれまでの自社の主力製品にいつまでも依存し続けることが困難になった。将来成長が見込まれると予想される製品の開発に積極的に経営資源を投入し，競争に勝つことができる製品を開発し続けなければ企業は衰退を免れることができない。従来の事業部制組織は独立採算制をたてまえとしているため，高い利益を上げている主力製品の事業部に継続的に経営資源が投入される傾向が強かった。しかし，現在主力であり，高い利益を上げている製品が将来に渡ってその高収益を維持できるわけではなく，PLC に従ってやがて市場から退出を迫られることになる日がやってくる。そこで，企業が全社的に成長を継続しようとするならば，現在の主力製品で獲得した利益を将来有望であるが，現在はほとんど利益を生んでいない新しい成長が期待される製品の開発に振り向けなければならないのである。このような PPM の考え方を実践するために考案された組織が戦略的事業単位（Strategic Business Unit；SBU）である。

　GE 社は 1970 年代に SBU 組織を導入し成功を収めた企業として知られているので，ここでは GE の SBU 組織について見ていくことにする。1950 年代に事業部制組織を完成させた GE は多角化を進め，売上高を増加させたものの 60 年代後半に「利益なき成長」に陥っていた。すなわち，売上高は 1964 年の

49億ドルから1970年代には87億ドルへと1.8倍に増大したのに対して，売上高純利益率は1960年代前半の5％台から1969年には3.3％台に低下したのである（坂本，1983，222ページ）。この「利益なき成長」を打開する方策として1970年代にGEが導入したのがSBU組織である。GEのSBU組織導入については坂本和一の『現代巨大企業の構造理論』によって詳述されているので，これに従ってGEのSBU組織をみていくことにする。

GEは1951年の組織変革によって，分権的な構造を持つ事業部制組織を確立した。その企業組織構造は大きく①経営役員室（Executive Office），②サービス部門（Services Components），③事業部門（Operating Components）の3つの層から構成されていた（坂本，1983，202～203ページ）。経営役員室はCEO，上級副社長，副社長などの役員によって構成され，全社的な戦略意思決定を担当する部門である。サービス部門はいわば本社スタッフ部門とも呼ぶべき部門で，財務，人事，生産管理，技術開発，計画開発，対社会関係，総務などの職能を担当していた。事業部門はGEの個々の製品の製造・販売などを手掛ける部門である。事業部門はさらに製品部，事業部，事業グループの3つの層から構成されていた。約110の製品部は事業部門における最小の単位であり，プロフィットセンターの役割を担っていた。110の製品部は23の事業部に包摂され，それがさらに5つの事業グループに包摂されるという形で事業部門には3層構造が形成されていた（坂本，1983，203ページ）。

事業部制組織は生産志向的・技術志向的性格を持つ傾向にあるが，そのことがGEの収益率低下の要因となっていたため，GEは事業部制組織に市場志向性を持たせることを目的にSBU組織を導入した。すなわち，GEは従来の事業部制組織にオーバーラップさせる形で事業グループ，事業部，製品部のうち43の組織をSBU組織に指定したうえで，それぞれのSBUに独自の戦略事業計画を策定し，実行することを求めたのである。

本社レベルでSBUの戦略事業計画策定と実行に関わるのは，本社の計画開発スタッフ部門の中に設置された本社戦略計画スタッフ部門（Corporate Strategic Planning）である（図表12－5）。上級副社長が担当するこの本社戦略計画スタッフ部門は環境分析スタッフ部門，全社戦略システムスタッフ部門，事業

戦略・評価スタッフ部門の3部門から構成されている（坂本, 1983, 238 ～ 240 ペー
ジ）。環境分析スタッフ部門は，経済全般および対象となる業界の調査・分析
を行って戦略計画策定に必要な情報を収集する。これは例えば，2020 年代で
あれば，日本や中国における急速な少子・高齢化の進行スピードの予測や，世
界的な脱化石燃料の進展の予測などの情報分析などに相当するということがで
きるであろう。次に，全社戦略・システム・スタッフ部門は，環境分析から得
られた情報をもとにプロダクト・ポートフォリオ分析を用いて全社レベルの戦
略計画とそれを実現する経営システムを立案する。最後に，事業戦略・評価ス
タッフは，各SBU レベルでの戦略計画の評価とそのフォローアップを行う。

図表 12 － 5　GE 社戦略計画（Corporate Strategic Planning）スタッフ部門の編成

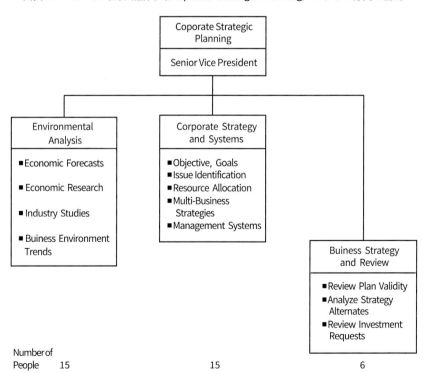

出所：坂本（1983），239 ページ。

　GE では 43 の SBU にそれぞれ責任者が置かれ，SBU マネジャーと名付けられた。実際には，事業グループが SBU に指定された場合には事業グループのトップが SBU マネジャーに任命され，事業部が SBU に指定された場合には事業部長が SBU マネジャーに任命された（坂本，1983，235 ページ）。

　全社戦略・システム・スタッフ部門は全社的な戦略計画を立案し，その中で個々の SBU が全体計画に占める位置，目標，使命を明確に定める（坂本，1983，241 ページ）。そのために用いられたのが，ボストン・コンサルティング・グループやマッキンゼーなどが開発した，プロダクト・ポートフォリオ分析である。ボストン・コンサルティング・グループが開発した図表 12 − 6 はプロダクト・ポートフォリオ分析から得られた多くの事業部の現状を図表上にプロットしたもので，プロダクト・ポートフォリオ・マトリックス（PPM）として知られている（坂本，1983，246 〜 248 ページ）。

図表 12 − 6　ボストン・コンサルティング・グループの
プロダクト・ポートフォリオ・マトリックス

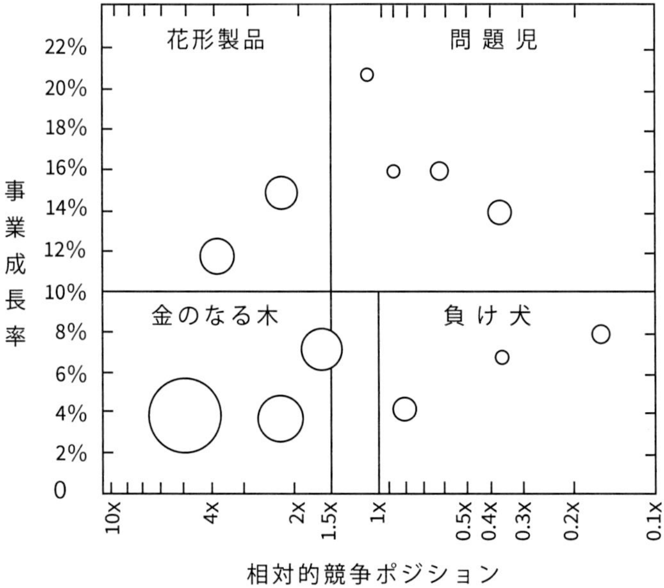

出所：坂本（1983），246 ページ。

　図表において縦軸は事業成長率を示しており，上に行くほど成長率が高いことを意味する。横軸はマーケット・シェアで測定された相対的競争ポジションを示しており，左に行くほど競争力が高いことを意味する。それぞれの円の大きさは事業の規模を表している。ボストン・コンサルティング・グループのPPMは花形製品（Stars），金のなる木（Cash Cows），問題児（Question Makers），負け犬（Dogs）の4つのセルに分けられている。花形製品のセルにプロットされた事業は事業成長率が高く，競争力が高い事業であることを意味している。市場競争力が高いため，現金の流入が多いが，一方で成長率も高いため，多くの研究開発投資を必要とし，現金の流出も多い。これらの事業はプロダクト・ライフ・サイクルに従って，やがて事業の成長率が低くなった場合には投資資金需要が減少し，金のなる木に移っていく。したがって，このセルのSBUはマーケット・シェアの維持ないし拡大が使命となる。

　金のなる木のセルにプロットされたSBUは，事業成長率が低いため研究開発投資が少なく，したがって資金の流出が少ない一方で多額の資金の流入をもたらす。ここに位置づけられたSBUはこの企業の支柱的な事業であるが，この事業に過剰な投資を行うべきではない。この事業で得られた資金は花形製品や問題児の事業に投入すべきである。

　問題児のセルのSBUは高い事業成長率が期待されるが相対的競争ポジションの低い事業である。もしも投資を続けなければ競争力が低下してしまうし，また，成長が止まった場合には負け犬に移行してしまう可能性がある。

　負け犬のセルの事業は，事業成長率も相対的競争ポジションも低い事業である。この事業には投資を続けるべきではなく，撤退を検討することがこのSBUマネジャーの役割になる。

　企業の経営戦略にとって問題児のセルの中から投資を継続する事業を選別することが極めて重要なポイントになる。選別された事業に積極的に投資し，競争力を強化できれば，この事業は花形製品に移行し，やがてこの事業の成長率が下がると金のなる木へと移っていく，というのが理想的なパターンになる。

　ボストン・コンサルティング・グループのPPMは非常にわかりやすく，最もよく知られているものであるが，事業の強みを事業成長率と相対的競争ポジ

ションの2つの基準からのみ分類するもので，あまりに単純すぎるという指摘があった。そこで，GE が実際に採用したのはマッキンゼーが開発した，各事業を9つのセルにプロットするビジネス・スクリーンであった。ビジネス・スクリーンは縦軸に当該 SBU の強み，横軸に事業の魅力度という基準を設定し，それぞれ中・高・低の3段階に区分（ボストン・コンサルティング・グループの PPM では高・低の2段階）するため，全体で9つのセルから構成されるものである。また，当該 SBU の強みと事業の魅力度という基準は，ボストン・コンサルティング・グループの成長率とマーケット・シェアのように単一の要素から測定したものでなく，規模，成長，シェア，地位，収益性など複数の要素から算出したもので，より正確な評価を試みたものである。

第4節　多角化とコア・ビジネスへの集中

　GE の CEO を20年にわたって勤めたジャック・ウェルチ（Jack Welch）は1980年代に，市場で1番か2番の事業に集中し，それ以外の事業は売却や撤退をするという戦略を実行し，大きな成果を収めた。彼は1981年の CEO 就任から約20年で，GE の株式時価総額を29倍に増大させ，家電中心だった GE をジェット・エンジンや原子炉，金融ビジネスなどの事業を擁する巨大コングロマリットに成長させた。彼の経営戦略の特徴の1つは，企業の経営資源を競争力の高い事業に集中的に投入することであった。

　ジャック・ウェルチの経営戦略とその成果は世界の多くの経営者から称賛され，とりわけ日本の電機メーカーによって追随されることになった。すなわち，1990年代のバブル崩壊と2000年代のデジタル化への対応の遅れで，軒並み苦境に陥った日本の総合電機メーカーは，ジャック・ウェルチに学び「選択と集中」をスローガンに事業の再編に奔走することになった。「選択と集中」は多くの事業ポートフォリオの中から競争力の強い事業を選択し，この事業に集中的に経営資源を投入するという経営手法である。「総合」の名が示すとおり，日本の総合電機メーカーは，シナジー効果が低い多くの事業を抱え込み，海外企業と比べてその収益力の低さがきわだっていた。コングロマリット化が

収益力と株価を低下させるという，いわゆるコングロマリット・ディスカウントという考え方は機関投資家や投資ファンドによっても共有されたため，総合電機メーカー以外の産業の日本の経営者も，これらの株主の強い圧力にもさらされ「選択と集中」を迫られることになった。

　このような背景から日本企業は「選択と集中」の名のもとに事業の組み換えに取り組むことになった。それは自社のコア・ビジネスを明確にし，コア・ビジネス以外の事業の売却，コア・ビジネスを補強し，イノベーションを促進する事業の買収という形で現れた。

　すなわち，近年の日本企業の成長戦略は多角化よりもむしろ収益力を高めることができるコア・ビジネスへの集中に注力してきたということができる。このような従来の多角化に逆行するような戦略が功を奏し，日立製作所などは業績を大きく回復させた。一方で，かつて隆盛を誇った GE は会社を 3 分割することによって生き残りを図り，東芝も 2021 年に会社の 3 分割案を発表した。このような中で，ソニーグループはコングロマリット経営を堅持しながら事業間のシナジーを活かすことに成功し，企業価値を大幅に向上させることによって，いわば「コングロマリット・プレミアム」を実現した。メガ・コンペティションの激化や製品ライフサイクルの短期化，IT 化の進展などの環境変化のもとで，企業は多角化の内容を厳しく問われるようになってきている。

【参考文献】

坂本和一『現代巨大企業の構造理論』青木書店，1983 年。

南　龍久『現代企業の経営組織』白桃書房，1990 年。

森本三男『現代経営組織論』学文社，1991 年。

Allen R. Janger., *Matrix Organization of Complex Business*, 1977.（日本能率会訳『マトリックス組織』日本能率協会，1980 年）．

Davis, S. M. & Lawrence, P. R., *Matrix*, 1977.（津田達男・梅津祐良訳『マトリックス経営』ダイヤモンド社，1980 年）．

第6部

経営管理の新しい展開

第13章
コア・コンピタンス経営

第1節　コア・コンピタンス経営とは

　ハメル（Hamel, Gary）とプラハラード（Prahalad, C.K.）は，1970年代から1980年代にかけて，競争力をつけた日本企業に関する研究などからコア・コンピタンス経営を提唱した。どの産業にも高い収益力を持つ企業とそうでない企業が存在する。特に収益力の高い企業と低い企業が大企業であると，何が要因で収益力に差が出ているのかはわかりにくい。このような企業における収益の差を表すものとして，コア・コンピタンスが提唱された。

　コア・コンピタンスとは一般的に「企業の中核となる能力」などとよばれている。コア・コンピタンスを提唱したハメルとプラハラードは，コア・コンピタンスを「顧客に対して，他社には提供できない利益をもたらすことのできる，企業内部における独自のスキルや技術の集合体」と定義づけた [1]。これは，企業の経営者個人の能力や特定の部署におけるスキル単体を表したものではない。長い時間をかけて顧客に対して価値をもたらす様々なスキルや技術が蓄積された集合体のようなものである。

　例えば，家庭用テレビゲームソフトを開発するカプコンは，コア・コンピタンスを「強力な開発体制」と定義している [2]。カプコンは，このコア・コンピタンスを活用して毎期のようにミリオンタイトルのゲームを開発し，好業績が続いている。ここでいう「強力な開発体制」とは，単純なゲームを作るスキルのようなものを示しているのではない。ゲームを開発する技術だけではなく，技術に関する知識や情報，これまでの開発に関する経験なども含まれる。

さらには,「強力な開発体制」を活用して,オンラインゲームなどの新事業を創造した経験や新しい技術を新製品に活用した経験なども含まれる。これらの蓄積されたコア・コンピタンスは特定の部署や個人が所有しているわけではない。カプコンという企業に長い年月をかけて蓄積されている。こういった,長い時間をかけて企業内に蓄積されたコア・コンピタンスが企業の競争力の源泉となっているのである。

第２節　コア・コンピタンスを満たす条件

１．コア・コンピタンスを満たす条件

コア・コンピタンスは単純なスキルや技術ではなく,抽象的なものである。そのため,コア・コンピタンスではないものを定義することや,重要なコア・コンピタンスであるにもかかわらず,企業内部で活用されないケースもある。このようなことから,ハメルとプラハラードは,コア・コンピタンスを満たす条件について以下の３つの条件を満たす必要があると指摘している[3]。本節では,コア・コンピタンスと定義するために必要な条件について,その概要を見ることにする。

① 顧客価値
② 競合他社との違いを出す
③ 企業力を広げる

２．顧客価値

コア・コンピタンスとはスキルや経験などの集合体であり,それがあることにより,企業は利益を顧客に提供できる。そのため,特定のスキルの集合体が顧客に認知される価値を高めているか常に考慮する必要がある。例えば,自社の製品がどれほど高い技術があったとしても,その製品を必要とする企業がなければその製品に価値はない。コア・コンピタンスを構築するためには,まず顧客の利益を中心に考えなければならない。ハメルとプラハラードは,自社の

製品やサービスのコストについて理解している企業は多いが，「価値」を理解している企業はそう多くはないことを指摘している。顧客が自社製品・サービスに対して，どのような対価としてお金を支払っているのかについて考慮する必要がある。顧客に価値をもたらすことができるもの，言い換えるなら顧客価値を創造できるものでなければ，コア・コンピタンスといえないことになる。

３．競合他社との違いを出す

　コア・コンピタンスとして認められるには，競合他社と比べて明確な違いが必要である。競合他社とさほど大きな違いがない経営資源をコア・コンピタンスと定義しても，その経営資源に利益をもたらす価値があるとわかれば，競合他社に模倣されてしまう。模倣されれば，利益をもたらすことができなくなるので，コア・コンピタンスとは呼べないものである。ただ，ここでいう他社に真似されない経営資源とは，自社だけが独占的に持っていなければならないというものではない。自社の企業の経営資源が他社よりもはるかに優れている状況ではない限り，他社も同じように保有する経営資源をコア・コンピタンスに定義してはならないという意味である。

４．企業力を広げる

　顧客価値があり，競合他社に模倣されないようなスキルであっても，そのスキルが特定の製品や事業にしか使えないのであれば，企業の中核となる能力とはいえない。仮に，その製品や事業が成熟し，陳腐化した場合にはそのスキルの価値はなくなってしまう。ゆえに，新しい分野に進出したり新しい製品やサービスを創造する際に，同じスキルをどのように使うことができるのかが重要となる。このため，コア・コンピタンスを定義する際には，製品中心に評価しないことが重要である。

第3節　コア・コンピタンスを獲得する条件

1．コア・コンピタンスを獲得する条件

　ハメルとプラハラードは，全ての企業がコア・コンピタンスを獲得できるわけではないと指摘している。規模の小さい企業がコア・コンピタンスの獲得に成功することもあれば，大企業が多くの経営資源を大量に投下したのにも関わらず，コア・コンピタンスの獲得に失敗するケースもある。

　ハメルとプラハラードは，コア・コンピタンスの獲得に必要な資質として，「過去を忘れること[4]」と「産業の未来をイメージする競争[5]」の2点を指摘している。本節では，コア・コンピタンスを獲得するために必要な以下の2つの条件について解説する。

2．過去を忘れること

　ハメルとプラハラードは，コア・コンピタンスを獲得するためには，過去を忘れることの重要性を指摘している。企業の経営者や幹部は，産業構造，利益獲得の方法，競争相手，対象顧客など様々な経営に必要な情報を保有している。これらの経営者や幹部が持つ情報には先入観や思い込み・前提などがあるという。しかし，経営者や幹部が必要とする情報は，少しのきっかけで大きく変化し，将来の予測や未来を創造するためには役に立たなかったり，誤った判断を行う判断材料になってしまう。特に情報化社会に移行した現代ではその傾向はさらに強くなっている。

　しかしながら，経営者や幹部が入手する情報源というのは多くの場合一定の情報源であることが多い。そのため，その経営者や幹部が入手する情報源によって，選択肢や選択範囲が制約されてしまう。もし，経営者や幹部の情報源にない経営環境の変化が起き，かつ，その経営環境の変化が大きな影響を与える場合，経営者や幹部は致命的に誤った意思決定を行ってしまう場合がある。

　また大企業になると，経営者や幹部だけではなく，支配的な経営枠組みが遺伝子のように企業全体に影響を及ぼすことも指摘している。様々な制度が特定

の視点や偏見によって助長されていく。こうして作られた経営枠組みが，時間が経過することにより，どのように形成されたのか忘れられてしまい，新しいことに対応できない企業になるリスクがある。このようなことから，企業はコア・コンピタンスの獲得において，これまでの常識や過去の習慣を意識的に忘れる事の重要性について指摘している。

3．産業の未来をイメージする

　ハメルとプラハラードは，ビジョンに基づいた産業の未来をイメージすることの重要性を指摘している。その産業において，競争優位を構築できるコア・コンピタンスをどの企業よりも早く獲得することにより，リーダーシップをとることも可能となり，方向性も決定できる。また，未来をイメージすることにより，経営者や幹部は以下の3つの市場機会を発見する可能性を指摘している [6]。

① どのような新しい価値を顧客に5年後，10年後，15年後に提供するべきなのだろうか。
② この付加価値を顧客に提供するために，どのような新しい企業力を育てたり獲得したりする必要があるのだろうか。
③ これからの数年間，どのように顧客との接点をつくり変えていかなければならないだろうか

　将来その業界において重要となるスキルがどのようなものになるのか予測するのは難しい。経営者らが将来のイメージを持ったとしても，それが実現不可能なもので実用化できないものでは全く意味がない。そこで，ハメルとプラハラードは，「付加価値」，「企業力」，「顧客」，これらの関係でどのように将来のイメージを持つべきかを明らかにしている。

　第一に，将来において「顧客」に対してどのような価値を提供すべきなのか検討することからはじまる。多くの企業は，未来を予想することよりも未来の予想を実行に移すことの難しさを抱えている。しかし，多くの企業の失敗は実行段階での失敗がそう見えるだけで，実際には未来への展望づくりにすでに失

敗していることが多いことを指摘している。経営者だけではなく，経営幹部が一体となって，企業内部における「未来の展望」を見つけ，育てていくことが重要であると指摘している。

　次に，「未来への展望」を描くということになれば，どのような新しい企業力が必要となるのかを検討しなければならない。当然，現状の企業力では実現不可能なことも起こりうる。その時に，企業内部にない新しい企業力を獲得したり，既存の企業力を育成することで本当に未来への展望を描けるのか検討しなければならない。

　最後に，これから顧客との接点をどのように変えていくのかを検討しなければならない。もし，描いた「未来への展望」が顧客のニーズを超えるようなものであった場合，「未来への展望」は既存の顧客のニーズからも最初は受け入れられないかもしれない。顧客主導といったような顧客を重視する考え方は強いが，顧客はその業界の「未来への展望」は見通せないことを理解する必要がある。「未来への展望」を描くには，顧客自身が何なのかわからないうちに，顧客を望む方向に引っ張り，顧客を満足させるだけでなく，顧客の想定しない価値を創造することも重要であると指摘している。

第4節　コア・コンピタンスを獲得する方法

１．大企業において大企業がなぜ衰退するのか

　ハメルとプラハラードは，次にコア・コンピタンスを獲得する方法として，「ストレッチ戦略[7]」と「レバレッジ戦略[8]」を提唱している。

　コア・コンピタンスを獲得する条件を満たせたとしても，何の計画もなしに実行に移しては失敗に終わる可能性が高くなる。目指すべき目標を達成するためには，そこに到達するまでの設計図が必要となる。ハメルとプラハラードは，この設計図を「戦略設計図」と呼んだ。大企業の多くがこの「戦略設計図」を設計することが苦手であることを指摘するとともに，経営資源が豊かである大企業がコア・コンピタンスの獲得に失敗しやすいことを指摘する。（図表13－1）。ここでは，大企業がなぜ衰退するのかということをコア・コンピ

図表 13 − 1　なぜ大企業は衰退するか

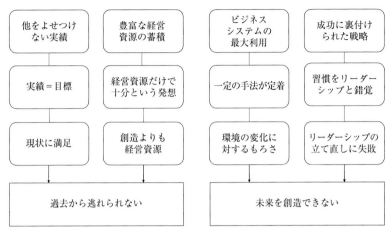

出所：Hamel & Prahalad（1994），一條訳（1995），151 ページ。

タンスに関連させて説明しながら，その解決策としての「ストレッチ戦略」と「レバレッジ戦略」について詳説する。

　図表 13 − 1 は，大企業はなぜ衰退するのか，その流れを表したものである。左側の「過去から逃れられない」については，大企業がなぜ「未来への展望」を描こうとしないのかを示している。大企業の多くはその業界において，過去における素晴らしい実績を持っている企業ばかりである。そういった実情が現状に満足させて，「未来への展望」を描こうとしない。また，大企業には過去の多くの実績から様々な経営資源が蓄積されている。そういった素晴らしい経営資源を保有することに満足してしまい，未来において重要となる経営資源の獲得を目指さない。

　図表 13 − 1 で重要なところは，右側の「未来を創造できない」である。大企業の多くには，すでに確立されたビジネスシステムがあり，一定の手法が定着している。しかしそのビジネスシステムや手法は，過去の経営環境において有効であったものである。経営環境が大きく変わるような状況になると，そのビジネスシステムや手法は新しい環境に対応できるものではなくなってしまう。そのため，新しい未来を創造できない企業になってしまうリスクが生じ

る。

　また，大企業には，過去の成功に基づいた戦略が浸透し，その過去の戦略に基づいた多くの習慣が存在している。前節でも指摘したように，こういった過去に基づいた戦略が新しいことに対応できない企業へと変えてしまう。さらには，固定化した習慣などからリーダーシップも確立されておらず，従業員にどのように努力すべきなのかという，方向性を示せないことが未来を創造できないことにつながってしまう。

　ハメルとプラハラードは，このようなことを解決するために，コア・コンピタンスを獲得する方法として，「ストレッチ戦略」と「レバレッジ戦略」の必要性を指摘している。

2．ストレッチ戦略

　ストレッチ戦略とは背伸びをして（ストレッチ），現状では目標を達成できない高い目標を掲げることにより，従業員のやる気などを引き出す戦略である。ストレッチ戦略が必要となるのは，まだ獲得していないコア・コンピタンスを獲得するには，現状の企業が保有する経営資源だけでは獲得が困難であるからである。企業の中核となる能力は，簡単に獲得できるものではなく，多くの従業員や組織全体で獲得する必要がある。従って，どこかの部署だけ，あるいは企業における経営者や幹部だけで獲得できるものではない。企業に参加する従業員全体に目的意識を持たせ，やる気を引き出す必要がある。ハメルとプラハラードは，ストレッチ戦略として以下３つの内容が重要であることを指摘している[9]。

①　現在の経営資源で達成できないような目標を掲げることにより，企業全体の想像力を高めることや，目的意識を高めること
②　わかりやすい戦略方針を掲げ，従業員に提示すること
③　掲げた戦略方針に基づいた魅力的な未来を提示して，従業員の挑戦意識や，やる気を引き出すこと

　第一に，高い目標を掲げることが必要であるが，コア・コンピタンスを獲得するには，将来への想像力などが必要になる。その際に，できるだけ高い目標を意図的に作り出すことが重要となる。図表 13 − 1 のように，大企業は過去に縛られる傾向がある。意図的に大きな目標を立てれば，より大きな目標に向けて様々な想像力を発揮できるようになる可能性がある。新しいコア・コンピタンスを創造するための原動力になる可能性がある。

　第二に，高い目標を掲げることにより，ある程度定められた戦略方針は従業員に対して現状の能力や経営資源では明らかに力不足であることを提示できる。この現在と目指すべき将来必要とされる能力や経営資源とのギャップを意図的に作り出すことにより，組織全体にストレッチを要求できる。図表 13 −1 にみるように，大企業が衰退する理由として，リーダーシップが確立されておらず，従業員へ努力すべき方向性を明示できていないケースが多い。しかし，ストレッチ戦略により，将来必要とされる能力と現状とのギャップを従業員に認識させることができれば，多くの従業員は必要とされる目標へ向けて努力しはじめる。

　最後に，従業員に挑戦意識を持たせることが重要であると指摘している。多くの従業員はただ給料をもらうためだけに仕事をしているわけではない。多くの従業員は 1 人ではできない後世に名前が残るような価値のある仕事に関わりたいと考えている。企業は給料などからの社員の満足度を図る仕組みは整えているが，仕事のやりがいを作り出せている企業は少ないのである。高い目標を設定することにより，従業員のやる気を喚起させることができる。

3．レバレッジ戦略

　ハメルとプラハラードはコア・コンピタンスを獲得するためには，レバレッジ戦略に続き，企業が効果的に経営資源を活用することと，経営資源を増殖する必要性を指摘している。これらはレバレッジ戦略ともよばれ，以下の 5 つの基本的な手法によって達成されると指摘している[(10)]。

　①　カギとなる戦略上の目標に経営資源を効率的に集中すること

228

②　より効率的に経営資源を集積すること
③　高い価値の創造を目指して，ある経営資源を別の経営資源で補完すること
④　可能なかぎり経営資源を保守すること
⑤　経営資源をできるだけ短期間に回収すること

　第一に，ハメルとプラハラードは，経営資源を効率的に集中することの重要性を指摘している。図表13－2は経営資源のレバレッジ手法について説明したものである。多くの企業において，市場の定義，投資計画，コア・コンピタンスまでもが時間の経過とともに変更されている。このような変更によって長期的に同じ目標に基づいて経営資源が「集中」することができないケースが多い。このようなことがないように，一貫性をもって，コア・コンピタンスの獲得に向けて経営資源を「集中」させる仕組みが重要である。「集中」させた経営資源が経営資源の「蓄積」や「保守」・「補完」につながることを図表13－2では示している。

　第二に，企業に参加する多くの従業員は日々の業務において「集中」された経営資源を活用して，新しい問題解決を行っている。問題解決から知識の「蓄積」が図られるが，蓄積された知識を効率的に集積し，活用できる企業とそう

図表 13 － 2　経営資源のレバレッジの手法

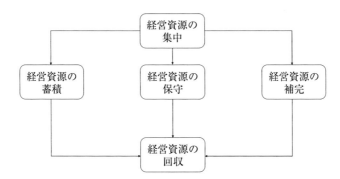

出所：Hamel & Prahalad（1994），一條訳（1995），222 ページ。

でない企業がある。ハメルとプラハラードは，効率よく知識を集め，経営資源を蓄積するためには前例やしきたりから脱却し，新しい知識を集積しやすい体制を構築することが重要であると指摘している。

　第三に，ハメルとプラハラードは，「経営資源のレバレッジは，異なる経営資源を合わせて価値を倍増させることができるかにかかっている [11]」と指摘する。ハメルとプラハラードは，「ブレンドをする」，「バランスをとる」という 2 つの経営資源の活用を重視している。

　経営資源のレバレッジのためには，技術統合，職能の統合，新しい製品・サービスを生み出す想像力などの様々なスキルが必要となる。しかし，重要なのはスキルではなく，ブレンドして新しいコア・コンピタンスに作り替える能力である。例えば，狭い分野において世界最高水準の技術があったとしても，その技術から得られる収益は限定的なものになってしまう。こういった限定された能力よりも，様々な事業領域にまたがるような技術を統合することや，研究開発，マーケティングといった職能を統合し，新しい想像力を発揮してブレンドする能力こそが重要となる。こうしたブレンドされた企業力は，様々な事業領域で活用することができ，大きな収益を得る企業力になる可能性がある。

　もう 1 つ重要なものとしてハメルとプラハラードは，バランスをとることを指摘している。強力な製品開発能力，高いレベルのコスト品質で製造しサービスを供給する能力，高いマーケティング・サービス基盤といった 3 つの能力をバランスよく配置しなければならない。例えば，世界レベルで強力な製品開発能力があったとしても，サービスを供給する能力やサービス基盤が弱ければ，後発の競合他社との競争に敗れかねない。しかし，多くの企業は全ての経営資源で優れていることはなく，どこかの部分では脆弱性を抱えている。こういった弱い部分を抱えていては，レバレッジを行うことは難しい。よって，弱い部分については，提携や M&A など様々な戦略を駆使して，補完することが重要である。

　第四に，可能な限り経営資源を保守することが重要である。ここで保守することとは，経営資源を使わないで保存するという意味ではない。ハメルとプラハラードは，「リサイクル」という言葉を用いて，再利用すればするほど，こ

れらの経営資源の保守につながることを指摘している。こうした重要な経営資源を繰り返し積極的に活用することが，横断的なコミュニケーションを通じて，自社における経営資源の所在の確認となる。また様々な部門同士での協力体制も相まって，経営資源リサイクルの基盤を形成することになる。

　第五に，経営資源を投下してから売上によって回収するまでに，できるだけ早く回収することである。経営資源の資源投入量が同じでも，競合他社よりも早く回収することができれば，レバレッジの効果をより多く受けることができる。経営資源の「蓄積」・「保守」・「補完」といったプロセスを効率的に行うことができるようになれば，図表13－2に示されている経営資源の回収につながり，より大きなレバレッジの効果を得ることができる。

第5節　コア・コンピタンスの構築

1．コア・コンピタンスの確立

　ハメルとプラハラードは，ストレッチ戦略やレバレッジ戦略によって，コア・コンピタンスを獲得できるように従業員のやる気を喚起したり，経営資源が増殖することの必要性を指摘した。こういった準備を整え，実際にコア・コンピタンスを確立するには，以下の5つのポイントが重要であると指摘している[12]。

① すでに持っているコア・コンピタンスの確認
② コア・コンピタンスの獲得計画
③ コア・コンピタンスの構築
④ コア・コンピタンスの社内への配備
⑤ 他社に抜きんでたコア・コンピタンスの防御

　まず，自社の保有しているコア・コンピタンスをどのように定義しているかについて確認する。多くの企業では，自社のコア・コンピタンスがどのように企業競争力に関わっているのかについて理解できていない。また，このコア・

図表 13 − 3　コア・コンピタンスの獲得計画

	プレミア・プラス10	巨大なビジネスチャンス
新規	現在のマーケットで事業を守る，または伸ばすためには，どのような新しいコア・コンピタンスを築くことが必要か	最もエクサイティング未来の市場に参入するためには，どのような新しいコア・コンピタンスを築くことが必要か
既存	空白を埋める	空白エリア
	何を機会にして，手持ちのコア・コンピタンスをうまくレバレッジして，現在の市場での地位を高めることができるか	想像力を発揮して現在のコア・コンピタンスを動かしたり，あるいは組み合わせし直したりすることにより，どのような新製品やサービスをつくり出すことができるか

コア・コンピタンス

既　存　　　　　　　　　　　　　新　規
市　　場

出所：Hamel & Prahalad（1994），一條訳（1995），290ページ。

コンピタンスを定義する作業を技術部門などの特定部署に任せることの危険性がある。コア・コンピタンスはこれまでみてきたように，企業全体の中核となる能力である。コア・コンピタンスを特定の部署に定義づけてしまうと，特定の領域に限定され，本当のコア・コンピタンスでないものを定義してしまう可能性がある。このようなことから，企業の上層部が主体となって，複数のチームでかつ，様々な部門の責任者によって定義づけすることが重要である。

　次に，コア・コンピタンスの定義づけができたら，獲得計画を策定する必要がある。新しい企業力を獲得したり，再配置することが必要になるが，ハメルとプラハラードは，図表 13 − 3 のようなマトリックスを用いてコア・コンピタンスの獲得計画を明示した。図表 13 − 3 では，自社のコア・コンピタンスとそのコア・コンピタンスを活用する市場との関係性を明らかにしている。

2．コア・コンピタンスの獲得計画

　図表 13 − 3 の左下の部分に該当するのが「空白を埋める」である。社内の他の部署にある既存のコア・コンピタンスなどを別の部署に配置することなどにより，特定の市場での地位を高めることを目的とするものである。企業の内部には有効活用されていないコア・コンピタンスが存在する。過去の競争にお

いて，自社にある経営資源を軽視あるいはその重要性に気付かなかったことにより，競争に後れをとった企業は多くある。企業は，全く新しいコア・コンピタンスを獲得することも重要であるが，既存のコア・コンピタンスを幅広く活用することを検討することも重要である。

　図表 13 － 3 の左上の部分に該当するのは，「プレミア・プラス 10」である。これは，既存の市場において，5 年後，10 年後にはどのような新しいコア・コンピタンスを獲得する必要があるか検討するものである。仮に既存のコア・コンピタンスで既存の市場は守れている企業があったとする。その企業が将来について検討を行うと，既存のコア・コンピタンスでは将来その市場を守れないケースがある。将来においてその市場を守るためには，どのような新しいコア・コンピタンスを獲得する必要があるか検討する必要がある。

　また，「プレミア・プラス 10」において，もう 1 つ検討すべき重要なものとして「無用になる企業力」がある。これは，将来において現在のコア・コンピタンスを代替したり，価値をなくしてしまう企業力は何かということである。将来においてその市場で必要となるコア・コンピタンスを検討するのと同じくらい，既存のコア・コンピタンスを無効化する可能性がある企業力を理解することは重要である。例えば，これまでの自動車産業ではガソリン自動車が主力である。しかしながら，電気自動車が将来における自動車業界の競争の優劣を決定する要因になりつつある。自動車産業では将来に向けて電気自動車で競争力を発揮させるためのコア・コンピタンスの構築が必要となっていることを理解する必要がある。

　図表 13 － 3 右下の部分は，「空白エリア」に該当する。既存の事業部からはみ出す事業領域である。ここの領域では，既存のコア・コンピタンスを新しい分野に広げていくことが目的になる。既存の事業部の責任者には，現在の市場だけを見て，周辺の事業領域が見えにくい傾向がある。既存のコア・コンピタンスをよく理解し，そこからどのような新しい顧客の利益を満たす事業を推進できるかが重要となる。これは多角化戦略に通じることになる。多くの企業の多角化の失敗はコア・コンピタンスを考慮せずに行ったものである。多角化と市場は密接に関連していることから，コア・コンピタンスの視点から新しい顧

客の利益をもたらす市場を見つけることができれば，多角化は成功する可能性が高まる。例えば，カプコンは「強力な開発体制」をコア・コンピタンスとし，毎期のようにミリオンタイトルのゲームを開発している。ミリオンタイトルを多く創造した結果，世界中で認知されたキャラクターを多く保有している。こうして保有した経営資源をもとに，ワンコンテンツ・マルチユース戦略とよばれる，ライセンスビジネスを既存の事業部の外に創造し，安定した利益を獲得する新事業の構築に成功している[13]。

　図表13－3右上の部分は，「巨大なビジネスチャンス」に該当する。これは，現在の自社の市場における位置とも異なり，さらに現在保有している企業力とも重ならないものである。しかし，ビジネスチャンスが有望で魅力的な場合，チャレンジするケースもある。こういったケースにおける獲得計画は，必要となる企業力を保有する企業を買収することや，提携することにより手に入れることが重要である。そうして手に入れた企業力を応用し，新しいコア・コンピタンスを確立することが求められる。ただ，「巨大なビジネスチャンス」にチャレンジすることは，既存のコア・コンピタンスや既存の市場での経験が役に立たないことから，リスクが高いことは考慮する必要がある。

　最後に，以上のような状況に応じたコア・コンピタンスの構築には継続性が重要となる。どのような企業力を獲得するのかという合意と，経営陣が安定していることが前提となる。経営陣が頻繁に変わり，戦略計画が頻繁に変わるようなことになると，獲得しようとする計画は意味をなさなくなる。

3．コア・コンピタンスの配備と防御

　コア・コンピタンスは獲得すれば好業績につながるというわけではない。最終的には，獲得したコア・コンピタンスを適切に配備し，守ることが重要である。

　多角化された企業においては，どれだけの経営資源を抱えていても，予算などの経営資源の分配を適切に行うことができなければ，好業績を持続することはできない。これは，コア・コンピタンスにおいても同じことがいえる。コア・コンピタンスを獲得した企業は，そのコア・コンピタンスがどれだけ素晴

らしいものであったとしても，そのコア・コンピタンスを必要とする部署に適切に配備できる体制を構築しなければならない。

　次に配備したコア・コンピタンスは適切に守る体制を構築するのも重要となる。図表13－2の「経営資源の補完」や図表13－3の「巨大なビジネスチャンス」に関する説明において提携やM&Aにより他社の経営資源を取り込んで新しいコア・コンピタンスを獲得する手法を説明した。これは，自社だけでなく，他社も可能な戦略であることを理解する必要がある。他社が自社の保有する卓越したコア・コンピタンスを獲得する機会を狙っているため，自社のコア・コンピタンスを奪われるリスクが存在するのである。素晴らしいコア・コンピタンスは他社が保有していないことによって価値を生んでいる。仮に，そのコア・コンピタンスを外部の企業に奪われてしまえば，その価値はなくなり競争力が低下することになる。企業の経営者は，自社の利益率や販売成績に注意を払う以上に，コア・コンピタンスが適切に管理されているかを検討し続けなければならない。特に提携を行うときや，業績の悪い事業などを売却するときには，コア・コンピタンスが守られるかについての注意が必要となる。

第6節　コア・コンピタンス経営の意義と課題

　コア・コンピタンス経営は，競争優位を構築し，既存の戦略論で解決できない課題を解決する意義をもたらした。それまでは，ポーターの競争戦略論のように企業外部の経営環境の分析に重点を置いた研究が主流であった。しかし，コア・コンピタンス経営の登場により，経営戦略の課題を企業外部の経営環境に求めるのではなく，企業内部の経営資源を分析対象とする研究が発展した。その後，リソース・ベースト・ビューや，知識創造といった企業内部の経営資源に関する研究へと発展していった。なお，リソース・ベースト・ビューや，知識創造については別の章を参照されたい。

　しかし，コア・コンピタンス経営については，様々な課題を指摘する研究者もいる。この点を理解する必要がある。

　第一に，ハメルとプラハラードがコア・コンピタンスについて説明する際に

用いる用語が抽象的な部分が多いことである。本章においても「スキル」や「企業力」といった言葉をそのまま用いて説明したが，曖昧な部分がある。例えば，「企業力」という言葉は，多くの人がイメージしやすい言葉であるが，そのイメージした内容は人によって異なる。こういった重要なキーワードに関して曖昧な部分がある。

　第二に，コア・コンピタンス経営によってどのように能力を操作していくのかについて曖昧さを残している[14]。井上（2015）は，コア・コンピタンス経営は，競争優位性を発揮するためのガイドラインとしての役割は果たしているが，図表 13 − 3 における技術やスキルといった能力をどのように操作化するのかについては，曖昧な点があると指摘している。

第 7 節　結びに

　本章では，コア・コンピタンス経営の特徴について俯瞰した。まず，コア・コンピタンスは単純な技術などではなく，企業が長い年月をかけて積み上げてきた経営資源の束のようなものであることを理解する必要がある。またコア・コンピタンスは，抽象的なものであるため，コア・コンピタンスでないものを定義づけるリスクやその逆のリスクも存在する。そのため，顧客価値，他社との違い，企業力などを基準に定義づけることが重要となる。

　次にコア・コンピタンスの獲得にあたっては，コア・コンピタンスの獲得に必要な条件やコア・コンピタンスを獲得する方法について適切に理解する必要がある。特に多くの大企業が将来のコア・コンピタンスの獲得に失敗し衰退している背景から，ストレッチ戦略やレバレッジ戦略は非常に重要となる。

　さらに，コア・コンピタンスは状況に応じて獲得計画を構築することや，獲得したコア・コンピタンスを適切に配備・防御することが重要である。こうしたコア・コンピタンスの適切な管理を行うことにより，企業は持続的な競争力を将来にわたって構築できるのである。

　最後にコア・コンピタンス経営の意義や課題についてまとめた。コア・コンピタンス経営はその後の経営戦略論において企業内部の経営資源に重点を置い

て分析するという潮流を作り出し，重要な位置を占める理論に発展していっ
た。

【注】

（1）Hamel, Gary & C.K. Prahalad, 一條和生訳（1995）『コア・コンピタンス経営』，254 ～
259 ページ。

（2）カプコン（2021）『2021 年度アニュアルレポート』，27 ～ 30 ページ。

（3）Hamel, Gary & C.K. Prahalad, 一條和生訳（1995）『コア・コンピタンス経営』，258 ～
265 ページ。

（4）同著，65 ～ 91 ページ。

（5）同著，139 ～ 163 ページ。

（6）同著，93 ～ 98 ページ。

（7）同著，165 ～ 190 ページ。

（8）同著，191 ～ 224 ページ。

（9）同著，165 ～ 190 ページ。

（10）同著，203 ～ 223 ページ。

（11）同著，213 ～ 216 ページ。

（12）同著，289 ～ 294 ページ。

（13）カプコン（2021）『2021 年度アニュアルレポート』，7 ～ 9 ページ。

（14）井上（2015）『経営戦略入門』，51 ページ。

【参考文献】

井上善海・佐久間信夫編著『よくわかる経営戦略論』ミネルヴァ書房，2008 年。

井上善海・大杉奉代・森　宗一『経営戦略入門』中央経済社，2015 年。

大滝精一・金井一頼・山田英夫・岩田　智『経営戦略 第 3 版』有斐閣，2016 年。

嶋口充輝・内田和成・黒岩健一郎編著『1 からの戦略論　第 2 版』中央経済社，2021 年。

白石弘幸「資源ベースの経営戦略」『金沢大学経済学部論集』25（1），2005 年，145 ～ 175 ペー
ジ。

坪井順一・間嶋　崇編著『経営戦略理論史』学文社，2008 年。

Hamel, Gary & C.K. Prahalad., *Competing for the Future*, Harvard Business School Press,
1994, pp.1-383.（一條和生訳『コア・コンピタンス経営』日本経済新聞社，1995 年，1 ～
379 ページ）.

第14章
ミンツバーグの戦略論

　ミンツバーグ (Mintzberg, Henry) は 1939 年カナダに生まれる。モントリオールのマギル大学工学部に進学，卒業後の 1961 年から 2 年間カナダ鉄道の職員として実務を経験する。その後，マサチューセッツ工科大学経営大学院に進学して 1968 年に博士号を取得，同年に母校マギル大学経営学部に赴任し，研究者・教育者としてのキャリアをスタートしている。これまでフランスのINSEAD（欧州経営大学院）をはじめ，北米・西欧を中心に多くの大学で客員教授を務める他，コンサルタントや政府への提言を行うなど，教育・実務の両面で精力的に活躍を続けている[1]。また，企業や組織，経営教育，経済社会のあり方を問う思想家としての顔も持ち，2011 年には世界の影響力ある経営思想家を表彰する「Thinkers 50」で 3 人目となる「生涯功績賞」を受賞している。

　経営学者としての彼の業績を主要著作の内容に沿って位置づけると，「マネージャー論」(*The Nature of Managerial Work*, 1973, 邦訳『マネージャーの仕事』1993年)，「組織論」(*Mintzberg on Management*, 1989, 邦訳『人間感覚のマネジメント―行き過ぎた合理主義への抗議』1991 年)，「戦略論」(*The Rise and Fall of Strategic Planning*, 1994, 邦訳『戦略計画：創造的破壊の時代』及び, *Strategy Safari: The Complete Guide through the Wilds of Strategic Management*, 1998, 邦訳『戦略サファリ』1999 年)，そして，それらを統合した総合的理論体系として理解することが出来る。

　彼の研究の手法及びそこから生み出される諸理論において一貫して見られるのが，企業や組織の現場，そこで起こっている現実を重視する姿勢である。マネージャー論ではマネージャーの仕事をその職場で徹底して観察する中から，

これまでの経営学で定式化されていた職務とは異なる「10の役割」をマネージャーの実像として明らかにしている。組織論では現実の組織を理解するためには，組織形態のような組織構造の形式的な把握ではなく，組織における人々のパワー関係，権限の配分関係，調整メカニズム等の諸要素が相互に影響し合い，それらの配置構成が形成され変化していく現実の有り様を動態的に把握することの必要性を指摘する。また，戦略論においては定式化された戦略の「策定方法」だけではなく，環境との相互作用や組織内の社会的プロセスをつうじて実践の中で戦略が「形成」される様に着目することの重要性を主張する。

　本章ではこうした特徴を持つミンツバーグの理論の中でも，その戦略論に焦点をあてて紹介していくこととする。章の構成としては，第1節では経営戦略論の発展の中にミンツバーグの戦略論を位置づける。それを受けて，第2節ではミンツバーグの戦略論の主要概念について取り上げる。そして，第3節ではミンツバーグの戦略論の意味・意義について確認する。

第1節　経営戦略論の展開とミンツバーグ

　ミンツバーグの戦略論は経営戦略論の歴史の中でも比較的新しい系譜に属する。本節ではミンツバーグの戦略論の基本的な特徴を知るために，前半で経営戦略論の伝統的な議論を紹介し，そして，後半ではそれに対する新しい戦略論の考え方について紹介し，その中でミンツバーグの戦略論を位置づける。

1．経営戦略論の登場と伝統的議論

　経営戦略論が登場したのは，1960年代のアメリカにおいてである。軍事用語としての「戦略」という言葉を，経営学の概念として初めて明確に取り上げたのが，チャンドラー（Chandler, A. D.）が著した *"Strategy and Structure"* 1962（邦訳『経営戦略と組織』1967年）であるといわれている。同書でのチャンドラーの主題は，アメリカ企業の成長過程における多角化と組織形態の変化との関連を解明することにあったが，その中でチャンドラーは「戦略」を環境変化に対応して「一企業体の基本的な長期目的を決定し，これらの諸目的を遂行す

るための必要な行動方法を採択し，諸資源を割り当てること」[2] と定義し，経営者が「戦略的決定（strategic decision）」を行うことの重要性を指摘している。

　チャンドラーが指摘した戦略的決定のプロセスの理論化に取り組んだのが，アンゾフ（Ansoff, H. I.）の "*Corporate Strategy*", 1965（邦訳『企業戦略論』1977 年）である。ここでの戦略的決定とは「企業とそれを取り巻く環境との関係にまつわる決定」[3] であり，具体的には自社の製品－市場領域の選択に関わる決定である。アンゾフは「部分的無知」の下で経営者が戦略的決定を合理的に行うためには「意思決定のルール」が必要であるとして，そのルールを「戦略」と定義した。その構成要素は「製品－市場分野」，「成長ベクトル」，「競争上の利点」，「シナジー」からなり，これら諸要素の分析をふまえた長期的な活動計画の策定方法が示された。

　1970 年代に入って多くの企業が多角化を進めるようになると，次に多角化した複数事業間の経営資源の合理的配分が全社的課題となり，そのための戦略的決定の方法が開発された。ヘンダーソン（Henderson, B. D.）率いるボストンコンサルティンググループが開発した PPM（product portfolio management）では，事業の「市場成長率」の高低を「資金流出」の，そして，市場における当該事業の「相対的マーケットシェア」の高低を事業がもたらす「資金流入」の代理変数にすることによって，多角化した複数事業をマトリックス上にプロットするとともに，事業間での有効な資源配分を決定する方法が示された [4]。

　このように 1970 年代までの戦略論の主たるテーマは，自社の製品－市場領域の変化，それに伴う資源配分といった全社的課題に関わるものであり，それに対して分析的手法による戦略計画策定の提示で応える研究が主流であった。同時期には，ハーバード大学ビジネススクールのアンドリュース（Andrews, K.R.）による，後の SWOT 分析につながる企業戦略における「外部環境」と「内部環境」の分析に関する研究（"*The Concept of Corporate Strategy*", 1971, 邦訳『経営戦略論』1976 年）や，経営計画論を源流とするスタイナー（Steiner, G. A.）の戦略経営計画の構造や作成プロセスを詳細に扱った研究（"*Strategic Managerial Planning*", 1977, 邦訳『戦略経営計画』1978 年）なども見られた。

　また，こうした全社レベルの戦略とは別に，事業レベルでの戦略を扱う研究の展開も70年代から見られた。代表的なものとしては80年代に入ってからのポーター（Porter, M）の研究があげられる（*"Competitive Strategy"*，1980 邦訳『競争の戦略』1982年，及び *"Competitive Advantage"*，1985，邦訳『競争優位の戦略』1985年）。ポーターは業界に関わる「5つの競争要因」（競争業者間の敵対関係，新規参入の脅威，代替品の脅威，顧客の交渉力，サプライヤーの交渉力）の分析と「基本戦略」（コスト・リーダーシップ，差別化，集中化）の選択，そして，自社の「バリューチェーン」（生産やマーケティング・販売など9つの活動とそれらの組み合わせ）構築による競争優位の獲得といった，事業戦略ないし競争戦略策定の分析手法とフレームワークを提示した。

　このように全社レベル，及び事業レベルでの戦略策定のための分析手法やフレームワークが提示されるようになり，70年代には大企業を中心に経営の実践の場において戦略計画策定のための組織やシステムが整備されることとなる。ただ，1970年代後半になると，今度は策定された戦略計画の実行（implementation）の問題が実践上の課題となり，経営戦略に適合した組織構造，管理システム，組織文化を作り上げることが戦略の有効性を左右すると認識されるようになった。そして，その中から戦略をより広い組織的文脈の中でとらえ，環境－戦略－組織の相互適合関係に着目する「戦略的経営（strategic management）」といった考え方が登場した[5]。先に挙げたアンゾフも1978年に *"Strategic Management"*（邦訳『戦略経営論』1980年）を著している。

2．プロセス型戦略論の展開

　「戦略的経営」といった考え方の提起により，経営戦略と組織をめぐる議論が相まって展開するなか，1970年代後半以降に「プロセス型戦略論」という，これまでとは異なる新たな戦略論の考え方が登場することとなる。プロセス型戦略論の特徴は戦略の策定と実行を継続的な「社会的プロセス」として捉える点にあり，そこでは，経営戦略は「企業と環境ならびに企業内の社会的相互作用のプロセスを通じて創発的（emergent）に生み出されてくるパターン」[6]とみなされる。

　プロセス型戦略論は，これまで見てきた戦略策定における分析手法を重視した，伝統的な「分析型戦略論」とは次のような違いがみられる[7]。すなわち，「分析型戦略論」では，①企業を物理的な経済主体とみなし，戦略がそのまま企業行動と一致するという前提にたつ。②経営戦略を策定し，意思決定をするのはあくまでもトップ・マネジメントのみと考える。③その経営戦略はフォーマルな戦略経営計画として具体化（プログラム化）される。④このフォーマルな計画は，組織・個人が機械的に実行するものと考えられる。⑤経営戦略は規範的性格をもち，計画からの乖離は厳しくコントロールされる。これに対して「プロセス型戦略論」では，①（企業を人間集団としての組織ととらえ，）企業と環境との相互作用や企業内で生起するプロセスダイナミクスの産物として経営戦略が形成されるという前提にたつ。②経営戦略はトップの占有物ではなく，組織メンバーの相互作用から生み出されると考える。③戦略の策定と実施はトライアンド・エラーと戦略学習をともなう相互依存的な未分化のダイナミックなプロセスである。そして，④そのプロセスから生起する創発的行動に注目をする。

　以上のように，伝統的分析型戦略論はトップ・マネジメントを対象に戦略の策定手法を提供することを前提に，分析のフレームワークや手法の提示，戦略計画の策定や実行プロセスの定式化を意図した研究である。それに対し，プロセス型戦略論では，環境との相互作用や組織プロセスの中で，戦略がどのように形成されていくのか，その実際の過程を明らかにすることが研究の目的として重視されている。

　本章のテーマであるミンツバーグの戦略論は，このプロセス型戦略論の系譜に属する。彼は 70 年代から一貫して伝統的戦略論に対する問いかけを行っており，80 年代には論文 "Crafting Strategy", *Harvard Business Review*, 1983 等を，90 年代には冒頭に紹介した大著 *The Rise and Fall of Strategic Planning*, 1994, 及び, *Strategy Safari: The Complete Guide through the Wilds of Strategic Management*, 1998 を著すなど，伝統的戦略論に対峙しながら自身の戦略論の構築に取り込でいる。

第2節　ミンツバーグの戦略論の主要概念と体系

　本節ではミンツバーグの戦略論の特徴について，主として伝統的戦略論[8]
との比較をつうじて検討していく。まず，経営戦略の定義と学派に関する彼の
議論を紹介し，次いで戦略形成に関する主張について取り上げていく。続いて
ミンツバーグの戦略論を特徴づける「コンフィギュレーション」と「トランス
フォーメーション」といった考え方について検討し，最後に戦略マネジメント
の課題について取り上げる。

1．戦略の定義に関する議論

　経営戦略論は現代経営学の主要領域となっているが，その研究テーマである
「戦略」とは，それを扱う研究者によって様々な定義がなされる多義性を有し
た概念である。また，「戦略」という言葉は一般的な会話においても，異なっ
た意味で用いられる傾向がある。その理由は戦略に関する研究が広範な領域を
様々な角度から扱う分野であり，また，経営や仕事に携わる者がそれぞれの立
場や意図，あるいは様々な文脈で戦略という言葉を使用するため，多様な定義
や理解を生むものと考えられる。

　ミンツバーグは戦略という概念や言葉の意味を理解するためには，多様な観
点から戦略を理解することが必要であるとして，先行研究の整理をつうじて戦
略の概念を「5つのP」として提示している[9]。ここでいう5つのPとは，
「計画（Plan）」，「パターン（Pattern）」，「ポジション（Position）」，「パースペク
ティブ（Perspective）」，そして，「策略（Ploy）」からなる戦略の5つの定義であ
る。ミンツバーグによると戦略論の標準的テキストでは，戦略は「組織のミッ
ション及び目標に沿って成果を達成するためのトップ・マネジメントによるプ
ランである」[10]といった定義が示されているが，かかる計画（Plan）としての
定義のみでは十分ではないとし，他の4つをくわえた5つの定義を提示してい
る。

　まず，計画（Plan）としての戦略とは，将来に向けてこれから採るべき方向

性や行動の「指針・方針」を意味する。そして，パターン（Pattern）としての
戦略とは，これまでに実現された事業展開の行動に現れる「傾向」を意味す
る。前者を「意図された戦略」，後者を「実現された戦略」とみることもでき
る。そして，パースペクティブ（Perspective）としての戦略とは，企業の「ビ
ジョン」ないし事業の「コンセプト」を意味し，ポジション（Position）として
の戦略とは，市場における自社の「位置づけ」を意味する。さらに，策略
（Ploy）としての戦略とは，敵ないし競争相手の裏をかこうとする特別な「計
略」のことである(11)。

　この5つのうち計画とパターンは「戦略とは何か」を現し，パースペクティ
ブ，ポジション，策略は「戦略の内容」を現しているといえる。つまり，「計
画」（指針・方針）としての戦略によって，これから採るべき企業ビジョンや事
業コンセプト，市場におけるポジション，場合によっては策略が示されること
もあれば，これまでの活動の「パターン（傾向）」としての戦略を振り返ること
によって，ビジョンやコンセプト，ポジション，及び策略がどの様に形成ない
し決定され，実際の事業活動がいかに実行されたかを認識することができる。
そして，後から詳しく見るように，ミンツバーグは「意図された戦略」がその
まま実行されるとは限らず，また，「計画」と実現された活動の「パターン」
とは必ずしも一致するものではないと考えており，戦略計画が企業行動と一致
するという前提にたつ伝統的戦略論とは異なった見方を示している。

２．戦略論の学派に関する議論

　上記の5つの定義に関する議論とは別に，ミンツバーグは60年代以降の戦
略論を「10のスクール（学派）」に分類し，それぞれの学派における戦略に対
する考え方を紹介し，批評をくわえている。ここではミンツバーグが取り上げ
た各学派の基本的な特徴を要約して示すこととする(12)。

【デザイン（design）学派】（代表的研究者：アンドリュース，チャンドラー）
- CEOによるコントロールされた計画的な戦略形成プロセスを重視する。
- 戦略形成は外部環境の評価と内部評価を適合させることである。

244

- 戦略はグランド・コンセプトないし，将来的パースペクティブである。

【プランニング（planning）学派】（代表的研究者：アンゾフ，スタイナー）

- CEO に直結した戦略計画部門のプランナーによる計画作成を重視する。
- 戦略計画は形式的な手順，分析手法，数量データを用いて作成される。
- 戦略計画は目標，予算，プログラムなどに落とし込まれ，実行される。

【ポジショニング（positioning）学派】（代表的研究者：ポーター，ヘンダーソン）

- アナリストによる分析に基づいた戦略形成プロセスが重視される。
- 戦略とは競争市場における識別可能なポジションを示すものである。
- 市場構造がポジション（＝戦略）を導き，戦略が組織構造を決定する。

【アントレプレナー（entrepreneur）学派】（代表的研究者：ベニス＝ナナス）

- リーダーの経験や勘に基づく戦略形成プロセスを重視する。
- 戦略はリーダーが抱くパースペクティブであり，組織のビジョンである。
- ビジョンの構想は計画的であり，ビジョンの展開については創発的である。

【コグニティブ（cognitive）学派】（代表的研究者：サイモン）

- 戦略形成を戦略家の心の中（mind）でおこる認知プロセスとみなす。
- 戦略は概念，地図，スキーマ，フレームの状態でパースペクティブとして現れ，それが環境からのインプットの処理のあり方を決めると考えられる。

【ラーニング（learning）学派】（代表的研究者：パスカル，ハメル，バーゲルマン）

- 戦略の策定と実行を時間の経過に従った学習のプロセスとみなす。
- 経験をつうじた学習のプロセス，創発的戦略の創出が重視される。
- 学習の主体はリーダー及び組織メンバーからなる集合的システムである。

【パワー（power）学派】（代表的研究者：マクミラン，アリソン）

- 戦略形成プロセスにおけるパワーと政治の役割を重視する。
- 組織プロセスにおいては説得や交渉，対決が戦略形成に影響を及ぼす。
- 外部環境においては他組織の支配や協力が戦略形成に影響を及ぼす。

【カルチャー（culture）学派】（代表的研究者：レンマン，ノーマン）

- 組織メンバーに共有されたカルチャーの戦略形成への影響を重視する。
- 戦略は特にパースペクティブの形をとり，パターンに影響を与える。

【エンバイロンメント（environment）学派】（代表的研究者：ハナン，フリーマン）

- ▪ 戦略形成プロセスにおける環境の影響を重視する。
- ▪ 環境が戦略を規定し，戦略は組織の環境に対する反応により形成される。

【コンフィギュレーション（configuration）学派】（代表的研究者：ミンツバーグ）

- ▪ 戦略の策定や形成に関する上記 9 つの学派を統合した考え方。
- ▪ 戦略形成を組織変革のプロセスとみなす。

　ミンツバーグによると，以上の 10 の学派のうち最初の 3 つ，すなわち，デザイン学派，プランニング学派，そして，ポジショニング学派は，戦略の「策定プロセス」において何をなすべきかを示した「規範的（normative）」な性格を有した研究と位置付けられている [13]。これらは先にみた経営戦略論の系譜のうちの伝統的な「分析型戦略論」にあたる。ミンツバーグはこうした 3 つの学派の考え方に対し，立案者と実行者が切り離された，定型化された分析・予測にもとづく戦略策定プロセスのみによって，明確な戦略を事前に策定することは不可能であると批判する [14]。

　これに対して，その後の 6 つの学派は戦略の「形成プロセス」に注目した考え方であり，それぞれの視点から戦略が実際にどのように形成されるのかを「記述的（descriptive）」に示した研究であるとミンツバーグは指摘する [15]。すなわち，アントレプレナー学派のリーダーの経験や勘，コグニティブ学派の戦略家の認知プロセス，ラーニング学派の集合的な学習，パワー学派のパワーと政治，カルチャー学派の共有された文化，エンバイロンメント学派の環境への反応が，それぞれ，実際の戦略形成のプロセスにどのように関わっているのかを示すことを企図した研究であるといえる。ミンツバーグはその中でも組織の学習を重視するラーニング学派が注目を集めていると指摘している。

　ミンツバーグにおいて 9 つのスクールは以上のように位置づけられている。ただ，彼は最初の 3 つの学派や伝統的な分析型戦略の役割を完全に否定しているわけではなく，それらも含めて戦略がどのように形成・実行されていくのか，そのプロセスを総合的・統合的に理解することの重要性を主張している。こうしたことから，ミンツバーグ自身は 9 つの学派の考え方を統合した「コン

フィギュレーション学派」をもう1つの学派として提示している。次節以降では，ミンツバーグの戦略形成プロセスに関する考え方とそれを構成する諸概念，そして，ミンツバーグの戦略論を特徴づける「コンフィギュレーション」と「トランスフォーメーション」といった考え方について見ていくこととする。

3．戦略形成のプロセス

ミンツバーグは1971年からマギル大学で進められてきたプロジェクトをはじめ，様々な企業における戦略の形成プロセスを追跡する機会をつうじて，戦略形成に関する独自の考え方を構築している。その体系と諸概念は図表14－1のように提示されており，以下，この図に沿って彼の考え方を見ていく。

戦略の定義に関する議論でみてきたように，ミンツバーグは戦略にはこれから取るべき方向性や行動として示される「意図された戦略」と，これまでに実際にとられた行動のパターンとして認識される「実現された戦略」という2つ

図表14－1　計画的および創発的戦略

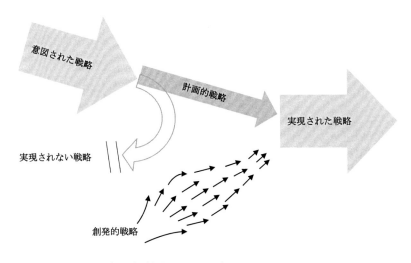

出所：Mintzberg（2009）（邦訳，13ページ）

の戦略があることを指摘していた。伝統的な「分析型戦略論」（先にみた最初の 3
学派）の場合，これらの関係は図の上部の「意図された戦略」が「計画的戦
略」として明示化され，それがそのままの「実現された戦略」を導くと考えら
れている。すなわち，伝統的戦略論における戦略の形成とは，一部トップによ
る体系的な思考と分析，総合的な判断による明解かつ具体的，網羅的な計画の
策定を意味し，その計画により行動の方向や順序が示され，合理的な統制をつ
うじてスケジュールどおり，当初の意図した戦略が実現される[16]との前提に
立っている。

　これに対してミンツバーグは異なった見方を提示する。一つは実現の可否に
関する指摘である。現実には，様々な理由によって「意図された戦略」が目的
の行動に結実しない場合もあり，結果として実現に至らない戦略が残ることに
なる[17]。これが図の左側に示された「実現されない戦略」の意味するところ
である。そして，二つ目は戦略の形成のあり方に関する指摘である。ミンツ
バーグは「実現された戦略」は必ずしも最初から明確に意図されたものではな
く，行動の一つ一つが集積され，そのつど学習する過程で戦略の一貫性やパ
ターンが形成される[18]と考える。このように，知らず知らずのうちに生まれ
てくる戦略，あるいは次第に形成されてくる戦略をミンツバーグは「創発的戦
略（emergent strategy）」と呼び，図においては下部から「実現された戦略」に
向かう複数の矢印で示されている。

　ミンツバーグの戦略形成に関するこうした考え方の土台にあるのが，伝統的
戦略論の前提，すなわち，将来予測は可能であると考え，プランニングと実行
（思考と行為）を分けて認識し，そして，戦略策定を論理的プロセスとして把握
することへの批判である[19]。ミンツバーグは戦略が一部の策定者によってプ
ランニングされるだけでなく，予測できない状況変化に即し，現場における実
行者の一つひとつの行動や経験をつうじて試行錯誤しながらパターンとして
「自己形成」されていくとの考え[20]を提示する。そして，その中で彼は「戦略
における学習」を重視する。純粋に計画化された戦略の場合，一度策定される
と学習の芽を完全に摘んでしまうが，創発的戦略の場合は行動を積み上げなが
ら，結果への反応をつうじて学習が促進される[21]と指摘する。

　ミンツバーグは以上のような考えを示すが，それはプランニングの完全な否定を意味するものではなく，むしろ「プランニングと創発の共存」という現実と，その必要性を指摘している。すなわち，現実的には純粋なプランニング戦略や純粋な創発的な戦略は存在せず，実際の戦略形成はこの中間のどこかに位置する[(22)]。また，優れた戦略策定では学習しながらも計画的にコントロールすることによって，論理的思考・統制と柔軟な思考・組織学習がうまく調和している[(23)]。つまり，戦略は計画的に策定されると同時に創発的に形成されなければならないということである。

　そして，ミンツバーグはそれを可能にする方策として，「アンブレラ戦略」と「プロセス戦略」という概念を提示する。アンブレラ戦略とはシニアマネージャーがおおまかなガイドラインを設定するとともに，その実施の細目については現場の部下に任せることである。これにより，プランニング（上層部からのガイドライン）と創発のプロセス（具体的なプランの作成）を含んだ戦略形成が可能となる[(24)]。そして，プロセス戦略とはマネージャーが戦略を形成するプロセス（組織構造の設計，人員配置，手続きなど）をコントロールすることにより，計画的に創発を促すアプローチである[(25)]。これらを導入することで，現場の状況を理解し，かつ必要な技術的スキルを有しているビジネスの実行者が戦略立案者になることで，プランニングと創発の共存の効果が発揮されるとミンツバーグは主張する。

4．戦略および戦略形成の意味
―コンフィギュレーションとトランスフォーメーション―

　以上の戦略形成に関する議論から一歩踏み込んで，ミンツバーグは戦略や戦略形成の意味について，その組織論と関連づけながらさらに議論を展開する。ミンツバーグは戦略論の諸文献では戦略マネジメントは「変化」に関わることであると考えられているが，戦略自体は変化よりも「継続性」を追求するものである[(26)]と指摘する。すなわち，計画的プランないし創発的パターンのいずれにしろ，結果として実現した戦略は組織の方向性を示し，組織を定義づけ，一貫性をもたらし，力を結集させることで組織を安定させる[(27)]。したがって，

戦略マネジメントにおける重要な課題は，安定を求める力と変化を求める力との調整，すなわち，努力を重ね効率を上げる一方，他方で変化する外部環境に適応していくという要請に対応していくこと [28] となる。

　ミンツバーグはかかる主張を行うにあたって，マギル大学同僚のミラーとフリーセン（Miller, D. and P.H. Friesen）が高業績企業の実証研究に基づいて提示した「量子的飛躍理論（Quantum Theory）」を参照する。ミラーらの基本的論点は「組織は，時を違えると，全く異なる行動様式を採用する」[29] というものである。この理論によると，組織は概して所与の戦略を追求しており，既存の戦略で成功を継続させられる限りにおいて，既定路線に沿って継続的改良を続けていく。しかし，その戦略の方向性が徐々にあるいは突然に外部環境とずれてしまった場合，組織は新しい安定を求めて戦略，組織構造，システムを，徐々にではなく急速的に再統合していく [30]。以上の参照からもわかるように，組織には一貫性を持つべき時期と変化すべき時期があり，ミンツバーグはこうした組織の2つの局面を考察するにあたって，「コンフィギュレーション（configuration）」と「トランスフォーメーション（transformation）」という概念を提示する。

　ミンツバーグが言う「コンフィギュレーション」とは，組織とその周辺の文脈についての基本要素が変数として組み合わされ，安定した配置・構成の状態を示す概念である [31]。配置・構成のもととなる基本要素（変数）としては，組織を構成する「人々」，具体的には戦略尖（戦略トップ），中間ライン（ミドル・マネージャー），作業核（作業担当者），テクノ構造（分析スタッフ），支援スタッフ，かかる人々の「イデオロギー（ないし文化）」，人材の分業のための組織の「構造と整合機制（調整メカニズム）」，組織の「経過年数と規模」，組織の作業に使用される「技術システム」，組織外の「環境（市場，政治風土，経済条件等）」および「諸権力（国や地方政府，特殊利害集団等）」があげられる [32]。これら諸要素の配置・構成のあり方によってコンフィギュレーションのあり様が決まってくるが，ミンツバーグによるとコンフィギュレーションは図表14−2のように7つのタイプに類型化される。

　以上のようにコンフィギュレーションが配置・構成の安定した状態を示すの

図表14－2　コンフィギュレーションの類型と特徴

コンフィギュレーションの類型	主要整合機制 （調整メカニズム）	組織の枢要部分	分権化の類型 （組織の構造）
企業家的組織	直接監督	戦略尖	垂直的・水平的集権化
機械的組織	仕事過程の標準化	テクノ構造	限られた水平的分権化
専門職業的組織	技能の標準化	作業核	水平的分権化
多角的組織	アウトプットの標準化	中間ライン	限られた垂直的分権化
革新的組織	相互調整	支援スタッフ	選別的分権化
伝導的組織	規範の標準化	イデオロギー	分権化
政治的組織	なし	なし	可変的

出所：Mintzberg（1989），邦訳（1991），173ページ（一部筆者加筆）。

に対して，「トランスフォーメーション」は変化のプロセス，すなわち，あるコンフィギュレーションから次のあるべきコンフィギュレーションへの変革のプロセスを意味する概念である[33]。コンフィギュレーションはその諸要素にかかる内在的ないし外圧的な変化によって，ある結合から別のものへと転向を迫られる[34]。内在的変化については，組織の「ライフサイクル」に沿って一定の順序を持って変化する傾向にある。例えば，新興産業で創業したばかりの組織の場合，企業家的組織の形をとるが，時を経て成熟化するとともに機械的組織の形をとるようになり，次いで多角的組織へと変化していく。外圧的な変化については，新しい作業テクノロジーの出現によって機械的組織から専門職業的組織への変化が余儀なくされるケースや，劇的な外部変化に直面した機械的組織が暫時的に企業家的指導者を必要とする場合などが考えられる[35]。

　そして，図表14－1に示された組織としての新たな方向性を生み出す「戦略形成」のプロセスとは，ある状態からある状態へと飛躍するプロセスであり，それは「トランスフォーメーション」そのものであると理解される。そして，戦略形成の結果として実現した「戦略」は組織の方向性を示し一貫性を与えることで，次の「コンフィギュレーション」の安定に寄与すると考えられる[36]のである。先にミンツバーグが戦略論の10の学派で最後に提示した「コンフィギュレーション学派」は，その他の学派の考え方をも統合することで，この戦略形成，すなわちトランスフォーメーションのプロセスを総合的に説明するこ

とを企図している。

5．戦略マネジメントに関わる論点

　以上の議論から分かるように，戦略マネジメントにおける重要な課題は，時間の経過にともなう安定と変革，すなわち，コンフィギュレーションとトランスフォーメーションのパターンを管理することに他ならないといえる。そして，ミンツバーグは戦略マネジメントの有効性に関わるいくつかの論点を提起している。

　まず，ミンツバーグは変革を起こすべき「タイミングを知る」こと[37]の重要性を指摘する。かかる点について彼は伝統的戦略論の考え方を次のように批判する。すなわち，伝統的戦略論，特に戦略プランニングの擁護者たちは，マネージャーが環境の不安定性に絶えず準備すること，例えば，年次ごとに5か年計画を更新することを推奨するが，こうした行為は変化への感受性を失わせ，決まりきったパターンの繰り返しや既存のものの手直しで満足することを助長する[38]と。すなわち，戦略形成が戦略計画の策定としてルーティン化することで，組織の変革力が失われるとの指摘である。

　そして，ミンツバーグは戦略形成に関わる「戦略家」の役割を再考する必要があると主張する。すなわち，伝統的戦略論においては戦略家の役割はプランナーおよびビジョン創造者とされていたが，彼は戦略家には「学習者」，そして「パターン認識者」としての役割も求められる[39]と指摘する。戦略形成をあずかるマネージャーには「非連続性を察知する」ことが求められており，そのためには，数値化された抽象的なデータや業界分析のみに向き合うのではなく，現場と接触し自社や業界について「学習」し，現場に密着した理解力を高め，常に状況と接触し続けることで自らの観察力を研ぎ澄ますことが必要であると指摘する[40]。さらに，マネージャーの職務は特定の戦略をあらかじめ構想するだけでなく，組織のなかで創発してくる戦略の「パターンを認識」し，適宜必要に応じて手を差し伸べその形成を促すことで，形成プロセスにおける各種パターンをマネジメントする役割が求められるという[41]。

　さらに，ミンツバーグは「戦略家」の定義について，次のような独自の視点

を示す。すなわち，戦略家とは「単に個人という概念のみならず，多数のアクター（登場者）が情報を相互に交換し，組織の思考をかたちづくるような集合体という概念」をも意味する。そして，かかる集合体（＝戦略組織）は，戦略を創造するだけでなく，知らぬ間に形成されるパターンの中に戦略を発見する機能をも持つ[42]と主張する。これまでの彼の議論や主張を前提とするならば，戦略マネジメントの主たる課題は，この「集合体」としての組織の機能を高めることにあると考えることができよう。そして，その具体的手立てとしては，先にもふれた「アンブレラ戦略」と「プロセス戦略」，すなわち，シニアマネージャーが全体的なガイドラインを提示するとともに，広範囲に様々な戦略が形成されるような組織風土の醸成，柔軟性を備えた組織構造の採用，創造性あふれる人材の配置等の手立てを整えることにより，戦略を創造・発見する組織としての能力を高めることが考えられる。

第3節　ミンツバーグの戦略論の意義

　以上，本章ではミンツバーグの戦略論について取り上げ検討してきた。前半では経営戦略論の展開との関係において彼の戦略論を位置づけ，後半ではその著作に拠りながらミンツバーグの戦略論の考え方を紹介してきた。本節ではここまでの議論のまとめも含め，ミンツバーグの戦略論の意味と意義について確認していくこととする。

　まず，ミンツバーグの戦略論の特徴としてあげられるのが，伝統的戦略論，特にプランニングスクールとの対峙であった。伝統的戦略論の課題はトップ・マネジメントと一部の戦略スタッフによる戦略策定，ないし戦略経営計画作成のための分析手法の提示や策定及び実行プロセスの定式化にあったが，ミンツバーグはこうした研究における合理主義，分析主義，形式主義への偏重が組織の現実とは異なること，そして，組織の戦略マネジメントの有効性を損なうとの主張を展開していた。

　ミンツバーグの考えでは，戦略形成に関わる組織の現実はより複雑なもので，事前に意図された戦略や綿密に作成された計画がそのまま実現されない非

合理的な側面があること，そして，トップによる事前の分析に基づいた戦略策定とは別に，現場での経験や学習を通じて試行錯誤の中で生まれてくる創発的な戦略があることが明示されていた。そして，プランニングと創発の共存が，組織の戦略マネジメントにおいて有効であると主張されていた。

　また，ミンツバーグの戦略論においては，「コンフィギュレーション」と「トランスフォーメーション」という概念が導入されることにより，戦略および戦略形成の問題をより広い組織的文脈において把握することを可能にしていた。また，かかる概念を取り入れることによって，戦略マネジメントの問題が単に変化への適合を意味するのではなく，安定と変化のマネジメントにあることが明確に指摘されていた。

　そして，ミンツバーグの戦略論においては，「戦略家」の概念が個人から集合体（＝戦略組織）へと拡張されていた。このことによってトップ・マネジメントやその周辺のスタッフのみならず，現場で働いている者も含めた組織のあらゆる人材が戦略の形成に関わること，そして，マネージャーの働きかけによってそれらが相互に結びつくことによって，戦略マネジメントに関する組織の能力および有効性が高まると論じられていた。

　それでは，以上のような特徴を持つミンツバーグの戦略論はどのような意義を有するのであろうか。まず，理論的貢献として，今なおビジネススクールなどで主たるポジションを占めている伝統的戦略論に対して重要な問題提起をし，そして，批判のみに終わらずに独自の理論体系を打ち立てた点があげられる[43]。現在，経営学の領域に限らず社会科学全般において，過度の合理性やデータ偏重を改め，人間の非合理的側面や現場から得られる定性的情報をも重視すべきとの主張が少なからず見られる。ミンツバーグの戦略論はそうした視点をいち早く取り入れ，示唆した研究として評価することができる。

　また，実践面でもミンツバーグの戦略論が主張する論点は，重要な意味を持つと考えられる。90 年代以降から今日まで，グローバル化や情報化の進展にともなって，企業や組織を取り巻く環境は大きく変化してきている。経済・産業，政治，社会・文化，技術等，いずれの領域でも構造的変化が進展してきており，環境の変化が急速かつ非連続的になり，あらゆる企業や組織においてス

254

ピーディに新たな戦略行動をとることが求められている。しかし，将来の予測
が困難なかかる環境下においては，時間をかけた分析と予測に基づいて策定さ
れた戦略による対応だけでは限界があり，現場での素早い実践・経験による実
験とそれをふまえた学習の繰り返しが重要な意味を持つようになってきてい
る。まさに，ミンツバーグが提起した「プランニングと創発の共存」による戦
略形成の重要性がますます高まっているといえる。

【注】

（1）ここでのミンツバーグの経歴については江口（2007）を参照。

（2）Chandler，邦訳（1967），29 ページ。

（3）Ansoff，邦訳（1964）第1章を参照。

（4）Henderson，邦訳（1981）を参照。

（5）石井他（1996），5 ページ，および，田中（2006），3 ページを参照。

（6）石井他（1996），6 ページ。

（7）奥村（1989），34 〜 40 ページを参照。

（8）Mintzberg（1987），邦訳（2003）では，"traditional" に対して「因習的」という訳があ
　　てられているが，本章ではこれを「伝統的」と訳し，章全体として「伝統的戦略論」とい
　　う言葉で統一している。

（9）Mintzberg（2009），邦訳（2013），10 〜 16 ページ。

（10）同上書，10 ページ。

（11）同上書，10 〜 16 ページを参照。

（12）同上書各章を参照。

（13）同上書，6 ページを参照。

（14）Mintzberg（1994），邦訳（2003）および，Mintzberg（1994），邦訳（1997）を参照。

（15）Mintzberg（2009），邦訳（2013），6 ページを参照。

（16）Mintzberg（1987），邦訳（2003），73 ページ。

（17）同上稿，77 ページを参照。

（18）Mintzberg（2009），邦訳（2013），12 ページを参照。

（19）Mintzberg（1994），邦訳（2003）および，Mintzberg（1994），邦訳（1997）を参照。

（20）Mintzberg（1987）の邦訳（2003），77 〜 78 ページを参照。

（21）同上稿，78 ページを参照。

（22）同上稿，79 ページを参照。

(23) 同上稿，80 ページを参照。

(24) 同上。

(25) 同上。

(26) Mintzberg（2009），邦訳（2013），366 ページを参照。

(27) 同上書，17 〜 18 ページ，366 〜 367 ページを参照。

(28) Mintzberg（1987），邦訳（2003），80 ページを参照。

(29) 同上稿，81 ページを参照。

(30) 同上稿，81 ページ，および Mintzberg（2009），邦訳（2013），378 ページを参照。

(31) Mintzberg（1989），邦訳（1991），147 ページ，および，Mintzberg（2009），邦訳（2013），366 ページを参照。

(32) Mintzberg（1989），邦訳（1991），154 〜 170 ページを参照。

(33) Mintzberg（2009），邦訳（2013），366 ページを参照。

(34) Mintzberg（1989），邦訳（1991），421 ページを参照。

(35) 同上書 421-423 ページを参照。

(36) Mintzberg（2009），邦訳（2013），366 〜 367 ページを参照。

(37) Mintzberg（1987），邦訳（2003），83 ページを参照。

(38) 同上。

(39) 同上。

(40) 同上稿，83 〜 84 ページを参照。

(41) 同上稿，85 ページを参照。

(42) 同上稿，83 ページを参照。

(43) ミンツバーグ自身 *"Managers Not MBAs"*（2004）を著して，MBA 教育の弊害を指摘している。

【参考文献】

石井淳蔵・奥村昭博・加護野忠男・野中郁次郎『経営戦略論〔新版〕』有斐閣，1996 年。

江口尚文「人間感覚への回帰 ミンツバーグ」（中野裕治・貞松　茂・勝部伸夫・嵯峨一郎編『初めて学ぶ経営学 人物との対話』ミネルヴァ書房，2007 年，178 〜 185 ページ）。

大滝精一・金井一頼・山田英夫・岩田　智『経営戦略 論理性・創造性・社会性の追求〔新版〕』有斐閣，2006 年。

奥村昭博『経営戦略』日本経済新聞社，1989 年。

琴坂将広『経営戦略原論』東洋経済新報社，2018 年。

田中康介「経営戦略論再考—分析的アプローチから社会的アプローチまで」（『産能大紀要』

第 26 巻第 2 号，2006 年)。

福原康司「戦略の非合理性と創発：ミンツバーグ」(坪井順一・間嶋　崇編著『経営戦略理論史』学文社，2008 年)。

Andrews, K. R., *The Concept of Corporate Strategy*, Dow Jones-Irwin Inc., 1971.（山田一郎訳『経営戦略論』産業能率大学出版部，1976 年).

Ansoff, H. I., *Corporate Strategy*, McGraw-Hill Inc., 1965.（広田寿亮訳『企業戦略論』産業能率大学出版部，1964 年).

Ansoff, H. I., *Strategic Management*, Macmillan Pres Ltd., 1978.（中村元一訳『戦略経営論』産業能率大学出版部，1980 年).

Chandler, A. D., *Strategy and Structure*, MIT Press, 1962.（三菱経済研究所訳『経営戦略と組織』実業之日本社，1967 年).

Henderson, B. D., *Henderson on Corporate Strategy*, ABT Books, 1979.（土岐　坤訳『経営戦略の核心』ダイヤモンド社，1981 年).

Miller, D. & P. H. Friesen, *Organizations: A Quantum View*, Prentice Hall, 1984.

Mintzberg, H., *The Nature of Managerial Work*, Harper Collins Publishers, 1973.（奥村哲史・須貝　栄訳『マネージャーの仕事』白桃書房，1993 年).

Mintzberg, H., "The Strategy Concept I : Five Ps For Strategy", *California Management Review*, 30 (1)，11-24, 1987.

Mintzberg, H., "Crafting Strategy", *Harvard Business Review*, July-August, 1987.（DIAMOND ハーバード・ビジネス・レビュー編集部訳「戦略クラフティング」『DIAMOND ハーバード・ビジネス・レビュー』ダイヤモンド社 2003 年 1 月号，72 ～ 85 ページ).

Mintzberg, H., *Mintzberg on Management*, Free Press, 1989.（北野利信訳『人間感覚のマネジメント―行き過ぎた合理主義への抗議』ダイヤモンド社，1991年).

Mintzberg, H., "The Fall and Rise of Strategic Planning", *Harvard Business Review*, January-February, 1994.（DIAMOND ハーバード・ビジネス・レビュー編集部訳「戦略クラフティング」『DIAMOND ハーバード・ビジネス・レビュー』ダイヤモンド社 2003 年 1 月号，86 ～ 97 ページ).

Mintzberg, H., *The Rise and Fall of Strategic Planning*, Prentice Hall, 1994.（中村元一監訳『戦略計画 創造的破壊の時代』産業能率大学出版部，1997 年).

Mintzberg, H., Ahlstrand, B., & J. Lampel, *Strategic Safari, The complete guide through the wilds of strategic management (02 Ed.)*, Person Education Limited, 2009.（斉藤嘉則監訳『戦略サファリ（第 2 版）戦略マネジメント・コンプリートガイドブック』東洋経済新報社，2013 年).

Mintzberg, H., *Managers not MBAs: A Hard Look at the Soft Practice of Managing and Management Development,* Berrett-Koehler Publishers, 2004.（池村千秋訳『MBA が会社を滅ぼす』日経 BP 社，2006 年）.

Porter, M. E., *Competitive Strategy: The Techniques for Analyzing Industries and Competitors,* Free Press, 1980.（土岐　坤他訳『競争の戦略』ダイヤモンド社，1982 年）.

Porter, M. E., *Competitive Advantage: Creating and Sustaining Superior Performance*, Free Press, 1985.（土岐　坤・中辻萬治他訳『競争優位の戦略—いかに高業績を持続させるか』ダイヤモンド社，1985 年）.

Steiner, G. A., *Strategic Managerial Planning,* The Planning Executives Institute, 1977.（河野豊弘訳『戦略経営計画』ダイヤモンド社，1978 年）.

第15章
リソース・ベースト・ビュー論の発展

　本章では経営戦略の定義と経営戦略論の変遷・分類を押さえた後に，経営戦略論の一分野を成すリソース・ベースト・ビュー（Resource based View，以下RBV）に焦点をあて経営資源，コア・コンピタンス，ケイパビリティについて確認する。そして，様々な経営関連の理論を基盤とし，理論としての完成に向け多くの支持者によって洗練，高度化が続けられているダイナミック・ケイパビリティ論の現状について述べる。

　本章で使用する組織能力，ケイパビリティという用語については，分かりやすさの観点から同義とし，文脈によって組織能力とケイパビリティの呼称を使い分けるものとする。

第1節　経営戦略の定義と変遷・分類

1．経営戦略の定義

　経営戦略の定義は多様である。網倉・新宅（2011）は経営戦略の多様な定義において「到達すべき目標やゴール」「企業外部の環境要因と企業内部の資源・能力との関係づけ」「目標にいたるための長期的・包括的に描いた道筋やシナリオ」という共通点を見出し，そして経営戦略を「企業が実現したいと考える目標と，それを実現するための道筋を，外部環境と内部環境とを関連づけて描いた，将来にわたる見取り図」と定義した（2～3ページ）。同様に，井上（2008）は，経営戦略の様々な論者の定義に共通する項目を図表15－1として整理し，経営戦略を「企業が環境に適応し，長期的な成長・発展を図る方向を

図表 15 － 1　戦略の定義で共通する項目一覧

項目 論者	環境	資源	長期	目的	構想	意思決定	行動	競争
チャンドラー		○	○	○			○	
アンゾフ	○					○		
ホファー＝ シェンデル	○	○		○				
ポーター								○
ミンツバーグ						○	○	
バーニー								○
石井他	○		○		○	○		
大滝他	○				○	○		
伊丹	○		○		○		○	

出所：井上（2008）表 I － 1。

指し示すとともに，意思決定の基準となるもの」と定義している（3 ページ）。

２．経営戦略論の変遷と分類

　経営戦略論は 1960 年代の戦略計画学派，70 年代の創発戦略学派，80 年代の
ポジショニング・ビュー（Positioning View，以下 PV），90 年代の RBV，2000 年
代のゲーム論的経営戦略という時代の流れに整理することができる（沼上，
2009，9 〜 11 ページ）。

　1960 年代の戦略計画学派は，組織目標の達成のための様々な活動を整合化
させるための計画を戦略とし，その策定の手順が体系的，論理的，合理的であ
ることを重視した。代表的な論者としてはアンゾフ（Ansoff, H.I.）などが挙げら
れる。1970 年代の創発戦略学派は，戦略は事前にトップダウンで計画するも
のではなく現場の試行錯誤の結果として事後的に生み出され，すなわち創発的
に形成されるものであり，事後に認識できるパターンであるとする。代表的な
論者としてはミンツバーグ（Mintzberg, H.）などが挙げられる。

　1980 年代の PV は，経済学（産業組織論）の強い影響のもと，高収益の事業
分野を探し出し，当該分野において素早くポジションを確立することが戦略と
考える。ポーター（Porter, M.E.）が代表的な論者である。1990 年代の RBV は，

魅力あるポジションを見つけたとしても競争相手より優れた製品・サービスを提供できなければ企業は成り立たず，そのためポジションよりも，製品・サービスを生み出す基盤である，顧客に価値を提供し模倣困難な経営資源や組織能力を見定め獲得・蓄積し，競争優位の源泉とすることを戦略とする。バーニー（Barney, J.B.），ハメルとプラハラード（Hamel, G. and Prahalad, C. K.）などが代表的な論者である。

　2000 年代のゲーム論的経営戦略は，競争相手や取引先の意図や行動を読み，出し抜くプロセスを重視し，彼らとの相互作用の展開に関するシナリオを読むことを戦略の本質とする。代表的な論者はバーデンバーガーとネイルバフ（Brandenburger, A.M. and Nalebuff, B.J.）などである（沼上，2009，9 ～ 11 ページ）。

第2節　リソース・ベースト・ビューの生成と展開

1. リソース・ベースト・ビューの生成と経営資源

　PV は，同一業界，同一戦略グループにおいて，企業間収益に差が生じる現実を説明するうえで十分な反証を示すことができず，この収益の差は提供する製品・サービス，ひいてはそれらを生み出す経営資源に起因するものではないかとの仮説が生じ RBV が誕生した。

　経営資源についてワーナーフェルト（Wernerfelt, B.）はブランド名，社内の技術知識，熟練した人材の雇用，取引先，機械，効率的な手順，資本などを挙げた（Wernerfelt, 1984, p.172）。

　ペンローズ（Penrose, E.）は企業を経営資源の集合体ととらえ，有形の物的資源としてプラント，設備，土地および天然資源，原料，半製品，廃棄物，副産物，最終製品（含．在庫）を，人的資源として不熟練および熟練労働者，事務・管理・財務・法律・技術・経営に係るスタッフを挙げた（Penrose, 1995, 邦訳，48 ～ 50 ページ）。

　バーニー（Barney, J.B.）によると経営資源は財務資本，物的資本，人的資本，組織資本に分類される。財務資本とは金銭的資源であり起業家自身の資金，出資者あるいは債権者からの金銭，銀行からの借入金，内部留保利益などであ

図表 15 − 2　経営資源の例示

	研究開発	生産 (オペレーション)	マーケティング	財務・経理	人事
財務資源	研究開発費	研究開発費	販売費, 広告 宣伝費	貸借対照表上 の金融資産	人事関連の諸費 用 (人件費等)
物的資源	研究所・ オフィス	工場, 設備, 機械, 備品	商品, 流通・ 販売拠点	広義の オフィス	広義の オフィス
人的資源	研究者 エンジニア	生産技能者	マーケティン グ担当者	財務・経理 担当者	人事担当者 ライン管理者
情報・技術的 資源	特許権 技術情報	特許権, 品質, 管理技法, マ ニュアル	顧客データ・ ベース	財務データ・ ベース	従業員に関す る情報

出所：藤田（2007）第 3 − 1 表。

る。物的資本とは物理的技術，工場・設備，地理的な位置・立地，原材料への
アクセスなどである。人的資本はマネジャーや従業員および彼らの経験・判
断・知性・人間関係・洞察力，人材育成訓練などである。組織資本は組織構
造，公式・非公式の計画・管理・調整のシステム，企業内部のグループ間の非
公式な関係，自社と他社との関係などである（Barney, 2002, 243 ～ 244 ページ）。

　藤田（2007）は図表 15 − 2 の様に，経営機能と経営資源の種類という 2 次元
で経営資源を整理し，経営資源をより網羅的に具体的に捉えることを試みた。

２．競争優位に資する経営資源

　バーニー（Barney, J.B.）は持続的な競争優位の源泉となりえる経営資源か否
かを判定する次の 4 つの基準に拠る VRIO フレームワークを提唱した
（Barney, 2002, 邦訳, 250 ～ 271 ページ）。

① 　経済価値（Value）：その経営資源は外部環境の脅威や機会への適応を可
　　能とするか。
② 　希少性（Rareness）：その経営資源はごく少数の企業しかコントロールで
　　きないか。
③ 　模倣困難性（Inimitability）：その経営資源を他企業が模倣することは困難
　　か。

④ 組織（Organization）：その経営資源の潜在力が十分に発揮できるよう組織は整っているか。

バーニー（Barney, J.B.）は VRIO フレームワークの提唱と合わせ，VRIO フレームワークの限界についても次のように言及している（Barney, 2002, 邦訳, 286 ～ 290 ページ）。

① 環境の激変による持続的競争優位の喪失：脅威と機会が突然に予測不可能な状態で変化するシュムペーター（Schumpeter）的変革が生じた場合，経営資源の価値の劇的な変化により持続的競争優位を維持することは困難である。

② すべての企業が持続的競争優位を得ることは不可能：長期間にわたり，価値を有する希少な模倣にコストのかかる経営資源やケイパビリティを開発・蓄積した企業しか持続的競争優位を得ることはできない。

③ データの収集，精査の困難さ：PV が分析する業界と異なり，経営資源やケイパビリティ，またそれらの目に見えない潜在的収益力に関してデータを収集したり記述したりすることは困難である。

伊丹・加護野（2003）は，図表 15 - 3 のように「可変性と固定性」「汎用性と企業特性」という 2 つの軸で経営資源を分類した。「可変性と固定性」は外部調達の容易さの程度，「汎用性と企業特性」はある企業にとってのみ意味を持つ程度による分類である。この分類から，汎用性の高い経営資源は一般的に可変性が高く外部調達が容易で，企業特性の高い経営資源は固定性が高く外部調達は困難であり獲得・蓄積にコストを要することが分かる。またこのような経営資源の中でも情報的資源は「カネを出しても買えないことが多く自分でつくるしかない」「つくるのに時間を要する」「複数の製品や分野で同時多重利用が可能」という性質を有するため競争優位の基本的な経営資源となる可能性が高い（30 ～ 35 ページ）。

図表 15 − 3　経営資源の分類

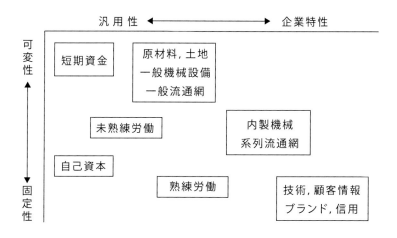

出所：伊丹・加護野（2003），図 1 − 2。

3．コア・コンピタンス

　RBV において，経営資源の分類，競争優位性とその防御方法などに加え，経営資源を活用する能力，すなわち組織能力に関する研究への関心が高まっていった。組織能力とは「①経営資源・知識・組織ルーティンなどの体系，②企業独特のもの，③模倣困難（優位性持続に貢献），④結果，競争力・生存能力を強化するもの」「企業の独特の経営資源の蓄積に係る組織ルーティンの束」である（藤本，2003，27 ページ）。

　経営資源と組織能力の関係に関して，組織能力を，藤田（1997）は「経営資源を蓄積，形成，統合，活用する能力（51 ページ）」，十川（2002）は「様々な組織活動を接着させるような経営資源活用能力（34 ページ）」，遠山（2007）は「資源を適切に組み合わせて一体化，協働させ価値を創出する能力（5 ページ）」としている。つまり組織能力と経営資源は，活用の主体が組織能力，客体が経営資源という関係にあり，相互に補完して競争優位を発揮する[1]。

　ハメルとプラハラード（Hamel, G. and Prahalad, C. K.）は，経営資源の全社的な効率的配分のための手法であるプロダクト・ポートフォリオ・マネジメント

(Product Portfolio Management, 以下 PPM)[2] などによるリストラクチャリング，事業の統廃合のみでは持続的な成功は困難であるとの認識の下，モトローラの高速サイクルタイム生産に係る技術，ソニーの技術，ホンダのエンジン技術などの研究から，企業の競争優位の中核となる組織能力としてコア・コンピタンス（Core Competence）を提唱した。

コア・コンピタンスとは「他社には提供できないような利益を顧客にもたらすことのできる，企業内部に秘められた独自のスキルや技術の集合体（Hamel and Prahalad, 1994, 邦訳，376 ページ）」であり，個々のスキルや組織という枠を超えた学習の積み重ねによって形成される（Hamel and Prahalad, 1994, 邦訳，258 ページ）。

コア・コンピタンスは，図表 15 - 4 に示す様に，コア技術を構成する多様な技術やスキルがコア・コンピタンスによって調整，統合されコア技術が作られ，このコア技術によってコア製品が生み出され，複数のコア製品の調整，統合を経て最終製品が製造される，そして顧客の利益に資するという一連の流れを前提としている（Hamel and Prahalad, 1994, 邦訳，272 ～ 282 ページ）。

コア・コンピタンスは次の 3 つの要件を満たす（Hamel and Prahalad, 1994, 邦訳，260 ～ 265 ページ）。

- 顧客価値：そのスキル，技術により製造された最終製品の価値が顧客に認知され，また顧客の価値の向上に貢献する。
- 競合他社との相違：業界のどこにもあるようなものではない，ユニークな競争能力である。
- 企業力の拡張：全社的視点に基づき，新製品や新サービスの具体的なイメージが描ける。広範な市場への参入が可能である。

図表 15 － 4　構成技術・スキル，コア技術，コア製品とコア・コンピタンス

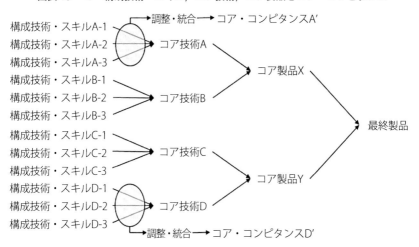

出所：Hamel and Prahalad（1994），pp.272-282 をもとに筆者作成。

4．ケイパビリティ

　ストーク（Stalk, G.）らは，ウォルマート，ホンダなどの企業の研究から，経営資源を活用する組織能力としてケイパビリティ（Capability）という用語を用い，ケイパビリティとハメル（Hamel, G.）らのコア・コンピタンスとは似て非なる相互補完の関係にあるとしたうえで，ケイパビリティとコア・コンピタンスとの相違を，またケイパビリティが競争優位において重要な役割を担っていることを明らかにした。

　ストーク（Stalk, G.）らによると，コア・コンピタンスはバリューチェーン上の特定のプロセスにおける技術力ないし製造能力であるが，ケイパビリティはバリューチェーン全体におよぶ能力であり（Stalk, et al., 1992, 邦訳, 118 ページ），戦略的に意味づけられた一連のビジネスプロセスであるとされる（Stalk, et al., 1992, 邦訳, 124 ページ）。例えばホンダが長年にわたり幅広い事業へ進出できたのは，ハメル（Hamel, G.）らがコア・コンピタンスと考えたエンジン設計のみに拠るものではなく，ディーラーを管理する能力，すなわちマーチャンダイジング，営業，販売ディーラーの店舗設計，サービスマネジメントなどの業務の

方針やプロセスについてディーラーを教育・支援する一連のビジネスプロセスに拠るところが大きい。このディーラーを教育・支援する一連のビジネスプロセスがケイパビリティである。ホンダはオートバイ事業で構築したディーラーを教育・支援する一連のビジネスを再現することで新規事業への参入を果たしてきた（Stalk, et al., 1992, 邦訳, 129～131 ページ）。戦略的に意味づけられたとは, SBU と職能部門が結びつけられ, 双方の能力の最大化のためにインフラへ戦略的な投資がなされ, またその構築, 推進が CEO などにより部門横断的に行われる状態を指す（Stalk, et al., 1992, 邦訳, 124 ページ）。

　ウルリッチ（Ulrich, D.）らは, コア・コンピタンスやケイパビリティなどの組織能力を, 「①個人あるいは組織のいずれに帰属するか」「②技術・技能面（technical）あるいは社会関係面（social）のいずれに関連するか」という 2 つの軸によって図表 15 - 5 のように分類した。①は個人のマーケティング, 財務, 製造などの技能, ②は方向性の決定, ビジョンの伝達, 部下の動機づけなどの個人のリーダーシップ能力, ③は組織の技術・技能であるコア・コンピタンス（例：金融機関における与信管理ノウハウ）, ④は組織 DNA, 企業文化など組織の人間関係面を強調したケイパビリティである（Ulrich and Smallwood, 2004, 邦訳, 36 ページ）。この分類からは, 技術・技能面のコア・コンピタンスと人間関係的なケイパビリティは組織能力を構成し, 相互に補完する関係にあることが分かる。

第3節　ダイナミック・ケイパビリティ

1．ダイナミック・ケイパビリティとは

　実証研究を通じて同一業界, 同一戦略グループにおいて収益の企業間格差が生じる現実が明らかとなり PV の妥当性に疑義が生じ, RBV が生成されることとなった。しかし, RBV は環境変化に際し, バートン（Barton, D. L.）の言うコア・リジディティ（Core Rigidity）により競争優位喪失のリスクを有するとの指摘がなされた。コア・リジディティとは, 企業が時間をかけて形成する競争優位を有する独自の知識資産であるコア・ケイパビリティ（Core Capability）が

図表 15 − 5　能力のマトリックス

	Individual 個人	Organizational 組織
Technical 技術・技能面	① 個人の 職務能力	③ 組織の コア・コンピタンス
Social 人間関係面	② 個人の リーダーシップ能力	④ 組織の ケイパビリティ

出所：Ulrich and Smallwood（2004），図 1。

環境変化やルーティン化により硬直化することであり，強みが弱み転化する危険性を有する（Barton, 1995, 邦訳，45 〜 86 ページ）[3]。この指摘への対応などから Teece らは DC 論を展開することとなった。菊澤（2019）によると，今日 DC 論は，いまだ理論には至っていないが，世界の経営学者が争って議論を重ねているビック・アイデアの 1 つである（5 ページ）。

　DC の定義はいまだ定まっていない。ティース（Teece, D. J.）は薄い市場[4]で取り引きされる優れた経営資源・ケイパビリティ[5]の入手・獲得・統合の能力の卓越さが競争優位の確保・維持に強く関わると考察し，コア・リジディティ（Core Rigidity）という指摘へ進化論的視点をとり入れるなどして，DC を「企業独自の資産ベースを継続的に創造・拡張・改良・保護し，価値ある状態に維持することにより，持続的競争優位の構築を図る，企業独自の複製困難なケイパビリティ」と定義づけた（Teece, 2007, 邦訳，3 ページ）。

　ヘルファット（Helfat, C.E.）らは，それまでの先行研究に基づき，DC の重要な特性をすべて具備しているとは考えていないと前置きしながら，「DC とは，組織が意図的に資源ベースを創造，拡大，修正する能力」と定義づけた（Helfat, et al., 2007, 邦訳，6 ページ）。菊澤（2016）は，DC を「ポーターのように環境状況の変化を認識し，それに対応させて資源ベース理論のように企業に固有の資源を認識し，それを再構成したり再構築したりして，最終的にオーケス

トラの指揮者のように全体的にオーケストレーションする能力」「シュムペーター（Schumpeter）のいう破壊的イノベーションを生み出す能力」としている（295ページ）。

2. 理論的基盤整備の進展

DC論に関する理論的基盤の整備は進展している。ティース（Teece, D. J.）はDCの一般的な枠組みとして，DCを3つのプロセスに分けたダイナミック・ケイパビリティ・フレームワーク（Dynamic Capability Framework：以下，DCF）を提示した。DCFは競争優位の源泉および同質的競争におけるゼロ利潤回避のための指針を示す枠組みである。機会を感知し情報をフィルタリング等するセンシング（sensing），機会捕捉のための企業構造，手法等に関するシージング（seizing），資産を取得，連結，再配置，転換するトランスフォーミング（transforming）および経営プロセス，仕事の流れやシステムのミクロ的基礎から成る（Teece, 2007, 邦訳，8～53ページ）。

ティース（Teece, D. J.）はまた，DCと競争優位持続に十分な機能を果たせないオペレーショナル・ケイパビリティ（Operational Capability：以下，OC）とを区分する枠組みとして，能力フレームワークの要素を提唱した。このフレームワークは図表15－6に示す通り，プロセス，ポジション，経路の観点からDCとOCを区分する。プロセスとは業務の手順，ルーティンなどである。ポジションとは経営資源である。経路とは戦略である。

DCはVRIN資源[6]に基づき，独自のプラクティスおよびビジネスモデルに埋め込まれたケイパビリティであり，正しいことをやる，すなわち進化論的な適合を可能とする。OCは物事を正しく行うという技術的な適合が可能で競争優位の基礎ではあるが，ベストプラクティス，標準以下のプラクティスは社外調達やベンチマークにより急速に拡散するため，長期的な競争優位に関して十分な機能を果たせない（Teece, 2014, 邦訳，16～20ページ）。

3. ダイナミック・ケイパビリティ論の問題点・限界の背景・要因

DC論には問題点・限界が山積している。ティース（Teece, D. J.），アイゼン

図表 15 － 6　能力フレームワークの要素

主要な構成要素	弱い OC	強い OC	強い DC
プロセス	標準以下のプラクティス	ベストプラクティス	独自プラクティスと ビジネスモデル
ポジション	わずかな普通の資源	贅沢な普通の資源	VRIN 資源
経路	下手にやる	正しくやる	正しいことをやる

出所：Teece（2014）Table2 をもとに筆者作成。

ハートとマーティン（Eisenhardt, K. M. and Martin, J. A.），ゾロとウィンター（Zollo, M., and Winter, S. G.）らが独自の議論を積極的に展開しているため，DC 論は体系的に理論化が進展する方向で洗練されずに，むしろ錯綜した感がある（菊澤，2019，14 ページ）。木下（2016）は DC 先行研究に多くの問題点・限界が存在する背景・要因として次の 3 つを挙げた。

① 　多様な分野のさまざまな論者のアプローチ

　ティース（Teece, D. J.）によると DC は企業の行動理論[7]，取引コスト理論[8]，企業の進化論[9]などの関係諸理論を基に発展が図られた（Teece, 2009, 邦訳，84 ページ）。さらに，ティース（Teece, D. J.）らにより DC 論の基礎が構築されて以降，福澤（2013）によると，DC で焦点があてられる「ダイナミックな変化」「競争優位」「ケイパビリティ」などの用語を論文や研究ノートに記述する際，ティース（Teece, D. J.）の DC に関する研究[10]との関連性を示唆し DC と研究とを関連づけることが多々あったとされる（66 ページ）。結果，DC は様々な理論の様々な論者により多様なアプローチがなされ DC 論における重要な概念，用語は，十分な区分や統一がなされず，統一的見解が確立されないという問題・限界が生じた。

② 　親和性の高い先行研究の参照の不十分さ

　別の要因として，福澤（2013）は DC と親和性が高い藤本（1997）の「進化能力（能力構築能力）」[11]やバーケルマン（Burgelman, R.A.）の「戦略形成プロセス」などの研究の参照が DC 論では十分でないことを挙げた。藤本（1997）らの研究において行われた個別企業のダイナミズムへ具体的，詳細にアプローチ

の研究成果やその方法は DC 研究へ十分に取り込まれてはいない [12]。このため DC 論は，DC が本来有するはずであるダイナミズムへの具体的で詳細なアプローチ，分析が不足し，DC の実態を明らかにするに至っていない。

③　多様な DC の具体的，詳細な解明の不十分さ

　ヘルファット（Helfat, C.E.）らは DC の種類は多様であるため，DC の理解，DC 論の発展のためには，多様な DC を様々な方法から詳細に分析する必要があると指摘している（Helfat et al., 2007, 邦訳，10 ページ）。しかしながら，DC の先行研究における研究対象の主は，「DC はどのような能力を有するのか」という DC そのものを対象とするほか，「どのような環境下で DC は機能するのか」「経営者の役割」などであり，福澤（2013）が述べるように DC の形成や発揮のプロセスに関する研究は十分でなかった（76 ページ）。DC の形成・発揮のプロセスなどに関する具体的で詳細な解明が DC の先行研究では十分でないため，DC 論は具体性や詳細さに問題を有することとなった [13]。

４．ダイナミック・ケイパビリティ論の問題点・限界

　これまで見てきた背景・要因によって生じている DC 論における DC そのものに関する問題点・限界として，木下（2016）は以下について見解が統一されていないことや解明の不十分さを挙げている。

- DC の定義
- DC が機能する環境
- DC はルーティンか，非ルーティンか
- DC の高次ケイパビリティ機能
- DC と OC の区分

　木下（2016）はまた，DC 論における DC の形成や発揮の過程に関する問題点・限界として，以下について具体的に明らかにされていないことや検証が不足していることを挙げている。

- DC が組織学習により形成されるプロセス
- DC を形成・発揮する主体としてのミドルマネジメントの役割や貢献
- DC のモデル化

　以上のように DC 論には問題点・限界が山積している。永野（2018）は経験的事象への照射により経営戦略論が発展してきた経緯があると述べている（25 ページ）。ヘルファット（Helfat, C.E.）らは DC の発展には経験的観察が必要であると指摘している（Helfat et al., 2007, 邦訳，1 ページ）。DC 論が発展し理論として完成に至るためには，企業活動の現実，現場を対象とする分析や考察に基づく実証的な研究がより強く求められている [14]。

【注】

（1）このような経営資源と組織能力を区別する考えに対してバーニー（Barney, J.B.）は，経営資源，組織能力，ケイパビリティ，コア・コンピタンスなどの用語の違いは理論上は存在するが，実際の経営では区別が難しく，また実用上の価値が認められないことから，経営資源と組織能力（ケイパビリティ）は同義語とした（Barney, 2002, 邦訳，245 ページ）。

（2）PPM は多角化された複数の事業を「企業にとっての魅力度：例 市場成長率」と「強み（競争力）：例 マーケットシェア」から分類し，各事業の基本的な方向性，各事業への資金配分方針を示唆する。（伊丹・加護野，2003，117 ～ 124 ページ）。

（3）コア・リジディティと同様の現象について戸部他（1984）は，大東亜戦争における日本軍の作戦失敗例から，「適応は適応能力を締め出す（adaptation precludes adaptability）（246 ページ）」「特定の戦略原型への徹底的な（過度な）適応が学習棄却能力をひいては自己革新能力を喪失させた（279 ページ）」と指摘している。

（4）薄い市場とは取引量がわずか，無形資産のようなファジーさなどにより，取引が成立し難い資産の流動性が小さな市場である（Teece, 2009, 邦訳，79 ページ）。薄い市場からしか得ることのできない希少な資産の取得・獲得，既存資源との転換，あるいは廃棄等の能力が，資産の有効性，ひいては競争優位の持続のうえで，重要度を増す。

（5）ティース（Teece, D. J.）は優れた経営資源，ケイパビリティの中でも共特化されたものを競争優位持続の点で高く評価している。共特化とはある資産が別の資産に対して，戦略が構造に対して，あるいは戦略がプロセスに対してそれぞれもちうる関係性である

（Teece, 2009, p.42）。具体的には，ディーゼル技術とディーゼル電気機関車，水素自動車と水素スタンド，ゲーム機とゲームソフト，コンピュータOSと一連のアプリケーション・プログラム，クレジットカードとその取扱い業者などが挙げられる（Teece, 2009, 邦訳，31ページ）。

（6）Value：価値，Rare：稀少，Imperfectly imitable：模倣困難，Non-substitutability：代替不可能の4要件を満たす資源である。VRIO（Barney, 2002, 邦訳，286～290ページ）とほぼ同義。

（7）企業の行動理論は経営学，社会学，心理学，政治学，経済学，数学，統計学，人類学などの行動諸科学の成果を援用して，サイモン（Simon, H. A.），マーチ（March, J. G.），サイアート（Cyert, R. M.）などのカーネギー学派によって提唱された企業の行動に関する理論である（小林，1979，57ページ）。「人は合理的な意思決定を行うが，その認知力や情報処理力には限界が存在する」という限定合理性や「知の探索を怠り知の深化に重きを置く組織の傾向は，長期的には組織の適応力を弱める」というコンピテンシートラップ（Competency Trap）などが提示された。

（8）取引コストとは，人間同士の駆け引きにより生じる無駄のことである。人は不完全な情報のもとで意思決定を行う限定合理的な存在で，同時に相手のすきにつけ入り利己的利益の追求も目指す機会主義的な存在でもあることが仮定されている（菊澤，2019，5ページ）。取引コスト理論は取引コストを最小化する形態・ガバナンスを見出すことを目的とする（入山，2015，125ページ）。

（9）進化経済学会編（2006）は進化経済学の定義について，確立したものはないと前置きしたうえで，「進化の視点により経済現象を分析・研究することにより，従来の経済学の限界を突破し，新しい経済学を構築しようとする未然形の学問運動」と暫定的に定義している（13ページ）。

（10）Teece（1997）など。

（11）藤本（1997）はトヨタ自動車の研究から，組織能力を静態的能力（static capability），改善能力（improvement capability），進化能力（evolutionary capability）と階層化するなかで，進化能力（能力構築能力）について「高次の組織能力（メタ能力）の概念に関連している」という点でDCとの共通性を認めつつも，進化能力（能力構築能力）は創発過程（emergent process）を前提とする点でDCとは一線を画するとしている（20ページ）。

（12）沼上（2008）は，初期RBVにおいて理論的支柱であった「見えざる資産のダイナミクス（伊丹，2003）」，「知識創造におけるダイナミックなプロセスの解明（野中・竹内，1996）」という組織能力のダイナミズムへの着目が，新古典派経済学をベースとするPVに対抗する理論として進化経済学への脚光が強まる過程で，徐々に弱まり後期RVBでは取り込まれていないと指摘している（42ページ）。

（13）DC 先行研究において具体的で詳細な解明が十分でなかった要因の 1 つとして，RBV の新古典経済学批判を強く志向する経済学ベースの経営学者らが，新古典経済学に替わる理論的根拠として進化経済学を DC 先行研究において多数援用したことが考えられる。なぜなら，沼上（2008）によると進化経済学の研究の意図は新古典派の均衡論とは異なる進化論による経済システムの総体のダイナミクスの解明であり，個別の企業のダイナミクスやその詳細を明らかにするものではない（49 ページ）からである。

（14）木下（2019）などにおいて，企業活動の現場に踏み込んだ DC の具体的，詳細な分析，考察が行われている。

【参考文献】

網倉久永・新宅純二郎『経営戦略入門』日本経済新聞社，2011 年。

伊丹敬之『経営戦略の論理（第 3 版）』日本経済新聞社，2003 年。

伊丹敬之・加護野忠男『ゼミナール経営学入門（第 3 版）』日本経済新聞社，2003 年。

井上善海「第 I 章　経営戦略の概念と体系」浦野恭平・森　宗一・中元麻衣子・聞間　理・木村　弘・田中信弘・奥居正樹・安　煕錫・遠藤真紀・山本公平・中山直樹・井上善海編著・佐久間信夫編著『よくわかる経営戦略論』ミネルヴァ書房，2008 年。

入山章栄「世界標準の経営理論（第 9 回）取引費用理論（TCE）100 年前も現在も企業の有り方は「取引コスト」で決まる」『Harvard business review』40（5），2015 年，124 ～ 137 ページ。

菊澤研宗『組織の経済学入門—新制度派経済学アプローチ〔改訂版〕』有斐閣，2016 年。

菊澤研宗「序論　最適解のない不確実な状況を生き抜くための企業理論（訳者解説）」D.J.ティース・菊澤研宗訳・橋本倫明訳・姜　理恵訳『D.J.ティース　ダイナミック・ケイパビリティの企業理論』中央経済社，2019 年。

木下耕二「ダイナミック・ケイパビリティに係わる先行研究の理論的考察」『東洋大大学院紀要』第 53 集，東洋大学大学院，2016 年，133 ～ 153 ページ。

木下耕二「ダイナミック・ケイパビリティの実務的展開：M&A を起点とするビジネスモデル構築企業の分析より」『経営哲学』16（1），経営哲学学会，2019 年，39 ～ 48 ページ。

小林俊治「河合忠彦著「企業行動理論の方法的基礎」」早稲田商学（279），1979 年，327 ～ 333 ページ。

進化経済学会編『進化経済学ハンドブック』共立出版，2006 年。

十川廣國『新戦略経営・変わるミドルの役割』文眞堂，2002 年。

遠山　暁『組織能力形成のダイナミックス』中央経済社，2007 年。

戸部良一・寺本義也・鎌田伸一・杉之尾孝生・村井友秀・野中郁次郎『失敗の本質—日本軍

の組織的研究─』ダイヤモンド社，1984年。

永野寛子「経営戦略論における知識の成長（立正大学経営学部創設50周年記念；組織論・戦略論）」『立正経営論集』50（1・2），2018年，18 ～ 34ページ。

沼上　幹「第1章 日本企業の実証研究とリソース・ベースト・ビュー「見えざる資産のダイナミクス」を中心とした展望」伊藤秀史・沼上　幹・田中一弘・軽部　大『現代の経営理論』有斐閣，2008年。

沼上　幹『経営戦略の思考法』日本経済新聞出版社，2009年。

野中郁次郎・竹内弘高『知識創造企業』東洋経済新報社，1996年。

福澤光啓「2 ダイナミック・ケイパビリティ」組織学会編『組織論レビューⅡ─外部環境と経営組織─』白桃書房，2013年。

藤田　誠「経営資源と組織能力」『早稲田商學』375，1997年，39 ～ 68ページ。

藤田　誠『企業評価の組織論的研究─経営資源と組織能力の測定』中央経済社，2007年。

藤本隆宏『生産システムの進化論　トヨタ自動車にみる組織能力と創発プロセス』有斐閣，1997年。

藤本隆宏『能力構築競争』中央公論新社，2003年。

Barney, J.B., *GAINING AND SUSTAINING COMPETITIVE ADVANTAGE (3rd ed.)*, Pearson Education,Inc,New Jersey，2002.（岡田正大訳『企業戦略論【上】基本編─競争優位の構築と持続─』ダイヤモンド社，2003年）.

Barton, D. L., *Wellsprings of Knowledge : Building and Sustaining the Source of Innovation*. President and Fellows of Harvard College, 1995.（阿部孝太郎・田畑暁生訳『知識の源泉─イノベーションの構築と持続─』ダイヤモンド社，2001年）.

Hamel, G. and Prahalad, C. K., *COMPETING FOR THE FUTURE*. Harvard Business School Press，1994.（一条和生訳『コア・コンピタンス経営』日本経済新聞社，1995年）.

Helfat, C.E., Finkelstein, S., Mitchell, W., Peteraf, M., Singh, H., Teece, D. and Winter, S.G., *DYNAMIC CAPABILITIES : Understanding Strategic Change in Organizations*. Blackwell Publishing Ltd, 2007.（谷口和弘・蜂巣　旭・川西章弘訳『ダイナミック・ケイパビリティ　組織の戦略変化』勁草書房，2010年）.

Penrose, E., *The Theory of the Growth of the Firm, Third Edition*. Oxford University Press, 1995.（日高千景訳『企業成長の理論【第3版】』ダイヤモンド社，2010年）.

Stalk, G., Evans, P., and Shulmam, L, E., "Competing on Capabilities : The New Rules of Corporate Strategy," *Harvard Business Review70（2）*, 1992, pp.57-69.（鈴木泰雄訳「顧客を起点とした組織能力がカギ　ケイパビリティ競争論」『Diamondハーバードビジネスレビュー』33（4），2008年，118 ～ 134ページ）.

Teece, D. J., Pisano, G., and Shuen, A.（1997）"Dynamic Capabilities and Strategic

Management," *Strategic Management Journal* 18（7），pp.509-533.

Teece, D. J., "Explicating Dynamic Capabilities：The Nature and Microfoundations of （Sustainable）Enterprise Performance," *Strategic Management Journal*, Vol.28（13），2007, pp.1319-1350.（渡部直樹訳「第 1 章　ダイナミック・ケイパビリティの解明（持続的な）企業のパフォーマンスの性質とミクロ的基礎」渡部直樹・デビット・J・ティース・木原　仁・糟谷　崇・西谷勢至子・永野寛子・赤尾充也・高橋大樹・大芝周子『ダイナミック・ケイパビリティの組織論・戦略論』中央経済社，2010 年）.

Teece, D. J., *Dynamic Capabilities and Strategic Management*：*Organizing for Innovation and Growth*., New York：Oxford University Press, 2009.（谷口和弘・蜂巣　旭・川西章弘・ステラ・S・チェン訳『ダイナミック・ケイパビリティ戦略―イノベーションを創発し，成長を加速させる力』ダイヤモンド社，2013 年）.

Teece, D. J., "A Dynamic Capabilities-based Entreprenerurial Theory of the Multinational Enterprise," *Journal of International Business Studies,* 45, 2014, pp.8-37.

Ulrich, D. and Smallwood, N., "Capitalizing on Capabilities," *Harvard Business Review*, 82（6），2004, pp.119-127.（西　尚久訳「無形資産投資の出発点　組織能力の評価法」『DIAMOND ハーバード・ビジネス・レビュー』29（11），ダイヤモンド社，2004，34 ～ 45 ページ）.

Wernerfelt, B., "A Resource-based View of the firm." *Strategic Management Journal,* 5, 1984, pp.171-180.

第16章
知識創造経営論

第1節 複雑化する経営環境と知識

　21世紀を迎えて20年が過ぎた今日では，企業経営をめぐる経営環境はますます複雑化している。少子高齢化，人口減少，地方の衰退，国家・地方財政の逼迫，そして直近では新型コロナウィルス問題（コロナ禍）など様々な課題の下で，日本産業界は「継続的な視点を伴う…中略…能動的かつ創造的な取り組み」によって，現状と課題を打破していかなければならない。それには「志」も大切だが，何よりも実践をともなう行為が強く求められる（野中・紺野，2007，51ページ）。日本企業には，企業それ自体，産業や経済，さらには社会を活性化・持続化させるために，イノベーション（技術革新）を創出することが求められている。そして，イノベーションを創出させる重要な要素の1つが，組織的な「知識創造」なのであり，日本企業は早急かつ積極的に取り組む必要性がある。企業の「自己革新の本質は，『知識の創造』」にあるのであり，「意味のある知識」こそがイノベーションを含めて組織を動かす「根本」になるという（野中，1998，29ページ）。

　このような観点から，企業にとって知識を創造すること，すなわち「知識創造経営」が経営上の大きな課題の1つになっているのである。知識創造経営とは，企業に競争力をもたらす知識を創造（knowledge creating）し，その知識を管理する経営行動である。なお，知識が企業の競争力の源泉になるためには，知識を所有・共有するだけでなく，個人，集団，そして組織による知識の持続的創造が必要になる。現代の資本主義社会においては，知識の重要性はますま

す高まっており，「知識資産の活用や知識創造のための組織能力全体（知力）」が，企業価値（時価総額や企業評価）にも反映する項目の１つになっているという（野中・紺野，2003，12ページ）。

　一般的に「知識経営」（ナレッジ・マネジメント，knowledge management）というと，情報技術（IT）を活用した知識管理を想定されるが，それは本来の知識経営や知識創造経営の一部を見ているに過ぎない（野中・紺野，2003，4〜5ページ）。企業経営においては，組織的かつ持続的な知識創造がその競争力強化の本質になるのである。実際に，今日の経営環境において知識の創造と管理は，競争優位の獲得を目的とした企業行動として必須の戦略的要素になっている（Nielsen，2005，p.1）。そして，組織的知識創造と管理は，Nonaka and Takeuchi による "The Knowledge Creating Company: How Japanese Companies Create the Dynamics of Innovation"（『知識創造企業』）を嚆矢とする「日本発」の経営学理論となっている。企業という経営体における「組織的知識創造」と，その管理の根本的なメカニズムを究明しようとしている。

　本章では知識創造経営について，その根本的なメカニズムの理解を通して，現代企業の競争優位構築だけでなく，従業員の行動や企業が果たす社会的役割である CSR（Corporate Social Responsibility，企業の社会的責任）との関連から検討していく。これによって企業における組織的な知識創造の意義が明らかになるであろう。以下では，まず企業経営における知識そのものの特徴を述べる。ついで SECI モデルという知識創造のモデルを紹介するとともに，知識創造経営を促進するマネジメントの在り様を見ていく。そして，知識創造経営を積極的に導入する製薬会社エーザイの事例を検討する。この事例からは，知識創造経営が社会的責任経営を促進するため，企業だけでなく社会にとっても意義深い取り組みであることを見て取れる。

第2節　企業経営における知識

1．知識とは何か：形式知と暗黙知

　知識とは「正当化された真実の信念」と定義される（Nonaka and Takeuchi，

1995, p.58）。知識には誰でも利用できる共通の客観的なイメージがあるが，野中・紺野によると，知識は，人間が意味づけて真実として正当化したものと認識されている。すなわち知識は，人間の営みとは関係なく自然界に純粋に存在するのではなく，人間が構築したものと捉えられる。人間の意識内において知識がつくられるのであり，「意識の外」からの「知覚素材」の到来を受けて，それを意味づけて体系化して「心的」に確立されていく。また特定個人の知識は，他者から妥当なものとして受け入れられることで，社会的な知識として普及すると考えられる（野中・紺野，2003，95～96ページ）。

　知識には，数学や物理のように法則から一般化された普遍的な原理だけでなく，ある意味では人間の主観や感覚によってつくられた「社会的」な知識も存在する。この社会的な知識とは，まさに人間が意味づけたものであり，歴史や経営などの社会的行為から生起する。例えば，「南京大虐殺」（1937年）という凄惨な歴史的な事件を多くの人々は知っているであろう。これは日中戦争時の事象であり，中国側にとっては日本兵による虐殺と捉えられるが，日本側からは戦争上の正当な行為であり虐殺ではないとの認識も見られる[1]。このように社会的な「事柄」の発生に対しては，それを観察する人間の意味づけによって，その事象が正当化され知識として広まっていく。知識は，人間の意識がつくりだすものなのである。

　また，知識には2つの種類が存在することを理解する必要がある。その1つが「形式知」（explicit knowledge）であり，とくに欧米企業ではこれが重視されている。形式知とは，言語や数字・記号などで表現できる知識であり，データや明確な手続きなどを通して伝達・共有可能なものである。もう一方の知識が「暗黙知」（tacit knowledge）である。これは極めて属人的で明示化が困難であり，それにともない共有も難しい特徴を有している。そこには個人的かつ主観的な洞察力や勘などが含まれており，また企業経営においては模倣困難なビジネス・モデルや熟練技能者によるノウハウなども含まれてくる（Nonaka and Takeuchi, 1995, p.8）。

　暗黙知の例として，例えば，日本を代表する元プロ野球選手の長嶋茂雄氏についての逸話がある。長嶋氏はホームランやヒットの打ち方について質問を受

けた際に，球が来たら「バァーといってガーンと打つんだ」と説明した。この説明からホームランやヒットの打ち方を理解できる人間は皆無であろう。長嶋氏は，天才打者として野球史に多くの記録を残したわけだが，ホームランやヒットの打ち方については，彼自身のみが理解して習得している暗黙知なのである。これはプロスポーツの事例であるが，企業経営でも技術者の分野には暗黙知の領域がしばしば見て取れる。例えば，ロケットやスペース・シャトルに利用される部品の金属加工・切削について，大気圏や宇宙などの過酷な環境にも耐えられるよう正確な表面加工が求められる。そのような製品の最終仕上げは精巧なマシンではなく，人間の手作業によって行われている。また，造船業では船底のカーブを形成する作業も機械ではなく最終的には人間の手作業で行われるという。このような熟練を要する技能も，技術者が長年の訓練と経験を通して体化しているものであり，言語による説明が困難な暗黙知なのである。

２．知識創造の特徴

　形式知については，コンピューターによる処理とデータベースの構築が可能であるのに対して，暗黙知については，その伝達や処理が困難になる。この暗黙知を企業という組織で共有するためには，万人に理解可能な言語や数字などへ変換することが求められる。暗黙知を形式知へ変換することで組織の構成員で共有し，またその形式知を暗黙知に変換して各個人に体化していく。このようにして知識がサイクル状に展開するときに，「組織の『知』」が創出されると考えられる。特定個人に属する暗黙知（勘や熟練など）を，企業の価値や資産にするためには，形式知化して他の従業員と社内で共有することが必要だからである（Nonaka and Takeuchi, 1995, pp.8-11）。知識創造とは，組織的に知識を増幅していくプロセスなのである。

　組織的な知識創造には３つの特徴が見られる。第１に，暗黙知という表現困難な知識を他者に伝達し共有するために，メタファーやアナロジーという比喩や象徴が使用されることである。メタファー（metaphor）とは，明確な比喩表現を用いない例えであり，暗喩や隠喩と呼ばれ，「時は金なり」のようなことわざが該当する。またアナロジー（analogy）とは，類推であり，未知の課題や

現象に対して過去の類似事例を用いて捉えるものである。「これは何かに似ていないか」とか，これは「何かと共通性はないか」という思考のことである（PRESIDENT Online HP）。アナロジーは，2つの異なる事象間の「共通点」に注目することで，未知の部分を削減する方法なのである（Nonaka and Takeuchi, 1995, p.67）。第2に個人の知識を集団で共有するとともに，そして，第3に知識は曖昧さと冗長性のなかで生まれるということである。曖昧な使命や命令は一時的に組織を混乱させるが，その混沌とした状況下で従業員は試行錯誤して知識を創出する。また冗長性がもたらす無駄や重複が，部署間の競争や多様性を生み出し新しい知識の獲得に至るという（Nonaka and Takeuchi, 1995, pp.12-14）[2]。

　また，組織における知識創造の主体についても考慮する必要がある。組織的な知識は，経営者（トップ）と従業員（ボトム）との相互作用によって創造されると考えられるが，両者は認識の違いを生み出してしまい知識創造の障害になる。例えば，経営者は全体の構想や理念を考えるのに対して，従業員はオペレーションや顧客対応などの現場のなかで現実的で泥臭い解決策を考え行動する。結果として，ある事象に対する知識についてギャップが生まれ，「現場を知らないで綺麗事を言うな」のような発言にも見られるように，従業員をして経営者に対する反感を生起する可能性さえある。それゆえミドル・マネージャー（中間管理職）が，経営者と従業員のそれぞれの暗黙知を理解・形式知化して，両者が理解・共有可能な状況を創り出す必要がある。組織的な知識創造では，まさにミドルが中心的な役割を担う（Nonaka and Takeuchi, 1995, pp.14-16）。

　経営学の歴史的展開を見ると，科学的管理法，人間関係論，バーナード（Barnard, C.I.）やサイモン（Simon, H.A.）らによる組織論，さらに近年の経営戦略論や組織文化論などでも「知識」が鍵概念の1つになってきた。しかし，そのような経営学理論がフォーカスする知識は，科学的あるいは客観的に認識・定式化される形式知に限定してきた。したがって，形式知の獲得と，その管理・活用に主眼が置かれてきたという（Nonaka and Takeuchi, 1995, pp.34-50）。暗黙知に対する注目と，また知識が創造されるプロセスについて，既存の経営学理論では考察が不十分だったのである。このことから，暗黙知に注目した知識創造経営論は，日本人の経営学研究者が切り開いた経営学の新領域と言うこと

ができるのである。

第 3 節　知識創造理論

1．SECI モデル

　組織的な知識創造は，暗黙知と形式知の相互作用・循環によって達成される。すなわち，言語化・数値化が困難な暗黙知をいかに形式知として表出化させるのか。そのような形式知から，いかに暗黙知を生み出すのかという「知識変換」(knowledge conversion) が重要なポイントとなる。そして，知識変換には4つのモードが存在する。①個人が保有する暗黙知から集団としての暗黙知を創造する「共同化」(Socialization)，②暗黙知を形式知へと変換する「表出化」(Externalization)，③各人の形式知を結び付けて全体的・体系的な形式知を創造する「連結化」(Combination)，④体系的な形式知に基づいて個人が暗黙知を創造する「内面化」(Internalization) である (Nonaka and Takeuchi, 1995, pp.61-62)。このような一連のプロセスは「SECI モデル」(セキモデル) と呼ばれている (図表16－1)。以下では，このモデルについて解説していくことにする。

図表 16 － 1　SECI モデル

出所：Nonaka and Takeuchi（1995），p.62.

　第1に共同化とは，言語化・数値化が困難な知識について，「経験を共有」することで他者の暗黙知（メンタル・モデル[3]や技能など）を獲得するプロセスである。つまり，「共体験」を通して暗黙知を獲得するのである。例えば，ホンダの開発プロジェクトでの「タマ出し会」というブレーン・ストーミング合宿（メンタル・モデルの統一化）や，パナソニックのパン焼き器開発におけるエンジニアの有名パン職人への弟子入り（技能習得）などの事例がある。暗黙知を共有するために，個人が合宿を行って互いの考えや思いを徹底的に議論したり，あるいは弟子入りによって技術を徹底的に観察・体験しているのである。すなわち，異なる人間間で相互作用を生み出す「場・領域」（field）をつくることが必要になる（Nonaka and Takeuchi, 1995, pp.62-71）。

　第2の表出化とは，暗黙知から形式知として明確なコンセプト[4]を創造するプロセスである。暗黙知から形式知を創出する一連の過程は，暗黙知をメタファーやアナロジーで表現してコンセプトを創り上げ，最終的に言語や論理で表現可能なモデルを構築することである。形式知化を促進するための「対話」や「共同思考」が重要になるという（Nonaka and Takeuchi, 1995, pp.64-71）。表出化について，ホンダの小型車「シティ」（1981年発売，図表16-2）の開発プロジェクトの過程を考えてみよう。プロジェクト責任者の渡辺洋男氏は，理想的な自動車について「機械部分を最小化し，人間のためのスペースを最大化」するものであり，それは「短くて背が高い自動車」であると認識していた。これは渡辺氏が思い描く理想（暗黙知）であり，それを開発チームに伝えるために「クルマ進化論」というメタファーと，「球のイメージ」というアナロジーが用いられた。これらに基づいて，議論が進み「マン・マキシマム，マシン・ミニマム」，さらには「背が高くて短いクルマ」を意味する「トールボーイ」という2つのコンセプトが生まれた。そして，この表出化したコンセプトを具現化させる自動車（シティ）の開発が行われ，製造・販売へと結実することになる（Nonaka and Takeuchi, 1995, p.65）。

　このように共同化や表出化では，その最も重要な要素は「対話」なのである。メタファーやアナロジーを起点にして対話が行われることで，仮説やコンセプトが生まれる。特定個人の暗黙知という「ブラックボックス」を見て，捉

図表 16 － 2　ホンダ・シティ（初期型）

出所：HONDA HP。

えて，共有することこそが「見えざるものを見，知を創る知識創造」になるの
だという（野中・紺野，2003，140 ～ 143 ページ）。

　知識創造の第 3 の局面が連結化である。連結化とは，表出化した形式知（コ
ンセプト）を「組み合わせることを通して，知識の体系を創造するプロセス」
である。すなわち異なる形式知を組み合わせて，新たな形式知を創ることであ
る。例えば，小売業の POS（販売時点情報管理）から得られたデータ（形式知）を
集約・分析することで，新しいマーケティング・プログラム（最適な商品構成や
販売促進方法など）を開発することが連結化の一例となる。また，企業全体のレ
ベルでのコンセプトとして「グランド・コンセプト」があり，経営理念や CI
（Corporate Identity）[5] のような形態で表される。グランド・コンセプトは，「中
範囲コンセプト」（mid-range concept）と結びついて具体的な製品開発が進んで
いく。その例として，アサヒビールの「スーパードライ」開発がある。同社は
経営理念として “Live Asahi for Live People” というグランド・コンセプトを
創出し，商品とサービスを通して人々の「生き生きとした生活」の実現を目的
としている。また，それを具現化するものが「コクとキレ」という中範囲コン
セプトであった。人々の生き生きとした生活（グランド・コンセプト）を実現す
るのがコクとキレ（中範囲コンセプト）であり，これに基づいてビール開発が進

み「スーパードライ」の誕生につながったという（Nonaka and Takeuchi, 1995, pp.67-68）。複数の形式知の結合により新たな形式知（製品やサービス）がつくられるのである。

　第4の内面化とは，連結化によって共有された形式知から個人が暗黙知を創造するプロセスである。形式知を適用・活用していくことで，メンタル・モデルやノウハウを個人が獲得する過程なのである。内面化のプロセスには，①追体験，②サクセスストーリーによる本質と臨場感，③「実践による学習」（learning by doing）の3つの方法がある。①他者の体験を追体験できるデータベースを構築してアクセス可能にすること，②成功物語を見聞きしてメンタル・モデルを共有すること，③困難な指示（コンセプト）に基づいて従業員が試行錯誤して自身の経験を内面化するというアプローチが考えられる（Nonaka and Takeuchi, 1995, pp.69-70）。①から③の共通点は，従業員が自ら行動・学習して形式知を自分のもの（暗黙知）へと昇華させることにある。

　このような共同化，表出化，連結化，内面化が「知識創造のスパイラル」を

図表 16 － 3　SECI モデルにおける個人・組織間の相互作用

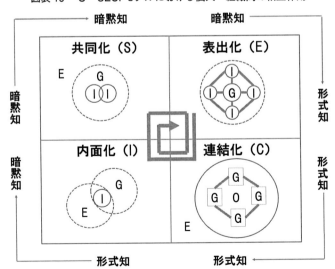

出所：野中・紺野（2003），57 ページを加筆修正。

つくりだす。個人の暗黙知を集団で共有し，そこから形式知を生み出す。形式知を組織内の他の形式知として結合させて製品やサービスを創造する。そして，その形式知を用いた実践を通して個人内に暗黙知を創り出し，それを共同化・表出化させていく。このようなスパイラルによって，組織的な知識が創造され企業の競争力強化に結実していくと考えられている (Nonaka and Takeuchi, 1995, pp.71-72)。

　また野中らは，知識変換の各フェーズでの個人・グループ・組織・経営環境との関係を踏まて，精緻化した SECI モデルを提示している（図表 16 − 3）。I (Individual)：個人，G (Group)：集団，O (Organization)：組織，E (Environment)：環境の観点から SECI モデルにおける人間関係を捉え直しているのである。まず共同化では，グループ内の個人が「フェイス・トゥ・フェイス」で互いの暗黙知を獲得することに加えて，顧客を始めとするステークホルダーとの「共体験」によって新たな暗黙知を共有する。表出化は，グループ討議を通して個人の暗黙知をコンセプトとして表出化させるため「個人と集団の相互作用関係が媒介」となって進展する。連結化では，各集団から得られた形式知を結び付けて組織として新たな形式知を生み出す。最後に内面化は，連結化で創出された形式知を「自分自身のものとして身体的に取り入れる」ことである。製品やサービスを市場に投入することで，ステークホルダーからの評価を得て，それらに関する知識を体化していく（野中・紺野，2003，58 〜 59 ページ）。

2．知識創造を促進する管理と組織

　組織的な知識創造を行うためのマネジメントとして，従来のトップダウンやボトムアップとは異なる「ミドル・アップダウン・モデル」(middle-up-down model) がある。トップダウンの経営管理とは，経営者から従業員に対する上意下達の権限のフローであり，具体的には，経営者が計画や命令を出して，それがミドル → ロワーへと伝達されて分業が遂行される。また，トップには組織内で取捨選択・簡素化された情報が伝わるだけであり，彼らはその情報を処理して知識を創造するため形式知の処理に適している。これに対してボトムアップの経営管理では，企業家精神を有する第一線従業員が活動の中心とな

り，経営者は彼らを支援することに注力する。そのような従業員は，自律性が高く現実に直面しながら彼ら自身の暗黙知を創造していく。

　知識創造の側面からは，トップダウンでは連結化と内面化に，ボトムアップでは共同化と表出化にそれぞれ限定した知識変換が行われるという。前者では，トップは吸い上げた形式知の連結化によるコンセプトや計画の策定と命令を出すことになる。そして，形式知を適用・実践することで従業員は内面化によって暗黙知を獲得していく。しかし，分業が徹底しているため，従業員間での暗黙知の共有（共同化）が進展しなくなる。また後者では，従業員が現実に直面して暗黙知を創造し，ヨコの部分的なつながりを通して暗黙知が共有され，製品やサービス開発に向けた議論も行われる（表出化）。しかし，トップは現場への支援を行うだけであり表出化プロセスへの積極的な関与が行われずに，結果として，従業員の形式知の吸い上げが不十分となり連結化へと進展していかない。トップダウンとボトムアップにはそれぞれ弱点が見出されるのである（Nonaka and Takeuchi, 1995, pp.125-127）。

　この弱点を克服するために，組織的な知識創造には，トップとボトムの中間に立ち彼らを巻き込むミドル（中間管理職）が重要になるという。ミドルに対しては，その存在が無用の長物として削減（リストラ）の対象になってきたが，知識創造では重要な役割を果たせるのである。ミドルには，トップとボトムとの間の「結び目」（knot）や「架け橋」（bridge）になることが期待される。ミドルが関与することで，トップダウンの内面化 → 共同化，ボトムアップの表出化 → 連結化の各プロセスにおける断絶を解消して，それらの円滑な結合を促進してSECIが回ると考えられている。ミドルが，トップとボトムに対して働きかけて知識を創造するマネジメントがミドル・アップダウンなのである。

　トップは連結化されたコンセプトの「グランドセオリー」（ビジョン，夢，経営理念など）を示すが，それは抽象的かつ理念的なものである。このままでは，ボトムで現実に直面する従業員にとって，指針にならなかったり，混乱をきたしてしまう可能性がある。それゆえ，グランドセオリーを具体的なコンセプトとして検証可能な「中範囲理論」（mid-range theory）をつくる必要がある（Nonaka and Takeuchi, 1995, pp.127-129）。これに基づいて，従業員が現場において

その理論（形式知）を解釈・具現化させる努力をして，各個人のなかに暗黙知を育む。この中範囲理論をつくるのがミドルであり，従業員の内面化を促進するだけでなく，共同化と表出化にも積極的に関与していく。そして，ミドルはその形式知（コンセプトや製品など）をトップへと適切に伝達して，トップによる次期のグランドセオリーや計画の策定（連結化）を支援する役割を担う。また新たなグランドセオリーに際しては，ミドルは再び中範囲理論を構築して，従業員の内面化を支援する。ミドルが中核となって，組織的知識創造のスパイラルが形成されていく（図表16－4）。

　ホンダのシティ開発では，トップからは「既存のコンセプトとは異なる何か」や「冒険しよう」というスローガン（グランドセオリー）が打ち出されていた（Nonaka and Takeuchi, 1995, p.127）。これだけでは抽象的であるため，渡辺氏（ミドル・マネージャー）による「クルマ進化論」や「球のイメージ」の提示，さらにはそこから議論がはじまり「マン・マキシマム，マシン・ミニマム」や「トールボーイ」という具体的な中範囲理論が構築された。これによって，開発に向き合う従業員がトップの形式知を理解可能にさせ，シティの開発へと結

図表 16 － 4　ミドル・アップダウン・モデル

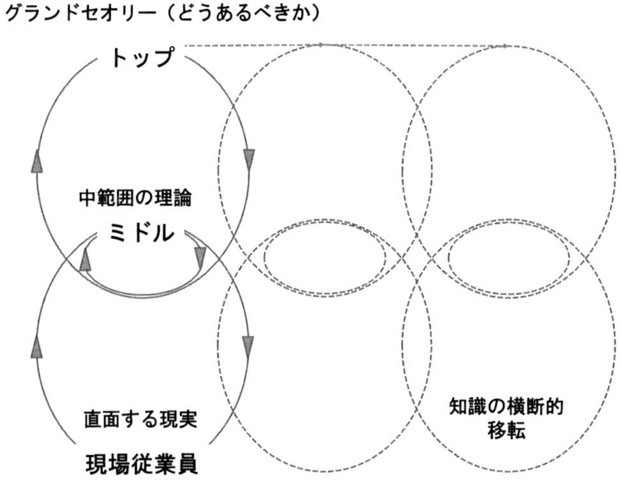

出所：Nonaka and Takeuchi（1995），p.129.

実していったのである。

　また組織的な知識創造の管理のために，「ハイパーテキスト組織」が提示されている（図表16 - 5）。この組織には，伝統的なピラミッド型組織（ライン組織）と，プロジェクト・チーム型組織（フラット組織）が統合されている。ハイパーテキスト組織は，ビジネス・システム，プロジェクト・チーム，知識ベースという3つのレイヤー（層）によって構成される。ビジネス・システム・レイヤー（以下，BSL）は，ピラミッド型の官僚制組織的な特徴を有しており，ルーティン業務を主として取り扱う。従業員の所属先は基本的に BSL の一部署となる。ついで最上部に位置するのが，プロジェクト・チーム・レイヤー（以下，PTL）であり，これに位置する複数のプロジェクトが製品・サービス開発といった知識創造を担う。PTL のメンバーは，BSL の複数の部署から職能横断

図表16 - 5　ハイパーテキスト組織

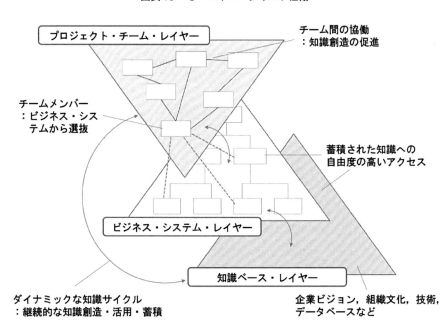

出所：Nonaka and Takeuchi（1995），p.169 を加筆修正。

型に集められ，プロジェクトが完遂するまで PTL の専属となるが，その終了後には従業員は所属する BTL に戻り再びルーティン業務に従事する。

　従業員が BSL と PTL の双方に所属するわけではないため，マトリクス組織とは異なる特徴を有することになる。そして，最下層に位置するのが知識ベース・レイヤーであり，BSL と PTL で創造された知識が整理・蓄積される。知識ベースは実在する組織ではなく，ビジョン，組織文化，技術知識，データベースなどの形で存在するという。ビジョンや組織文化は，企業が活動する場を示すと同時に暗黙知を提供するのに対して，技術は BSL や PTL から生まれるものであり形式知を提供する。知識ベースには，これら 2 つのレイヤーでつくられた知識が蓄積されており，組織内の誰もがアクセス可能となる。ハイパーテキスト組織では，日常業務における官僚制組織の効率性・安定性と，新たな知識を生むプロジェクトの遂行に加えて，両者で創造された知識を蓄積・交換する「貯蔵庫」が統合されている（Nonaka and Takeuchi, 1995, pp.167-170）[6]。

　さらに知識創造を促進するリーダーシップの重要性も指摘されている。知識創造経営を実践するために，リーダーには「ナレッジワーカーを理解し，彼らの生み出す内部価値を最大化」することが求められる。これについて「場のリーダーシップ」が提示されており，「知識が生まれる場，すなわち組織や組織文化や風土」の構築・変革を進めるリーダーが必要になるという。ホンダのシティ開発では，同社内に知識創造を行う場が構築されていると考えられる。創業者の本田宗一郎は，徹底した現場主義，独自性や本質の追求を目指し，従業員間で自由に意見を述べ合う「わいガヤ」や「タマ出し会」という議論の場の形成と習慣化を促進したという。本田自身はシティ開発に直接携わっていないが，彼が形成した「場」をしてシティ開発に結実したと考えられている。これは経営者の全体的なリーダーシップであるが，知識が創造される「個々の場」においても，ミドルは，「ファシリテーター」あるいは「ナレッジ・プロデューサー」的な役割を担って場を活性化することが求められる。リーダーシップは，リーダーの哲学を反映したものであり，まさに彼の人間性が知識を創造する場の形成に大きな影響を及ぼすという（野中・紺野，2003，249 ～ 274 ページ）。

第4節 エーザイの知識創造

1．エーザイの概要

　本章では，知識創造経営の事例として製薬企業のエーザイ株式会社を取り上げて検討する。同社は，野中郁次郎の薫陶の下で，知創部を設置して知識創造に積極的に取り組んできた企業として知られている。同社では，競争優位のみならず社会課題の解決を志向して知識創造活動が行われており，この点をしてCSV（共通価値創造，Creating Shared Value）的な特徴を見て取れる。エーザイは，1936年に設立された合資会社桜ヶ岡研究所と，1941年に設立された日本衛材株式会社に起源を有している。B to C領域の主力商品には，「チョコラBB」（ビタミンB補給）があり現在まで続くロングセラーとなっている。

　1992年には，同社の目指すべき理想像として"hhc"（ヒューマンヘルスケア）を定め，また1997年にはアルツハイマー型認知症治療剤「アリセプト」を全世界で販売している。hhcとは，「患者様・生活者の皆様の喜怒哀楽を第一義に考え，そのベネフィット向上に貢献する」という企業目的であり，これに基づいて2006年には定款にも企業理念・使命が盛り込まれることになった。その企業理念は，第1目的を患者の命と生活の質（以下，QOL）の向上に定めるものであり，株主からも理解と共感を得ている（エーザイ，2020，7ページ）。エーザイは，社会的責任を第一義に事業展開する革新的な企業姿勢を有しており，また2001年には，世界の製薬企業ランキングで上位20社に入っておりグローバル企業としても成長している（エーザイHP）[7]。

　エーザイの業績について，日本における順位から確認してみよう。日本の製薬企業の売上高ランキング（2018年度）を見ると，最大手の武田薬品工業（2兆972億円），2位のアステラス製薬（1兆3,063億円）などに次いで，エーザイ（6,428億円）は第5位に位置づいている。また，同社の営業利益率は13.4％となっており，製薬10大企業のなかでも堅調な業績を達成していることが分かる（図表16－6）。1980年代以降の業績を確認すると，売上高は1987年度には約1,670億円だったが，2000年代初頭にかけて大きく伸長し2009年度には8,031億円

に達した後に減少傾向を辿ったが，直近では回復基調にあり 2019 年度には 6,956 億円となっている。30 年の歳月を経てエーザイの売上高は約 4 倍へと増えているのである。ついで営業利益率の平均値は 13.6% となっており，売上高が増加するに連れて，とくに 2007 年度と 2014 年度には大きな低下が見られたが，近年では回復し 2019 年度には 18.0% と最高利益率を達成している（図表 16 − 7）。第 11 章のパナソニックの事例では，企業規模の増加にともない営業利益率が低迷し続けたが，エーザイでは規模の増大にも関わらず収益性を維持・拡大していることが特徴的である。

　また，図表 16 − 8 は製薬大手 10 社の販売製品数であり，最も多くの製品を販売する企業はエーザイ（351 種類）となっている。極端に言えば，販売製品数が多いことは，研究開発体制の充実を示しており，知識創造の活発さを示す証左の 1 つになるであろう。この図表では，「1 製品当たり売上高（売上高 / 製品数）」という指標を設定している。製薬企業の売上高が何種類の製品で構成されるのかを見ることで，その規模に関係なく製品開発能力を判断できると考えるからである。1 製品当たり売上高（売上高 / 製品数）では，金額が少ないほど，一定の売上高に占める製品数が多くなることを示す。この数値が最も低い，す

図表 16 − 6　日本の製薬企業ランキング

順位	企業名	売上高	営業利益	営業利益率
1	武田薬品工業	2,097,224	204,969	9.8
2	アステラス製薬	1,306,348	243,912	18.7
3	大塚 HD	1,291,981	108,304	8.4
4	第一三共	929,717	83,705	9
5	エーザイ	642,834	86,154	13.4
6	中外製薬	579,787	124,323	21.4
7	大日本住友製薬	459,267	57,884	12.6
8	田辺三菱製薬	424,767	50,303	11.8
9	塩野義製薬	363,531	138,537	38.1
10	協和発酵キリン	346,531	58,694	16.9

※ 1：金額の単位は百万円，営業利益率は %。
出所：AnswerNews HP に基づいて筆者作成。

図表 16 － 7　エーザイの年度ごとの業績推移

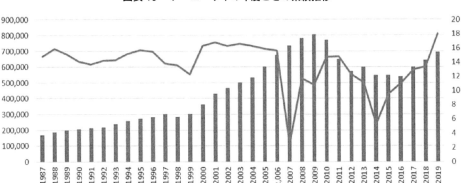

※ 1：金額の単位は百万円，営業利益率は％。
出所：『有価証券報告書』の各年度版に基づいて筆者作成。

なわち企業規模に比べて最も多くの製品を開発しているのは，田辺三菱製薬（13 億 2,300 万円）であり，2 位にエーザイ（18 億 3,100 万円）が位置している。このことからエーザイでは，販売する製品数の多さに加えて，売上高に占める製品数も多いことから，製薬企業間においても研究開発が相対的に活発化していると想定される。

　本章では，エーザイが多様な知識を組織内で創出していること，すなわち知識創造経営の実践が，多様な製品を生み出す土壌になっていると考えている。また，このようなナレッジ・マネジメントに基づく製品開発が同社に競争優位をもたらす要因の 1 つにもなっていると言えよう。

2．エーザイの知識創造と SECI モデル

　エーザイは，製薬業界のなかでもいち早く「脱日本化を構想」して，アリセプトの認可を FDA から得てきた。同社は，知識創造を進める上で「場のリーダーシップ」に優れている。知識創造を生み出す場の形成については，1988年に内藤春夫社長（現代表執行役 CEO）のリーダーシップの下で形成されていった。内藤社長は，就任時から全従業員に対して「世の中変わります。あなたは変われますか？」と問いかけ，「エーザイ・イノベーション宣言」を提唱した。

図表 16 − 8　製薬上位 10 社の製品数

順位	企業名	先発薬	注射剤	市販薬	合計	売上高 / 製品数 単位：100 万円
1	エーザイ	193	61	97	351	1,831（2）
2	第一三共	314	126	0	340	2,734（4）
3	田辺三菱製薬	225	54	42	321	1,323（1）
4	大塚 HD	182	115	8	305	4,236（7）
5	中外製薬	126	71	0	197	2,943（6）
6	アステラス製薬	152	37	0	189	6,911（8）
7	武田薬品工業	111	35	32	178	11,782（9）
8	塩野義製薬	142	30	0	172	2,113（3）
9	大日本住友製薬	137	22	0	159	2,888（5）
10	協和発酵キリン	3	1	0	3	86,632（10）

※ 1：売上高 / 製品数のカッコ内は順位。売上高は 2018 年度の数値を用いている。
※ 2：製品数からはジェネリック医薬品を除外している。
出所：QLife HP に基づいて筆者作成。

　それが hhc というコンセプトをもたらし，その理念に基づいた hhc 活動が展開されていく。その取り組みとして，第 1 段階：従業員 103 名をナレッジ・プロデューサーに育成すること，第 2 段階：74 に及ぶ hhc プロジェクト（hhc 活動）の立ち上げ，第 3 段階：ナレッジ・マネジメント専門部署「知創部」の設置による知識創造思考の定着が実施された（野中・紺野，2003，272 ページ）。近年では，500 以上のプロジェクトが hhc 活動として国内外で展開されているという（高山，2019，11 ページ）。

　hhc 活動とは，「患者の喜怒哀楽を理解して」事業に結びつける取り組みである(8)。エーザイでは，「患者の喜怒哀楽」を暗黙知に位置づけ，「現場を起点とした」SECI モデルを導入している（図表 16 − 9）。共同化では，介護施設や病院などで，従業員が患者やその家族と過ごす体験を通して暗黙知を共有する。表出化では，同社内で対話・事例発表などを通して言語や図表へと転換する。連結化では所属部署間の協力を得て対応策に磨きをかけ，アクションプランに具現化させて製品やサービスを開発する。最後に内面化では，製品・サービスを提供・活用することで，介護や医療現場から評価されるとともに，思いやイメージなどの暗黙知を獲得していく。とくに同社の SECI では，共同化を

最も重視している。患者に寄り添い製品・サービスの使用状況を見たり，患者の行動を観察して，彼らが内面に抱える思いやイメージを得るのである。患者が子供の場合には，東京ディズニーランドに同伴してその行動を観察することさえあるという（内藤，2012，72〜74ページ）。

　共同化を重視する背景には，hhcにおいて「患者とその家族をヘルスケア・プロセスの最も重要な参加者」と位置づけ，同社の製品・サービスが，患者と家族の健康やQOL向上に資するべきものと明確化されたことがある。hhc活動の展開により，103名の管理職に対して「エーザイ・イノベーション・マネージャー研修」が開始され，彼らが老人ホームや病院などで働く実体験を展開してきた。このような活動を通して，高齢者は「水さえも喉に詰まらせ，薬を飲み下」せない状況であったため，薬のゼリー化やコーティングによって高齢者が服用しやすい薬開発の必要性を認識できた（竹内・野中・山崎，2011，3〜5ページ）。実際にアリセプトのゼリー製剤が販売されているが，それはこのような共同化に端を発しているという。

　また上記の知創部は，内藤社長の直轄による「知識創造理論に基づいて会社の全レベルで知識の創出を促進し，グローバルなhhcの実現」を使命とする

図表16－9　エーザイのSECI重要項目

共同化	表出化
1.患者様と共に時間を過ごす 2.想いに共感する 3.課題を理解する 4.何をすべきか考える	5.新しい経験を約束する 6.メンバーと語り合い，コンセプトを生み出す 7.課題解決に向けた構想を練る
内面化	連結化
10.各自が行動する 11.行動を評価していただく 12.各ステップを見直す	8.アクションプランを作成する 9.他の意見をもとに見直し，アクションプランのレベルを上げる

出所：竹内・野中・山崎（2011），19ページを加筆修正。

部署であり，hhc 活動の「司令塔の役割」を担う (竹内・野中・山崎, 2011, 6 ページ; 内藤, 2012, 74 ページ)。そこでは SECI 定着のために，SECI モデルの枠組みに基づいた全社的調査を 1997 年から 2 年ごとに実施している。質問項目は図表 16 - 9 の SECI 中で示されている通りであるが，第 1 回調査から，同社では知識創造において共同化と表出化が弱みであると指摘された。

　知創部は，従業員の知識創造に関する研修を企画・運営しており，近年では「ナレッジ・トレーニング」を開始している。①コミュニケーションやリーダーシップ研修に加えて，②表出化の活発化を意図して，知識創造に精通する人材を育成する知識創造会議が設置されている。この会議は，知識創造技能開発，経営革新と戦略的思考，老人ホーム研修などで構成され，マネージャー (ミドル) を対象として行われる。さらに③全従業員に hhc 活動への参加を義務づけ，④ hhc と知識創造に取り組んだ従業員に対する「hhc 賞」(hhc award) という表彰制度も創設している (竹内・野中・山崎, 2011, 7 〜 8 ページ)。hhc 賞の選抜では，収益への貢献ではなく，社会貢献に資する知識創造活動を行ったグループ・人物が対象になるという。知創部は，イノベーションを起こす仕組みづくり (hhc 活動の支援と知識サーベイ実施) と，人材の育成 (現場体験・研修企画・運営と表彰制度実施) を通して，hhc というエーザイの企業目的の実現に取り組んでいる (内藤, 2012, 74 ページ)。

3．知識創造と CSR・CSV の両立

　最後にエーザイの知識創造と社会貢献について検討していく。1999 年にはアリセプトが日本でも発売されたが，内藤社長はアリセプト販売の目的を「患者とその家族を支援する社会の創出」と定めたのである。同薬の販売では，MR (医薬営業マン) は医師との関係構築を通した販売ではなく，地域自治体における認知症患者の状況とニーズの把握から取り組み始めた。そして，希望する医師全員に対してではなく，アルツハイマー病を診断する能力を有し，同社とともにアリセプトの価値を高める医師のみに販売を行うことにしたのである。エーザイは，売上高の最大化よりも，認知症患者の初期診断や適格な医療診断による患者と家族の QOL 向上を優先しており，まさに理念を体現した活

動を展開している（竹内・野中・山崎，2011，8〜9ページ）。

　このような活動を浸透させる取り組みが，hhc 活動であり，知創部を中心に行われる共同化へ向けた取り組みなのである。患者と過ごす時間を増やすことに加えて，高齢者の制約条件について身をもって体験する取り組みが行われている。患者や高齢者の課題を自身に取り込むことが重視されており，その取り組みを支援するために，従業員が業務時間の 1% を hhc 活動に使用することを奨励している（竹内・野中・山崎，2011，10ページ）。患者との時間共有は，「患者様と同じ方向を向く努力」であり，同じ方向を向くからこそ，彼らの気持ちを理解する「共感」が育まれ，その気持ちを自身に取り込む「同情」が生まれる。この共感と同情による共同化プロセスが知識創造につながるという（高山，2019，10ページ）。エーザイの知識創造は，患者と家族というステークホルダーへの貢献意識と実践を向上させる活動であり，CSR や CSV を実現する取り組みなのである。

　2009 年以降，エーザイは新興国や開発途上国でも hhc に基づいた活動を展開してきた。これらの国々では健康保険制度が不十分なことが多いため，薬販売を通した患者と家族の QOL 向上への貢献は困難な状況にある。この課題を解決するため，同社は官民パートナーシップ（Public Private Partnership, 以下，PPP）の締結によって，公共部門からの支援（人材供給や後発国でのノウハウ）を得ながら薬の低価格提供を行ってきた。2010 年からは世界保健機関（以下，WHO）に対して，22 億錠に及ぶ医薬品の無償提供も開始している。他の製薬企業も WHO へ医薬品を無償提供しているが，それらは特許切れ間近か，あるいは特許切れの薬であるのに対して，エーザイは新薬の供給に取り組んでいる（竹内・野中・山崎，2011，13〜14ページ）。

　2012 年以降，エーザイは薬の無償提供をさらに活発化させている。実際に，「顧みられない熱帯病」の制圧のためにビル・アンド・メリンダ財団や WHO などと PPP を構築している。開発途上国での熱帯病の克服に向けて，リンパ系フィラリア症薬を 2012 年から 2020 年まで無償提供しているが，これに要するコストは 40 億円を超えるという。この取り組みでは，現地従業員が患者との積極的な接点を持つことで共同化も促進されている。また，このようなプロ

ジェクトを純粋なフィランソロピーとして実施するのではなく，開発途上国の人々の健康改善が経済発展につながった際には，同社の高額薬剤のマーケットになることが見込まれている。

　内藤社長によると，知識創造は先進国だけでなく新興国・開発途上国へと広がりを見せているという（内藤，2012，75～76ページ）。「BOP ビジネス」[9] の思想に基づいて，hhc 活動は，知識創造を中核に据えてグローバルな側面から企業利益と社会貢献の双方を両立させる CSV に昇華している。企業活動を通して，サステナビリティを実現するためには，従業員の「率先性と知識」が重要であり，そのような特性は「経営者の支援的なリーダーシップ」（supportive corporate leadership）によって醸成される（Ng and Chatzkel, 2015, p.177）。エーザイでは，社会貢献（患者貢献）を最優先にする理念を達成するために，内藤社長は従業員による CSR 活動の実現を支援するリーダーシップを発揮していると言えよう。また，そのような CSV 志向の事業展開が，新たな知識を創造する好循環をもたらしていると考えられるのである。

第 5 節　むすび

　本章では知識創造経営論について，企業経営における知識の意味，SECI に基づく組織的知識創造，そしてエーザイにおける知識創造の取り組みを検討してきた。以下では，本章の検討内容を要約するとともに，最後に知識創造の観点から日本企業の経営の方向性について若干の議論を行い，今後に向けた示唆を提示したい。

　知識創造経営論は，日本発の経営学理論として世界的にも注目を集めるものであった。知識には形式知と暗黙知の 2 種類が存在し，前者は言語や数字で表現できるのに対して，後者は個人に体化された知識であり外部への表現が困難なものである。このような特徴を踏まえて，組織的な知識創造を追求することが知識創造経営論の根幹となっている。その中核理論が SECI モデルであり，共同化（暗黙知の共有），表出化（暗黙知の形式知への転換），連結化（形式知の結合・コンセプト創造），内面化（形式知適用・暗黙知獲得）という 4 つのプロセスで実行

される。このプロセスを継続して，スパイラル的に実践することが組織的知識創造であった。このような知識創造を支えるマネジメントとして，ミドルがトップ・ロワー間の認識の誤差を修正して知識転換を円滑化するミドル・アップダウン・マネジメントと，暗黙知創造のPTL，形式知創造のBSL，知識蓄積の知識ベースという3層から構成されるハイパーテキスト組織が提示されている。

　その後，エーザイの知識創造を事例として検討した。同社はアリセプト開発で知られる製薬企業であり，hhcに基づいてステークホルダーとの共同化を重視するSECIを展開してきた。その活動を支える仕組みとして知創部が設置され，経営者のリーダーシップの下で組織的な知識創造活動が展開されていた。エーザイの知識創造は，競争力向上ではなく社会課題解決への貢献を第1目的として行われるCSR実践そのものであった。そのような取り組みが，結果として同社に堅調な業績をもたらしており，経済と社会を両立させるCSVの実現につながっている。このことから社会課題の解決に貢献する知識創造という使命こそが，イノベーションを生み出し，企業と社会の持続可能な発展をもたらす要因の1つになると考えられる。

　1970年代から80年代には日本が世界を席巻しており，日本企業をして「ジャパン・アズ・ナンバーワン」と称されていた。当時の日本企業の強みの1つには，まぎれもなく高い技術力があげられ，それは現場に密接した「実践知」（暗黙知）から生み出されていたという（野中・紺野，2007，55ページ）。またドラッカー（Drucker, P.F.）も，「知識労働者」（knowledge worker）こそが資本主義社会における競争力の源泉になると指摘したように，組織的な知識創造の重要性の一端に触れている。知識こそが，企業の競争力を決定づけると考えられているのである。Nonaka and Takeuchi(1995)においても，ホンダ，キヤノン，松下電器（パナソニック），花王，シャープの組織的知識創造が事例として取り上げられており，これらの企業は，SECIモデルの実践によって組織的な知識を創造して競争優位を築いていったという。

　しかし，このような企業群は，その後もすべて好業績を達成し続けているわけではない。ホンダについては，近年（2018年度）の業績（営業利益率）が4.6%

という状況であり，競合企業のトヨタ自動車（8.2%）やスズキ（8.4%）よりも低迷している（週刊現代 HP）。パナソニックの業績低迷や巨額損失も，第 11 章で示されている通りである。シャープに至っては，2016 年度に巨額損失（2,559 億円の赤字）によって倒産の危機に直面し，EMS⁽¹⁰⁾ の鴻海（ホンハイ）精密工業に買収されることになった。その反面，キヤノンや花王は，依然として業界のリーディング・カンパニーとして存在し続けている。ここから組織的な知識創造は競争優位をもたらす要因の 1 つであるが，あくまで知識創造単独ではその十分条件にはならない。競争優位は，知識創造だけでなく，コーポレート・ガバナンス，経営戦略，財務管理，人的資源管理，ステークホルダー関係（CSR）なども含めて総合的に構築されるものと考えられる。

　また本章では，知識創造が CSR にも結実して共通価値の創造（CSV）につながっていることをエーザイの事例から示した。知識創造は同時に企業の社会貢献という「美徳」も要求するのであり，それを促進する「フロネシス」（賢慮，phronesis）が必要になるという。フロネシスとは「メンバーたちが事の本質について理解を深めながら，かつ全体の善のために最もふさわしい行為を選び，実践させる知恵」であり，現場から離れて演繹な分析を行う「傍観者」ではなく，「現場に立つ実践者」から生み出される知識なのである。それは偉大なリーダーに共通する特徴であり，知識創造を実践する経営者はフロネティック・リーダーになることを求められる。そのリーダーシップには，①善悪の判断基準，②他者との共通感覚の醸成，③物事の本質の察知，④特殊事象を言語・観念で再構成，⑤共通善の実現，⑥新たなフロネシスの育成という 6 つの能力的特性がある（野中・紺野，2007，59 〜 64 ページ）。フロネティック・リーダーは現場での実践知を重視し，それを 1 人で囲い込むのではなく，従業員と浸透・共有してともに新しい知識を創る行為者である。彼は経済的利益の追求だけでなく，知識創造の真の目的が社会全体にとって「良いこと」（共通善）になることを理解する。知識創造の本質は，究極的には企業の社会性を担保することと言っても過言ではないであろう。

【注】

（1）例えば，日本の前途と歴史教育を考える議員の会監修（2008）を参照のこと。なお，本章では歴史上の事実を議論するものではなく，社会的な行為が，人間の解釈によって意味づけられ形成されることを述べるに留まることに留意されたい。

（2）しかし，事業部間の重複・無駄や競争を回避するために組織改革が実施されてきた経緯もある。冗長性は組織的な知識創造には有効かもしれないが，行き過ぎると企業財務の健全性を阻害することになる。これについては本書の第11章を参照のこと。

（3）メンタル・モデルとは，人生全般の行動の起点となる信念や思い込みのことである。詳細については，由佐・天外（2019）を参照のこと。

（4）コンセプト（concept）とは一般的に「概念」と訳される。それは個人の主観的なアイデアについて，その背後に存在する文脈や，具現化のための「段取り」と「枠組み」を含んでおり，他者が理解可能な水準に達したものであるという（野中・紺野，2003，153～154ページ）。

（5）CIとは，「企業理念やビジョンを構築し独自性を体系だてて整理し簡潔に示したもの」であり，それは「統一したイメージやデザイン，メッセージとして発信」される（チビコHP）。

（6）ハイパーテキスト組織について，シャープの事例が取り上げられている。マトリクス組織とは異なり，従業員がPTLとBSLを行き来する特徴を有しており，知識創造について理想的な組織が運用されていることを述べている。

（7）2021年6月8日には，脳内の有害タンパク質を減少させるアルツハイマー薬「アデュカヌマブ」を開発し，米食品医薬品局（FDA）からの承認を受けている。今後は，日本での承認手続きも進める予定になっているという（共同通信HP）。

（8）当初，この取り組みは従業員によって誤解され，グループやプロジェクトごとに一貫性のない行為が見られていた。例えば，事業と関係のない海岸清掃を行ったりしたそうである。

（9）BOPビジネスの"BOP"とは，"Bottom of the Pyramid"のことであり全世界で40億人を超える貧困層のことを指している。その貧困層のQOLを改善しつつ，ビジネスとしても両立を目指そうとする事業がBOPビジネスなのである。詳細は，Prahalad（2005）を参照のこと。

（10）EMS（Electronic Manufacturing Services）とは「電子機器の受託製造企業」のことを指している。

【参考文献】

エーザイ株式会社「統合報告書 2020」，2020 年，1 ～ 92 ページ。

高山千弘「知識創造による共存在社会の実現―共感を通じて人と社会の在り方を問う―」
『社会技術レポート』No.65，2019 年，1 ～ 19 ページ。

竹内弘高・野中郁次郎・山崎繭加「エーザイの知識創造」（HBS Case #711-492），2011 年，
1 ～ 21 ページ。

内藤春夫「経営の巨人の教えを活かす④―野中郁次郎　社員の価値基準にまで浸透」『日経
ビジネス』2012 年 12 月 10 日号，2012 年，72 ～ 77 ページ。

日本の前途と歴史教育を考える議員の会監修『南京の実相―国際連盟は「南京 2 万人虐殺」
すら認めなかった―』日新報道，2008 年。

野中郁次郎「知識創造と戦略的ミッションの形成―NEC の C&C コンセプト―」『ケース
ブック日本企業の経営行動 2　企業家と戦略』有斐閣，1998 年，29 ～ 55 ページ。

野中郁次郎・紺野　登『知識創造の方法論―ナレッジワーカーの作法―』東洋経済新報社，
2003 年。

野中郁次郎・紺野　登「フロネシスの知―美徳と実践の知識創造論」『DIAMOND ハーバー
ド・ビジネス・レビュー』April 2007，2007 年，50 ～ 67 ページ。

由佐美加子・天外伺朗『ザ・メンタルモデル―痛みの分離から統合へ向かう人の進化のテク
ノロジー―』内外出版社，2019 年。

Drucker, P.F., *Post-Capitalist Society*, Harper Business, 1993.（上田惇生・佐々木実智男・田
代正美訳『ポスト資本主義社会―21 世紀の組織と人間はどう変わるか―』ダイヤモンド
社，1993 年）.

Ng, A. and J. Chatzkel, "Knowledge Management for CSR and Sustainability Performance:
Renewing the Business Model Through Systematic Innovation for Value Creation,"
*International Conference on Intellectual Capital and Knowledge Management and
Organisational Learning*, Nov 2015, pp.176-182.

Nielsen, B.B., "Strategic Knowledge Management Research: Tracing the Co-Evolution of
Strategic Management and Knowledge Management Perspectives," *Competitiveness
Review*, Vol.15 No.1, 2005, pp.1-13.

Nonaka, I. and H. Takeuchi., *The Knowledge Creating Company: How Japanese Companies
Create the Dynamics of Innovation*, Oxford University Press, 1995.（梅本勝博訳『知識創
造企業』東洋経済新報社，1996 年）.

Prahalad, C.K., *The Fortune at the Bottom of the Pyramid: Eradicating Poverty through
Profits*, Wharton School Publishing, 2005.（スカイライト コンサルティング株式会社訳『ネ

クスト・マーケット—「貧困層」を「顧客」に変える次世代ビジネス戦略—』英治出版,
2005年).

【ホームページ】

AnswerNews　2021 年 4 月 25 日アクセス

　　https://answers.ten-navi.com/pharmanews/16271/

PRESIDENT Online　2021 年 3 月 11 日アクセス

　　https://president.jp/articles/-/11232

QLife　2021 年 5 月 10 日アクセス

　　https://www.qlife.jp/meds/maker/

Wikipedia　2021 年 3 月 14 日アクセス

　　https://ja.wikipedia.org/wiki/ ホンダ・シティ

エーザイ　2021 年 3 月 27 日アクセス

　　https://www.eisai.co.jp/company/profile/history/outline/

共同通信　2021 年 6 月 8 日アクセス

　　https://nordot.app/774783125679751168

週刊現代　2021 年 3 月 26 日アクセス

　　https://gendai.ismedia.jp/articles/-/65230?imp=0

チビコ　2021 年 3 月 15 日アクセス

　　http://chibico.co.jp/blog/business/ci-corporate-identity/

《著者紹介》（執筆順）

佐久間信夫（さくま・のぶお）担当：第1章，第5章，第12章
　※編著者紹介参照

日隈信夫（ひくま・しのぶ）担当：第2章
　中央学院大学商学部准教授

村田大学（むらた・だいがく）担当：第3章，第10章
　大原大学院大学会計研究科准教授

木村　弘（きむら・ひろし）担当：第4章，第7章
　広島修道大学商学部教授

文　載晧（むん・ちぇほー）担当：第6章
　常葉大学経営学部准教授

水元　昇（みずもと・のぼる）担当：第8章
　創価女子短期大学国際ビジネス学科教授

清水健太（しみず・けんた）担当：第9章，第13章
　松蔭大学経営文化学部専任講師

矢口義教（やぐち・よしのり）担当：第11章，第16章
　東北学院大学経営学部教授

浦野恭平（うらの・やすひら）担当：第14章
　※編著者紹介参照

木下耕二（きのした・こうじ）担当：第15章
　九州産業大学商学部准教授

《編著者紹介》

佐久間信夫（さくま・のぶお）担当：第 1 章，第 5 章，第 12 章
明治大学大学院商学研究科博士課程終了
現職　松蔭大学特任教授，創価大学名誉教授（経済学）
専攻　経営学，企業論

主要著書

『企業集団研究の方法』文眞堂　1996 年（共編著），『現代経営学』学文社
1998 年（編著），『現代経営用語の基礎知識』学文社　2001 年（編集代表），
『企業支配と企業統治』白桃書房　2003 年，『企業統治構造の国際比較』ミ
ネルヴァ書房　2003 年（編著），『経営戦略論』創成社　2004 年（編著），『コー
ポレート・ガバナンスの国際比較』税務経理協会　2007 年（編著），『コー
ポレート・ガバナンスと企業倫理の国際比較』ミネルヴァ書房　2010 年（共
編著），『現代環境経営要論』創成社　2021 年（共編著）など。

浦野恭平（うらの・やすひら）担当：第 14 章
西南学院大学大学院経営学研究科博士後期課程単位取得退学
現職　北九州市立大学教授
専攻　経営戦略論

主要著書・論文

『よくわかる経営戦略論』ミネルヴァ書房　2008 年（共著），「中小製造業
の知識経営とイノベーターの役割―（株）フイルドサイエンス社の事例を
中心に―（北九州市立大学『商経論集』49 巻 3・4 号）2014 年，「中小企
業のイノベーションと人材育成―職場学習論からの示唆―」（『経営行動研
究年報』第 28 号）2019 年，『ベンチャー企業要論』創成社　2020 年（共編著）

（検印省略）

2009 年 4 月 25 日　初版発行
2022 年 4 月 25 日　改訂版発行　　　　　　　　略称 ― 現代経営管理

現代経営管理要論［改訂版］

編著者　佐久間信夫・浦野恭平
発行者　塚　田　尚　寛

発行所　東京都文京区　株式会社　創　成　社
　　　　春日 2 - 13 - 1

電　話　03（3868）3867　　F A X　03（5802）6802
出版部　03（3868）3857　　F A X　03（5802）6801
http://www.books-sosei.com　振　替　00150-9-191261

定価はカバーに表示してあります。

©2009, 2022 Nobuo Sakuma,　　組版：スリーエス　印刷：エーヴィスシステムズ
　　　　　Yasuhira Urano　　　　製本：エーヴィスシステムズ
ISBN978-4-7944-2594-2 C3034　　落丁・乱丁本はお取り替えいたします。
Printed in Japan

──────── 経 営 選 書 ────────

現 代 経 営 管 理 要 論	佐久間 信夫 浦 野 恭 平	編著	3,000 円
現 代 環 境 経 営 要 論	野 村 佐智代 山 田 雅 俊 佐久間 信 夫	編著	2,800 円
ベ ン チ ャ ー 企 業 要 論	小野瀬 拡 佐久間 信夫 浦 野 恭 平	編著	2,800 円
現 代 国 際 経 営 要 論	佐久間 信 夫	編著	2,800 円
現 代 経 営 組 織 要 論	佐久間 信 夫 小 原 久美子	編著	2,800 円
現 代 中 小 企 業 経 営 要 論	佐久間 信 夫 井 上 善 博	編著	2,900 円
現 代 経 営 学 要 論	佐久間 信 夫 三 浦 庸 男	編著	2,700 円
現 代 経 営 戦 略 論	佐久間 信 夫 芦 澤 成 光	編著	2,600 円
現 代 C S R 経 営 要 論	佐久間 信 夫 田 中 信 弘	編著	3,000 円
現 代 企 業 要 論	佐久間 信 夫 鈴 木 岩 行	編著	2,700 円
経 営 学 原 理	浦 野 倫 平 佐久間 信 夫	編著	2,800 円
経営情報システムとビジネスプロセス管理	大 場 允 晶 藤 川 裕 晃	編著	2,500 円
おもてなしの経営学［実践編］ —宮城のおかみが語るサービス経営の極意—	東北学院大学経営学部 おもてなし研究チーム みやぎ おかみ会	編著 協力	1,600 円
おもてなしの経営学［理論編］ — 旅館経営への複合的アプローチ—	東北学院大学経営学部 おもてなし研究チーム	著	1,600 円
おもてなしの経営学［震災編］ —東日本大震災下で輝いたおもてなしの心—	東北学院大学経営学部 おもてなし研究チーム みやぎ おかみ会	編著 協力	1,600 円

（本体価格）

──────── 創 成 社 ────────